中国石化易捷便利店

标准作业指导书

（2022 版）

中石化易捷销售有限公司　编

图书在版编目（CIP）数据

中国石化易捷便利店标准作业指导书：2022版/中石化易捷销售有限公司编. --北京：中国经济出版社：中国石化出版社，2022.9（2022.9重印）

ISBN 978-7-5136-6999-3

Ⅰ.①中… Ⅱ.①中… Ⅲ.①石油销售企业-零售商店-商业经营-中国 Ⅳ.①F721.8

中国版本图书馆CIP数据核字（2022）第123084号

选题策划	汪 京
责任编辑	孙东健
责任印制	马小宾
封面设计	新成博创　万诗斌
装帧设计	新成博创　万诗斌

出版发行	中国经济出版社
印 刷 者	北京富泰印刷有限责任公司
经 销 者	各地新华书店
开　　本	889mm×1194mm　1/16
印　　张	21.50（正文）　0.5（插页）
字　　数	560千字
版　　次	2022年9月第1版
印　　次	2022年9月第2次
定　　价	90.00元
广告经营许可证	京西工商广字第8179号

中国经济出版社　网址 www.economyph.com　社址 北京市东城区安定门外大街58号　邮编 100011
本版图书如存在印装质量问题，请与本社销售中心联系调换（联系电话：010-57512564）

版权所有　盗版必究（举报电话：010-57512600）
国家版权局反盗版举报中心（举报电话：12390）　服务热线：010-57512564

编委会

主　　任	陈成敏	李玉杏			
副 主 任	叶慧青	陈旭华	曾　涛	于　波	袁海东	叶子惠
	李　宏	刘　妍			
委　　员	杨斯鹏	卢　斌	边世杰	韩　威	王岩峰	王智勇
	王铁军	刘　昕	卢　俊	杨旭峰	封昌建	宗　娅
	丁舒阳	舒　娜	仇丽娜	陈　峰	杨治斌	

撰写组

主　　编	叶子惠				
副 主 编	王智勇	刘　昕			
执行主编	尚　涛	邓　捷	白龙三		
编写人员	符春晖	闫　安	刘悦闻	董玉龙	郑亮淳	赵　威
	刘书池	张　翔	于　洁	唐怡然	兰云开	
审稿人员	邓云晶	邹怡娟	陈国东	姚　敏	陶海涛	魏文博
	王建宇	贺　军	孙晓敏	徐　萍	刘志健	刘宏宇
	周　佺	谭从花	解文伟	王艺瑾	王雷雷	刘尔萨
资料支持	霍丽文	赵　威	路　威	高士楠		
图　　片	罗　晨	苗晓颖	生　音	刘媛媛	吴昕宇	武　振
	邓　捷	白龙三	王雷雷	刘　敏	王文潇	

序言 PREFACE

易捷始终坚持"以客户为中心"的发展理念，聚焦服务、产品、效率和执行力提升，强化易捷服务岗位能力建设，不断厚植易捷发展的基础，推广实施新服务、新标准、新形象，推动易捷服务再上新台阶，开启高质量发展新篇章。由此，我们组织编写了《中国石化易捷便利店标准作业指导书（2022版）》（以下简称《作业指导书》）。

《作业指导书》从员工和岗位的角度出发，顺应当前新零售时代背景，结合销售企业易捷服务经营管理实际与发展趋势，以SOP标准作业操作流程为主要呈现形式，包含作业操作流程涉及的基础知识点，进一步规范细化了门店运营操作标准，助力提升中国石化易捷便利店一线员工的专业知识和技能水平，推进易捷服务专业化、标准化运营，同时采用了易捷便利店新形象和新工服标准，是易捷便利店最新的运营标准和执行指南。

《作业指导书》作为易捷便利店标准化、专业化运营图书，是易捷便利店基层操作人员必备的作业指导手册，是易捷服务管理人员规范化管理的参考教材，是加油站操作员技能鉴定考试、标准化课程资源与题库开发、便利店业务兼职讲师培训的重要依据，是易捷内训体系建设与基本功训练的重要基础。

《作业指导书》紧密围绕易捷便利店业务操作流程和基础知识点，共分为10章，依次是：PART 01 认识易捷、PART 02 基础知识、PART 03 销售服务、PART 04 商品流转、PART 05 卖场打造、PART 06 营销执行、PART 07 库存管理、PART 08 质量安全、PART 09 督导管理、PART 10 法律法规等。此外，《作业指导书》还附有自有品牌商品简介、易捷便利店品类层级表等，并提供便利店账册表单模板。《作业指导书》突出针对性和实用性，涵盖面广，一项一卡，图文并茂，易读易懂，使基层员工需要掌握的每项业务流程规范清晰、业务标准通俗简练。针对重点操作流程和作业标准，我们还配套开发了微课视频，方便随学随练。

在《作业指导书》编制过程中，我们收集了大量资料、文献、规范和标准，组织了现场调研和企业内外专家进行指导和交流，在充分学习借鉴相关标准的基础上，结合实践经验，广泛征求了易捷公司相关部门以及销售企业易捷服务线条领导、专家、相关岗位专业人员和基层员工的意见，经多次修改，最终形成本书。我们向为《作业指导书》编写献计献策的各位领导、专家、员工，以及提供视频拍摄支持的龙禹公司太阳宫加油站、北京公司实润加油站表示衷心的感谢！

本书如有不足之处，希望各单位在使用中收集相关意见并及时反馈，以便我们进一步完善。

目录 CONTENTS

PART 01 认识易捷 ABOUT EASY JOY … 001

1.1 易捷品牌概述 … 002
- 1.1.1 发展历程 … 002
- 1.1.2 四大优势 … 003
- 1.1.3 品牌荣誉 … 004
- 1.1.4 品牌理念 … 005
- 1.1.5 品牌标识 … 006

1.2 易捷自有品牌 … 007
- 1.2.1 自有品牌矩阵 … 007
- 1.2.2 "易"系列产品 … 008

1.3 易捷业态矩阵 … 009
- 1.3.1 易捷多元化业态 … 009
- 1.3.2 易捷便利店 … 010
- 1.3.3 易捷养车 … 011
- 1.3.4 易捷咖啡 … 012
- 1.3.5 易捷餐饮 … 013
- 1.3.6 易捷广告 … 014
- 1.3.7 易捷生活服务 … 015

PART 02 基础知识 BASIC KNOWLEDGE … 017

2.1 便利店基础知识 … 018
- 2.1.1 便利店的起源与发展 … 018
- 2.1.2 业态特征与"四项基本原则" … 019
- 2.1.3 零售业态分类标准 … 020
- 2.1.4 商圈及商圈调研 … 022
- 2.1.5 便利店分级分类 … 023

2.2 商品基础知识 … 025
- 2.2.1 商品品名与商标 … 025
- 2.2.2 商品条形码 … 026
- 2.2.3 二维码 … 028
- 2.2.4 食品标签 … 029
- 2.2.5 商品包装 … 032

中国石化易捷便利店标准作业指导书（2022版）
EASY JOY: STANDARD OPERATION INSTRUCTIONS (2022)

2.3 品类基础知识 ·· 033
- 2.3.1 润滑油 ·· 033
- 2.3.2 烟草 ·· 042
- 2.3.3 白酒 ·· 043
- 2.3.4 葡萄酒 ·· 045
- 2.3.5 茶叶 ·· 046
- 2.3.6 大米 ·· 048
- 2.3.7 食用油 ·· 049
- 2.3.8 果汁 ·· 050

2.4 销售分析基础知识 ·· 051
- 2.4.1 销售数据分析类型 ·· 051
- 2.4.2 销售数据分析指标 ·· 052
- 2.4.3 便利店通用分析指标 ·· 053

2.5 岗位职责与十大禁令 ·· 054
- 2.5.1 店长岗位职责 ·· 054
- 2.5.2 店员岗位职责 ·· 055
- 2.5.3 加油（气）站十大禁令 ·· 056

PART 03 销售服务 SALES SERVICE ·· 057

3.1 服务规范 ·· 058
- 3.1.1 仪容仪表 ·· 058
- 3.1.2 服务礼仪 ·· 059
- 3.1.3 六大礼貌用语 ·· 060
- 3.1.4 服务用语小剧场 ·· 061

3.2 收银规范 ·· 063
- 3.2.1 加油服务"六步法" ·· 063
- 3.2.2 室内收银"五步法" ·· 065
- 3.2.3 销售退货条件 ·· 068
- 3.2.4 销售退货操作流程 ·· 069
- 3.2.5 店内销售小剧场 ·· 071
- 3.2.6 "易捷到车"业务操作流程 ·· 073
- 3.2.7 积分商城业务操作流程 ·· 076
- 3.2.8 "易捷商城"简介 ·· 077
- 3.2.9 "社群营销"简介 ·· 079
- 3.2.10 企业微信社群业务操作流程 ·· 080

3.3 发票规范 ·· 084
- 3.3.1 发票基础知识和注意事项 ·· 084
- 3.3.2 普票系统开具发票操作流程 ·· 086
- 3.3.3 站级一体化系统开具发票操作流程 ·· 087

3.4 客户维护与投诉处理 ·· 088
- 3.4.1 销售异常处理 ·· 088
- 3.4.2 客户异议处理 ·· 090
- 3.4.3 客户投诉处理 ·· 092

3.5 交接班 — 094
3.5.1 交班准备 — 094
3.5.2 接班准备 — 095
3.5.3 交接作业 — 096
3.5.4 日结操作 — 097

PART 04 商品流转 CIRCULATION OF GOODS — 099

4.1 选品考虑因素 — 100
4.1.1 易捷品类结构 — 100
4.1.2 便利店品类销售查询指引 — 101
4.1.3 品类角色 — 102
4.1.4 要货选品"四有" — 103

4.2 订货管理 — 106
4.2.1 手工订货 — 106
4.2.2 智能订货 — 109
4.2.3 烟草订货 — 111

4.3 收货管理 — 113
4.3.1 收货原则 — 113
4.3.2 常用收货交接方式 — 114
4.3.3 商品验收操作流程 — 115
4.3.4 异常收货处理 — 117

4.4 退货管理 — 118
4.4.1 配送商品退货 — 118
4.4.2 直送商品退货 — 120

4.5 调拨管理 — 122
4.5.1 发起调拨的原因和要求 — 122
4.5.2 便利店发起的调拨 — 123
4.5.3 主管部门发起的调拨 — 124

PART 05 卖场打造 STORE BUILDING — 125

5.1 布局管理 — 126
5.1.1 便利店分区布局 — 126
5.1.2 认识"一表两图" — 128
5.1.3 便利店布局图的应用 — 131

5.2 陈列原则 — 132
5.2.1 商品陈列六原则 — 132
5.2.2 "安全新鲜"原则 — 133
5.2.3 "先进先出"原则 — 134
5.2.4 "易见易取"原则 — 135
5.2.5 "正立前置"原则 — 136
5.2.6 "分类分区"原则 — 137
5.2.7 "丰满整洁"原则 — 138

5.3 陈列道具 ·· 140
　　5.3.1 收银服务区 ·· 140
　　5.3.2 中岛货架区 ·· 141
　　5.3.3 靠墙货架区 ·· 142
　　5.3.4 主题促销区 ·· 143
　　5.3.5 冷柜区 ·· 144

5.4 陈列要点 ·· 145
　　5.4.1 收银服务区陈列要点 ································ 145
　　5.4.2 端架陈列要点 ······································ 147
　　5.4.3 堆头陈列要点 ······································ 148
　　5.4.4 橱窗陈列要点 ······································ 150
　　5.4.5 价签使用要点 ······································ 151

5.5 陈列补货操作 ·· 152
　　5.5.1 标准化陈列执行操作流程 ···························· 152
　　5.5.2 无摆位图陈列操作流程 ······························ 153
　　5.5.3 补货操作要求 ······································ 154
　　5.5.4 割箱陈列操作技巧 ·································· 155

5.6 库房管理 ·· 156
　　5.6.1 库房管理要求 ······································ 156
　　5.6.2 库房分区管理要求 ·································· 157
　　5.6.3 库房正品区管理要求 ································ 158
　　5.6.4 商品出入库管理要求 ································ 159

　　5.6.5 贵重商品存放管理要求 ······························ 160
　　5.6.6 尾气处理液存放管理要求 ····························· 161
　　5.6.7 包装储运图示标志 ·································· 162

5.7 卫生清洁 ·· 163
　　5.7.1 便利店卫生清洁管理要求 ····························· 163
　　5.7.2 便利店各区域卫生清洁管理要求 ······················· 164
　　5.7.3 货架商品清洁操作流程 ······························ 165
　　5.7.4 地堆清洁操作流程 ·································· 167

PART 06 营销执行 MARKETING EXECUTION ·················· 169

6.1 促销前工作 ·· 170
　　6.1.1 促销前工作内容 ···································· 170
　　6.1.2 促销陈列重点区域 ·································· 172
　　6.1.3 促销物料的布置 ···································· 174
　　6.1.4 促销价签的使用 ···································· 178

6.2 促销中工作 ·· 182
　　6.2.1 促销中工作内容 ···································· 182
　　6.2.2 开口营销话术类型 ·································· 184
　　6.2.3 促销商品销售和库存监控要求 ························· 185

6.3 促销后工作 ·· 186
　　6.3.1 促销后工作内容 ···································· 186

6.3.2 促销后效果评估 ... 187
6.3.3 促销赠品管理要求 ... 188

6.4 易捷营销实践 ... 189
6.4.1 促销目标与设计思路 ... 189
6.4.2 常用促销形式 ... 190
6.4.3 易捷营销模式 ... 192
6.4.4 油非互促赠券促销 ... 193

PART 07 库存管理 STOCK MANAGEMENT ... 195

7.1 临期商品管理 ... 196
7.1.1 临期商品的界定 ... 196
7.1.2 临期商品排查 ... 197
7.1.3 临期商品的处理操作流程 ... 198
7.1.4 合理库存检查流程 ... 199

7.2 盘点管理 ... 200
7.2.1 盘点原则 ... 200
7.2.2 盘点差异、盘点周期与第三方盘点 ... 201
7.2.3 盘点商品的范围 ... 202
7.2.4 便利店自盘步骤 ... 203
7.2.5 盘点前操作流程 ... 204
7.2.6 盘点中操作流程 ... 205

7.2.7 盘点后操作流程 ... 206

7.3 损耗管理 ... 207
7.3.1 损耗及损耗率 ... 207
7.3.2 商品报损操作流程 ... 208

PART 08 质量安全 QUALITY SAFETY ... 209

8.1 安全培训及会议 ... 210
8.1.1 安全培训 ... 210
8.1.2 "五懂五会五能"和"一书两卡" ... 211

8.2 安全作业 ... 212
8.2.1 日常作业安全 ... 212
8.2.2 加油站洗车现场安全环保管理 ... 213
8.2.3 便利店安全巡查 ... 214
8.2.4 风险识别表 ... 216
8.2.5 疫情防护 ... 218

8.3 应急处置 ... 221
8.3.1 应急处置"135原则" ... 221
8.3.2 食品安全应急处置 ... 222
8.3.3 商品召回与商品撤回 ... 225
8.3.4 自然灾害应急处置 ... 227
8.3.5 公共安全应急处置 ... 231

8.4 设备使用及维护 ············· 233
 8.4.1 洗车机 ················ 233
 8.4.2 尾气处理液加注机 ······ 235
 8.4.3 冷藏饮料柜 ············ 237
 8.4.4 雪糕柜 ················ 238
 8.4.5 热饮柜 ················ 239
 8.4.6 收银POS机 ············ 240
 8.4.7 广告设备 ·············· 241

8.5 环保安全管理 ··············· 242
 8.5.1 固体废物处置 ·········· 242
 8.5.2 洗车排污管理 ·········· 244

PART 09 督导管理 SUPERVISION MANAGEMENT   245

9.1 督导制度 ··················· 246
 9.1.1 督导整体要求 ·········· 246
 9.1.2 督导管理人员的职责 ···· 247
 9.1.3 常见督导方式 ·········· 249
 9.1.4 督导内容分类 ·········· 250
 9.1.5 督导时间与频次 ········ 251
 9.1.6 便利店现场督导 ········ 252
 9.1.7 督导报告 ·············· 254

9.2 督导系统 ··················· 256
 9.2.1 督导系统的主要功能 ···· 256
 9.2.2 新增用户岗位配置权限 ·· 257
 9.2.3 督导系统任务和巡店子任务 259
 9.2.4 片区督导员巡店 ········ 260
 9.2.5 自检任务 ·············· 262
 9.2.6 整改任务 ·············· 263
 9.2.7 自主巡检 ·············· 265
 9.2.8 便利店位置校准 ········ 266

PART 10 法律法规 LAWS AND REGULATIONS   267

10.1 实体经营相关法律法规 ······ 268
 10.1.1 经营主体 ············· 268
 10.1.2 不正当价格行为 ······· 269
 10.1.3 广告宣传 ············· 271
 10.1.4 侵犯知识产权风险 ····· 273
 10.1.5 不正当竞争风险 ······· 274

10.2 食品安全相关法律法规 ······ 275
 10.2.1 食品销售资质 ········· 275
 10.2.2 食品销售风险 ········· 276

10.3 烟草销售相关法律法规 ····· 278
10.3.1 烟草销售许可 278
10.3.2 烟草销售风险 279

10.4 数据保护与消费者权益保护 ····· 280
10.4.1 数据保护 280
10.4.2 消费者权益保护 282

10.5 网络销售风险 ····· 284
10.5.1 宣传风险 284
10.5.2 直播风险 285

附录 APPENDIX   287

附录 1 自有品牌商品 ····· 288
1. 卓玛泉 288
2. 长白山天泉 289
3. 易捷咖啡 290
4. 劲淳 291
5. 陇上花牛 292
6. 赖茅 293
7. 三人炫 294
8. 宝元圣 295
9. 国杞天香 296
10. 陇谷传说 297
11. 阳光巴扎 298
12. 鸥露 299
13. 海龙 300
14. 长城润滑油 301
15. 喜乐爽 302

附录 2 易捷工装（2022 款） ····· 303

附录 3 易捷便利店品类层级表 ····· 304

附录 4 账册表单示例 ····· 324
1. 便利店贵重商品出入库登记表 324
2. 便利店赠品台账 325
3. 便利店商品保质期排查登记表 326
4. 便利店商品盘点表 327
5. 便利店商品损耗申报表 328
6. 便利店商品销毁明细表 329

附录 5 微课总览 ····· 330

PART 01

认识易捷
ABOUT EASY JOY

1.1　易捷品牌概述

1.2　易捷自有品牌

1.3　易捷业态矩阵

1.1 易捷品牌概述

1.1.1 发展历程

易捷创立于 2008 年，是中国石化非油品业务的运营主体。

易捷坚持"**实体服务＋平台增值**"的发展思路，致力于打造"**美好生活服务商**"，为客户提供优质产品、贴心服务。

2008-2009 统一开发起步

2008年4月，中国石化集团公司决定统筹开展易捷服务业务。

2010-2013 列为主营业务

2010年7月，中国石化集团公司明确易捷服务业务为集团主营业务之一。

2014-2018 组建专业公司

2014年3月，中石化易捷销售有限公司揭牌成立，标志着易捷服务业务向市场化、专业化方向发展。

2019 至今 市场化改革推进

易捷公司成为国务院国资委"双百企业"改革试点单位。2019年，中国石化集团公司通过易捷服务综合改革方案，启动易捷公司及各省（自治区、直辖市）公司易捷服务改革。

1.1.2 四大优势

品牌优势

"中国石化"品牌背书;"**易捷万店无假货**"的品牌承诺深入人心;易捷品牌价值自2008年的**25.69亿元**增长到2022年的**197.53亿元**[①]。

网络优势

易捷便利店数量自2008年底的**5296家**发展到2022年的**2.8万家**,覆盖全国各省(自治区、直辖市),是国内便利店数量最多的连锁便利店品牌。加油站汽服门店数量超过9000家,易捷已打造出中国最大自营汽车服务体系。

客户优势

拥有"**2亿+**"全渠道会员;中国石化加油站每天服务客户近**2000万**人次。

业态融合优势

油品客户刚性需求(加油)与综合需求(出行及民生生活服务)相互促进、相互融合的加油站独特经营模式。

---

① 数据来源:2022年9月5日,中国品牌建设促进会"2022中国品牌价值评价信息发布会"。

1.1.3 品牌荣誉

- 2015年，荣获中国商业联合会、中国商报社评选的"2015中国商业创新十佳领导品牌"。
- 2017年，荣获中国连锁经营协会评选的"2017年中国便利店创新奖""中国连锁经营协会成立二十周年最佳合作伙伴"。
- 2018年，荣获北京十大商业品牌评选工作办公室评选的"2017年北京商业创新大奖"。
- 2019年，荣获商务部中国国际电子商务中心评选的"诚信服务示范认证企业"。
- 2020年，入选中国国家品牌网"2020我喜爱的中国品牌"暨"全球抗疫 品牌力量"经典案例。
- 2020年，入选"中国质量协会中国企业品牌创新成果"。
- 2020年，荣获人民网评选的"人民匠心品牌奖"。
- 2020年，入选《中国经济周刊》评选的"2020中国创新榜样"。
- 2021年，荣获"亚洲便利店社区服务与支持奖"。
- 2021年，荣获"责任金牛奖"。
- 2021年，荣获"第二十八届全国企业管理现代化创新成果奖"。
- 2022年，入选商业信用中心"企业诚信建设十佳案例"。
- 2022年，入选国务院国资委"2021年度品牌建设典型案例"。

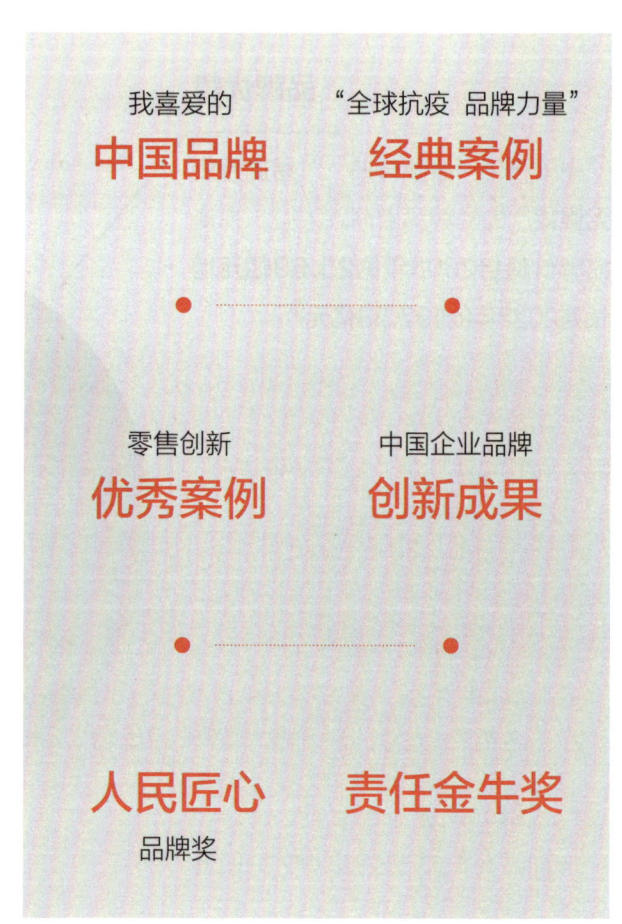

1.1.4 品牌理念

品牌主张　品质保证、方便快捷，让人·车·生活更美好

品牌个性　绿色　活力　品质

品牌口号　易捷，一路便捷

品牌支柱　诚信、责任、创新、共赢

品牌定位　美好生活服务商

人
满足人的需求

车
服务车的运行

生活
增添生活的美好

中国石化易捷便利店标准作业指导书（2022版）
EASY JOY: STANDARD OPERATION INSTRUCTIONS (2022)

PART 01 认识易捷

1.1.5 品牌标识

Pantone 355 C
CMYK：91/19/100/0
RGB：0/149/59
Web：#00953B

Pantone 3435 C
CMYK：89/61/85/37
RGB：18/71/52
Web：#124734

Pantone 185 C
CMYK：9/99/84/0
RGB：234/0/41
Web：#EA0029

Pantone 1235 C
CMYK：0/38/86/0
RGB：255/183/27
Web：#FFB71B

- "易捷"为中国石化易捷服务业务的中文名称，"跳跃的人"图案为易捷服务经营形象标识。
- "跳跃的人"标志类似五滴飞溅的油滴的图案，酷似一个活泼跳跃的人形，极具动感，象征着企业积极向上，敢于突破成规、不断创新的精神。
- 该造型从中国石化辅助图形的圆点设计延伸而来，是中国石化标志的一种延续，同时，其也象征着中石化加油站易捷服务业务的多元化。
- 中文名称"易捷"的含义是让客户能够在加油站享受方便、快捷的服务。

1.2 易捷自有品牌

1.2.1 自有品牌矩阵

自有品牌产品是指易捷公司、省市公司将独立注册（或被授权）商标作为产品的商标或品牌，根据业务需求制定产品的设计、工艺及质量要求，通过合资、代工、联标等模式生产的产品（对于隶属于中国石化其他业务单元的产品，经相关单位与易捷公司协商并获得批准后，视同自有品牌产品）。

迄今为止，易捷已培育开发了卓玛泉、长白山天泉、赖茅、海龙、鸥露、喜乐爽、国杞天香、三人炫、陇上花牛、阳光巴扎、陇谷传说等一系列自有品牌及产品。

消费有品质　生活更美好

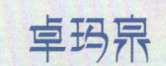  

 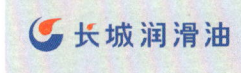 
 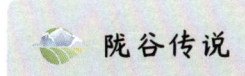 

 中国石化易捷便利店标准作业指导书（2022版）
EASY JOY: STANDARD OPERATION INSTRUCTIONS (2022)

PART 01 认识易捷

1.2.2 "易"系列产品

执行要点 通过代工模式、联标模式开发的自有品牌产品，需按照以下分类使用"易"系列商标。"易"系列商标原则上由易捷公司注册，确需由省市公司注册的，应提前征得易捷公司批准。

"易臻选"商标

应用于食品类、饮料类、酒类自有品牌产品。

"易家香"商标

应用于粮油副食类自有品牌产品。

"易享家"商标

应用于百货类自有品牌产品。

1.3 易捷业态矩阵

1.3.1 易捷多元化业态

>>> 易捷多元化业态，以"便捷"服务美好生活

易捷万店无假货
一路随行的便捷

易捷咖啡，一路飘香
每时每刻的享受

易捷养车
购车、用车、养车、置换
全生命周期一站式服务

丰餐路舒，各地美食
加油途中的享受

ETC充值、代缴费、衣物干洗
触手可及的安心

汽车生活圈媒体
高端车主受众群的触达

中国石化易捷便利店标准作业指导书（2022版）
EASY JOY: STANDARD OPERATION INSTRUCTIONS (2022)

1.3.2 易捷便利店

>>> 一路随行的陪伴

易捷拥有全国最大的便利店网络体系，现有超过2.8万家易捷便利店，"易捷万店无假货""规范经营、质优量足"的服务承诺已经深入人心。

28000+
易捷便利店

>50%
统采商品销售占比

30+
自有产品线系列

1.3.3 易捷养车

>>> 一站直达的守护

汽服网络 **9000+** 座

日均提供洗车服务 **40万+** 次

▎品牌连锁

推出"易捷养车"企业名片,推进汽服业务统一品牌、统一形象、统一服务规范,向专业化、连锁化、标准化方向发展。

▎全产业链延伸

打造中国最大的自营汽车服务体系。在洗车业务基础上,拓展整车销售、汽车美容、汽车保养、汽车精品销售等汽服延展业务。

 中国石化易捷便利店标准作业指导书（2022版）
EASY JOY: STANDARD OPERATION INSTRUCTIONS (2022)

1.3.4 易捷咖啡

>>> 每时每刻的享受

2020年，易捷成立合资公司，推动"**易捷咖啡**"进军加油站消费渠道，打造加油站咖啡品牌。

易捷咖啡定位于咖啡全产业链发展，致力于依托中国石化易捷便利店开设精品咖啡店，同时开发符合加油站客户需求的咖啡饮品。

目前已开发**美式咖啡、拿铁咖啡、燕麦拿铁咖啡**三款瓶装固体咖啡饮料，后续将持续开发符合易捷渠道、咖啡爱好者需求的即饮咖啡、挂耳咖啡、冻干粉咖啡产品。

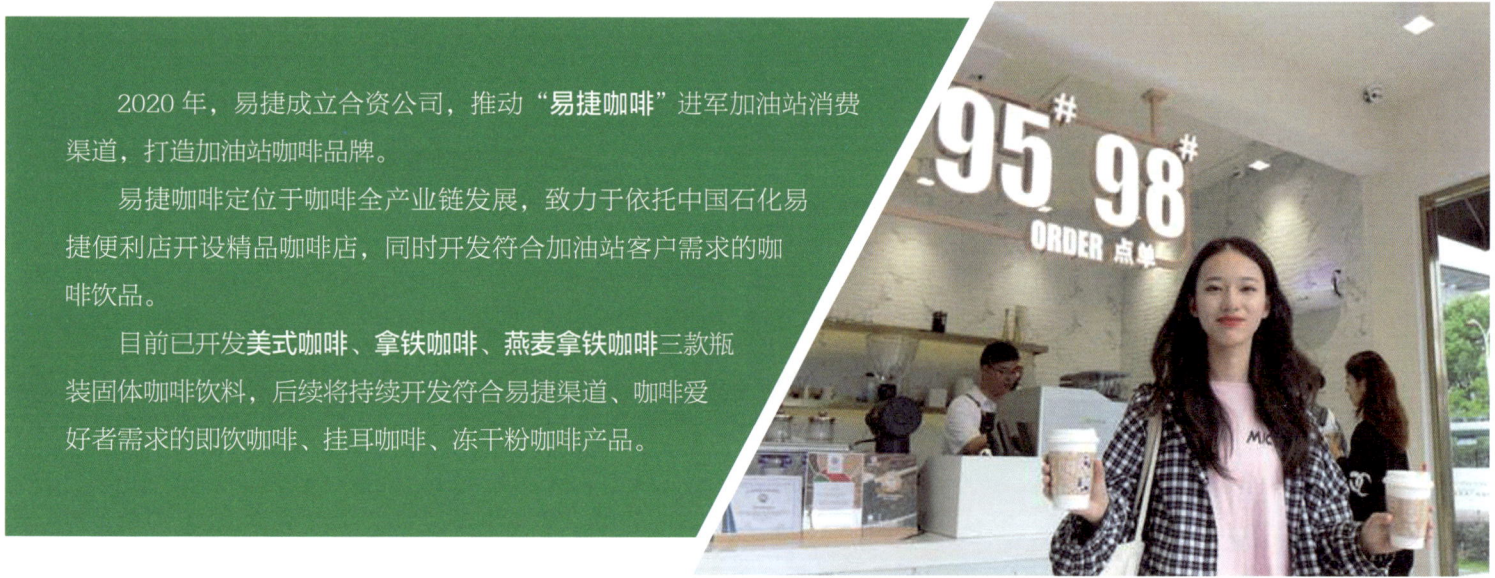

美式咖啡　　拿铁咖啡　　燕麦拿铁咖啡

加油途中，陶醉浓郁咖香

细碎时光，也可享受美好

1.3.5 易捷餐饮

>>> 美滋美味的旅途

推动与国际知名快餐品牌如肯德基、麦当劳等进行项目合作，其中，与肯德基在加油站推出的"加油吃鸡"模式广受欢迎。

招商引进具有较强竞争力和影响力的地方餐饮品牌，丰富餐饮业态。

丰餐路舒

中石化易捷为旅途中的司乘人员提供丰盛美味、舒适便捷的餐饮服务！

国际知名及地方品牌快餐项目

1300+家

1.3.6 易捷广告

>>> **满目精彩的邂逅**

拥有全国最大的加油站立体网络平台，站内墙体、加油机、立柱等黄金位置电子屏、灯箱、看板等形式广告牌15万余块，覆盖全国31个省市，每天服务近2000万辆次加油车辆，用户群体黏性强，活跃度高。

拥有加油购物"可见+可买"的加油站特色广告营销场景。

传统媒体广告牌和电子媒体广告牌"线上+线下"同步互动，可实现广告的精准投放，互联网生态连接你、我、他。

▌**户外广告**

▌**室内广告**

▌**互联网广告**

（微信公众号、App等）

1.3.7 易捷生活服务

>>> 触手可及的便利

丰富完善加油站增值服务项目,提供充值、缴费、ATM机、衣物干洗、保险、旅游产品等便利的生活服务,进一步增强商业氛围,提升便利店吸引力,满足加油站辐射区域客户的多元化需求。

自助缴费项目

衣物干洗服务

ATM机服务

PART 02 基础知识
BASIC KNOWLEDGE

2.1　便利店基础知识

2.2　商品基础知识

2.3　品类基础知识

2.4　销售分析基础知识

2.5　岗位职责与十大禁令

2.1 便利店基础知识

2.1.1 便利店的起源与发展

1. 便利店发展史

1）起源于美国

美国南方公司于1927年首创"路边服务"，形成便利店雏形，并于1946年创立了世界第一家便利店"7-Eleven"。

1963年，"7-Eleven"开始全天24小时营业。

2）成熟于日本

日本于20世纪60年代末从美国引进便利店经营模式。1973年，日本伊藤洋华堂集团与美国南方公司联合建立"7-Eleven"便利商店连锁集团。

1975年，罗森在日本开设Lawson首店，全面部署特许经营连锁店。

1981年，日本西友商店下属公司成立Family Mart（全家）。

3）中国便利店始于中国台湾

中国台湾的便利店开设始于20世纪70年代末，从1980年起有了大规模发展。

1979年，统一集团在中国台湾引入日本"7-Eleven"便利店。

4）中国大陆便利店发展迅猛

"7-Eleven"是第一家进入中国大陆的日系便利店，首店于1992年在深圳开业。

其后，上海可的、华联罗森、东莞美宜佳等第一批便利店品牌相继出现。

2022年7月7日，中国连锁经营协会（CCFA）发布"2021年中国便利店TOP100"榜单。数据显示，截至2021年12月31日，TOP100便利店企业门店总数量超过16万家，易捷以超过28000家便利店位列榜单第一名。

2. 便利店形态变化趋势

1）便利店1.0时代

只为满足客户对商品的基本需求。

2）便利店2.0时代

以客户需求和体验为中心，加入鲜食、充值票务、咖啡休闲等更多服务。

3）便利店3.0时代

拥抱新技术、新模式、新体验，打造线上线下与供应链紧密结合的新零售。

2.1.2 业态特征与"四项基本原则"

1.便利店业态特征

1）距离的便利性

便利店与大型超市相比，在距离上更靠近消费者。

2）购物的便利性

便利店突出的是即时性消费、小容量、急需性等特点。

3）时间的便利性

便利店为消费者提供"Any Time"（随时）式的购物方式。

4）服务的便利性

消费者对购物便利的追求使便利店业态具有强大的生命力和竞争力。

2.便利店与大型超市的区别

与大型超市相比，便利店具有四个方面的"便利性"（表2-1）。

表2-1 便利店与大型超市的比较

项目	便利店		大型超市
	传统型便利店	加油站型便利店	
距离远近	一般步行5~10分钟	沿道路设置，下车即达	相对较远，一般超过1.5千米
购物体验	精选商品，商品陈列简单明了，货架比超市低，客户能在最短的时间内找到所需商品。据统计，客户从进店到付款结束平均耗时约为3分钟		品种通常在2万~4万种，寻找目标商品所花费的时间较多，结账排队时间长
营业时间	营业时间一般为16~24小时，全年无休		一般很少24小时营业
服务体验	提供多方面服务，如彩票、速递、存取款、复印、代收公用事业费、票务代理等	除拥有传统型便利店的服务项目外，还可和汽服、餐饮等业态相结合，形成特有的综合服务体	服务项目相对较少

3.便利店经营"四项基本原则"

（1）**商品齐全**：客户进店后，发现想买的商品总是很齐全，可提升信赖感和购买黏性。

（2）**鲜度管理**：商品品质优良，可以给客户带来安心感，提升口碑。

（3）**清洁维护**：干净整洁的卖场可提升商品价值，需要持续保持与维护。

（4）**亲切服务**：让客户感受到便利店员工发自内心的亲切接待。

2.1.3 零售业态分类标准[①]

分类原则：根据有无固定营业场所，零售业态可分为有店铺零售和无店铺零售两大类。

1.有店铺零售

有相对固定的进行商品陈列、展示和销售的场所和设施，并且消费者的购买行为主要在这一场所内完成的零售活动。

（1）**便利店**：以销售即时商品为主，满足顾客即时性、服务性等便利需求为主要目的的小型综合零售形式的业态，可分为社区型便利店、客流配套型便利店、商务型便利店、加油站型便利店4类。

（2）**超市**：以销售食品和日用品为主，满足消费者日常生活需要的零售业态。按照营业面积，可分为大型超市、中型超市、小型超市；根据生鲜食品营业面积占比，可分为生鲜食品超市、综合超市。

（3）**折扣店**：店铺装修简单，提供有限服务、商品价格相对低廉的一种小型超市业态，通常拥有不到2000个单品，自有品牌数量高于普通超市的自有品牌商品数量。

（4）**仓储会员店**：以会员为目标顾客，实行储销一体、批零兼营，以提供基本服务、优惠价格和大包装商品为主要特征的零售业态。

（5）**百货店**：以经营品牌服装服饰、化妆品、家居用品、箱包、鞋品、珠宝、钟表为主，统一经营，满足顾客对品质商品多样化需求的零售业态。

（6）**购物中心**：由不同类型的零售、餐饮、休闲娱乐及提供其他服务的商铺按照统一规划，在一个相对固定的建筑空间或区域内，统一运营的商业集合体，可分为都市型购物中心、区域型购物中心、社区型购物中心和奥特莱斯型购物中心4类。

（7）**专业店**：经营某一类或相关品类商品及服务的零售业态，如办公用品专业店、家电专业店、药品专业店、体育用品专业店等。

（8）**品牌专卖店**：经营或被授权经营某一品牌商品的零售业态。

（9）**集合店**：汇集多个品牌及多个系列的商品，可涵盖服饰、鞋、包、文具、电子产品、食品等多种品类的零售店。

（10）**无人值守商店**：在营业现场无人工服务的情况下，自助完成商品销售或服务的零售店。

[①] 资料来源：国家推荐标准《零售业态分类》（GB/T 18106—2021）。

2.无店铺零售

通过互联网、电视/广播、邮寄、无人售货设备、流动售货车或直销等,将自营或合作经营的商品,通过物流配送、消费者自提、面对面销售等方式送达消费者的零售活动,可分为7种零售业态:

(1)**网络零售**:通过电子商务平台、物联网设备等开展商品零售的活动。根据经营模式的不同,可分为网络自营零售和网络平台零售。

(2)**电视/广播零售**:以电视、广播作为商品展示、推介渠道,提供使用效果、方法等推介内容并取得订单的零售业态。

(3)**邮寄零售**:以邮寄商品目录为主,向消费者进行商品展示、推介,并通过邮寄等方式将商品送达给消费者的零售业态。

(4)**无人售货设备零售**:通过售货设备、智能货柜或贴有支付码的货架等进行商品售卖的零售业态。

(5)**直销**:在固定营业场所之外,直销企业招募的直销员直接向最终消费者推销产品的零售业态。

(6)**电话零售**:通过电话完成销售的零售业态。

(7)**流动货摊零售**:通过移动售货车或其他展示、陈列工具销售食品、饮料、服饰、鞋帽等日常消费品的零售形式。

中石化易捷便利店属于什么零售业态?

易捷便利店属于加油站型便利店(图2-1)。

加油站型便利店通常指以加油站为主体开设的便利店:在国外,BP、壳牌、道达尔等加油站型便利店在地域广阔且汽车普及的欧美地区发展较为迅猛;在国内,中石化易捷、中石油昆仑好客等加油站型便利店也已经发展到较大规模。

图2-1 易捷便利店店内营业区

2.1.4 商圈及商圈调研

1.商圈的概念及特点

加油站商圈是指以加油站所在地为中心，沿着一定的方向和距离扩展的、能吸引客户的范围。

加油站商圈区别于一般的零售商圈，可沿交通线路延伸至数十千米的范围。加油站的销售范围及对象通常有一定的地理界限，商圈相对稳定。

2.商圈调研的目的

- 分析商圈环境的优势和劣势
- 确定商圈内消费者的特征
- 分析消费者的购买行为和购买潜力
- 掌握竞争对手的特征
- 挖掘加油站及便利店的发展潜力

→ 根据调研分析结果确定目标客户，找准便利店定位，为便利店经营提供指导依据

3.商圈调研的内容

（1）**商业环境**：包括地理位置、交通状况和周边环境三个方面。

（2）**消费者概况**：包括人口规模、消费者购买力、消费习惯等。

（3）**竞争对手情况**：主要竞争对手是同业态的加油站；同时，商圈内的社区便利店、超市、烟酒专卖店、汽服店或快餐店都是潜在的竞争对手。调研要素包括竞争对手的数量、规模、区域分布、市场地位等。

（4）**加油站经营条件**：主要指场地面积、硬件基础、设备设施、经营范围、服务业态等。

（5）**加油站及便利店经营数据**：主要包括车流及客流数据、油品及商品销售数据、品类结构、库存及动销情况等。

2.1.5 便利店分级分类

1. 分级分类的目的

分级分类的主要目的是在不同类型的便利店应用差异化品类和商品结构、营销资源、服务项目等，分类施策，因店制宜，以实施高效精细化运营，促进经营业绩有效提升。

2. 分级分类方式（2021年试行版）

以加油站机出零售和便利店零售情况对便利店进行分级，以地理位置、门店面积、汽柴油占比等因素对便利店进行分类。通过分级分类，矩阵式定位便利店所需经营的品类结构和商品、服务项目，并根据不同类型门店的定位为其提供对应的运营策略和管理标准（图2-2）。

分级
- 评级指标：提枪数+加油量
- 定级指标：日均营业额

客户规模 / 面积 / 商圈

分类
- 静态指标：面积、位置
- 动态指标：汽柴油占比

运营策略

商品结构	陈列设施设备	项目匹配	权益
品类结构	货架	汽服洗车	人力资源
分层级的商品清单	冰柜	餐饮	配送频次
分类形成必配/选配商品库	地堆	易捷咖啡	……
	风幕柜	卡车司机之家	
	……		

图2-2 易捷便利店分级分类示意图

3. 具体划分规则（2021年试行版）

以"日均提枪数"与"日均加油量"来体现进站客流水平，以之作为评级标准，反映的是便利店的客观经营潜力。

考虑便利店实际经营情况，以"单店日均零售额[①]"作为定级标准，可将便利店划分为1S（一星）、2S（二星）、3S（三星）、4S（四星）、5S（五星），共五级。通过对标分析、督导及考核评价，促进便利店上星提级。

考虑便利店经营面积因素，可将其分为A特大型店、B大型店、C中型店、D小型店等四型。综合业绩和面积等因素，可确定不同级别便利店所应经营的SKU数量。

按易捷便利店分级标准（表2-2）划分后，分类匹配不同的品类和商品结构、陈列设备设施、营销物料、服务项目等经营策略，分别制定商品清单、服务项目清单、设备清单等。

表2-2 易捷便利店分级标准

店型分类	便利店分级	5S【五星】	4S【四星】	3S【三星】	2S【二星】	1S【一星】
评级标准	日均提枪数（次）	≥2000	≥1000	≥450	≥150	<150
	日均加油量（吨）	≥60	≥30	≥10	≥3	<3
定级标准	单店日均零售额（元）	≥12000	≥6000	≥3000	≥1000	<1000
A 特大型店	面积>100 m²	一店一策	SKU≥1000	——	——	——
B 大型店	面积>60 m²		SKU≥800	SKU≥600	——	——
C 中型店	面积>30 m²		SKU≥700	SKU≥500	SKU≥300	SKU≥150
D 小型店	面积<30 m²		SKU≥600	SKU≥400	SKU≥150	SKU≥80

[①] 单店日均零售额仅包含烟草、食品、饮料、酒类、粮油副食、日配、百货、汽车用品八大类。

2.2 商品基础知识

2.2.1 商品品名与商标

1. 商品品名

商品品名即商品的名称，是不同商品相互区别的标志。其在一定程度上体现了商品的自然属性、用途及主要性能特征等，通常涉及产地、品牌、规格、功能、功率、容积、名称等。

2. 商品商标

商标是经营者将商品或服务与他人的商品或服务区分开的标志（包括文字、图形、字母、数字、声音、三维标志和颜色组合，以及上述要素的组合）。

在我国，商标分为注册商标与未注册商标。注册商标在知识产权管理部门登记注册并予以公告后，禁止他人未经许可使用，注册者享有商标专用权。法律保护商标拥有者或使用者的相关合法权益，使其信誉和财产不受侵害。

3. 商品规格

商品规格是用来反映商品品质的若干主要技术指标，如化学成分、含量、纯度、性能、容量、长短、粗细等。一般以号码、尺寸、容积、浓度、功率、质量、原材料、形态等指标来计量。

4. 单品

单品即 SKU，全称 Stock Keeping Unit（库存量单位），是库存进出计量的基本单元，可以以盒、瓶、箱、条等为单位。当商品品牌、型号、配置、等级、包装容量、单位、保质期、用途、产地等任一属性与其他商品存在差异时，即为一个单品（或称品种、品项）。例如，香烟可以按盒也可以按条划分单品：按盒划分，则单品数量为 1，整条库存数量为 10。

5. 易捷商标

"易捷"商标归中国石化销售股份有限公司所有。各销售企业必须规范使用商标，切实维护授权人及授权使用商标的信誉、商誉和权益，严格在授权范围内行使职权。

> **商标与品牌一样吗？**
>
> 商标是品牌的一个组成部分，是品牌的标志和名称，便于消费者记忆识别。相对于商标，品牌有着更为丰厚的内涵，其最持久的含义和实质是其价值、文化和个性。品牌是一个商业用语，而商标是一个法律名词：品牌注册后形成商标，企业即获得法律保护并拥有其专用权；品牌是企业长期努力经营的结果，是企业的无形载体。

2.2.2 商品条形码[1]

1.条形码的概念

商品条形码又称商品条码符号，是由一组规则排列的条、空及相对应的字符组成的标记，用以表达一定的商品信息。具体而言，它是由一组宽窄不同、黑白（或彩色）相间的平行线条及其对应字符依照一定的规则排列组合而成的条空数字图形，包含商品的生产国别、制造厂商、产地、名称、规格、特性、生产日期、数量、价格等一系列信息。

2.条形码的种类和组成结构

依据国家强制标准《商品条码 零售商品编码与条码表示》（GB 12904—2008），商品代码结构包括13位代码结构、8位代码结构、12位代码结构。其中，13位代码结构分为三个码段，共4种结构；8位代码由前缀码、商品项目代码和校验码三部分组成。

3.条码码制

零售商品代码的条码表示采用 ISO/IEC 15420 中定义的 EAN/UPC 条码码制。

EAN/UPC 条码共有 EAN-13（图 2-3）、EAN-8（图 2-4）、UPC-A（图 2-5）、UPC-E（图 2-6）四种结构。

图2-3 EAN-13条码的符号结构

图2-4 EAN-8条码的符号结构

图2-5 UPC-A条码的符号结构

图2-6 UPC-E条码的符号结构

---

[1] 资料来源：国家强制标准《商品条码 零售商品编码与条码表示》（GB 12904—2008）。

4.代码的编制

对于独立包装的单个零售商品而言,其代码编码通常采用 13 位代码结构;当商品包装很小且达到规定条件时,可申请采用 8 位代码结构。

组合包装的零售商品通常采用 13 位代码结构,但不应与包装内所含单个商品的代码相同。

国际物品编码协会为每个国家或地区都分配了专属前缀码(国别代码),根据前缀码,可以判断一件商品的生产国家或地区(表 2-3)。

表 2-3 国际物品编码协会已分配的部分前缀码

国家或地区	分配的前缀码	国家或地区	分配的前缀码
中国	690—695	加拿大	754—755
中国香港特别行政区	489	法国	300—379
中国澳门特别行政区	958	德国	400—440
中国台湾	471	意大利	800—839
韩国	880	俄罗斯	460—469
泰国	885	澳大利亚	930—939
新加坡	888	美国	000—019
日本	450—459	美国	030—039
日本	490—499	美国	060—139
英国	500—509		

2.2.3 二维码

二维码利用特定的几何图形按编排规律在二维方向上分布，采用黑白相间的图形来记录数据符号信息（图2-7）。

按照计算机内部逻辑，二维码采用数字"0"和"1"作为代码，同时使用若干个与二进制相对应的几何形体表示文字数值信息。

通过常见的图像输入设备或光电扫描设备，可以自动读取二维码，并且会对识别出的信息进行自动处理。

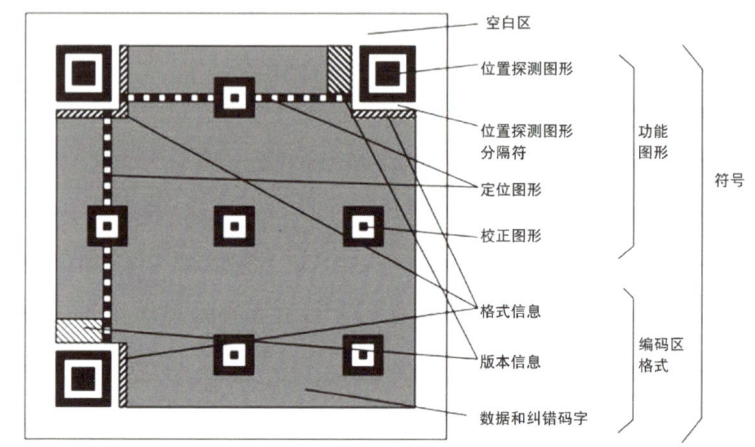

图2-7 二维码的符号结构

"易捷加油" App

易捷微信公众号

知识点一：三个点确定一个面

二维码只有三个角上有位置探测图案，就是为了更好地被读取。有人会问：为什么不是四个角呢？其实，第四个角也不是多余的，可以镶嵌别的信息。

知识点二：旋转二维码，也可以识别

因为有了位置探测图案和分隔符，所以，无论是正着扫码、竖着扫码还是斜着扫码，信息都可以被正确识别。

2.2.4 食品标签

1.食品标签基本要求

（1）**直接向客户提供的预包装食品标签标示内容：** 食品名称、配料表、净含量和规格、生产者和（或）经销者的名称、地址和联系方式、生产日期和保质期、贮存条件、食品生产许可证编号、产品标准代号及其他需要标示的内容（图2-8）。

（2）**执行标准：** 国家强制标准《食品安全国家标准预包装食品标签通则》（GB 7718—2011），国家强制标准《食品安全国家标准预包装食品营养标签通则》（GB 28050—2011）。

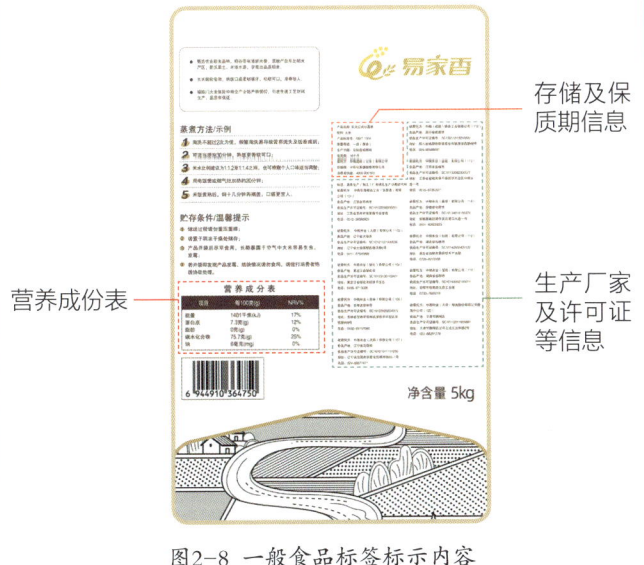

图2-8 一般食品标签标示内容

2.注意事项

（1）配料表中的各种配料应按制造或加工食品时加入量的递减顺序排列（加入量不超过2%的配料可以不按递减顺序排列）。

（2）配料表应当如实标示产品所使用的食品添加剂，但不强制要求建立"食品添加剂"项。

（3）食品生产日期和保质期等标示不得另外加贴、补印或篡改。

（4）进口预包装食品须有对应中文标签。

3.保质期豁免标示

1）哪些预包装食品可以免除标示保质期？

①酒精度大于等于10%的饮料酒；②食醋；③食用盐；④固态食糖类（包括白砂糖、绵白糖、红糖和冰糖等，不包括糖果）；⑤味精。

2）为什么有的免除标示保质期的商品标示了保质期？

"免除"是指不强制要求标示，即生产企业可自行选择是否标示保质期。

3）免除标示保质期的食品是否可以长期存放？

保质期受两个因素影响：一是贮存条件，二是期限，二者紧密相关，不可分割。如果产品的贮存条件不符合要求，保质期很可能会缩短，甚至丧失安全性保障。

4.营养标签

食品营养标签主要包括用数字形式表达的"营养成分表",以及在此基础上用来介绍营养成分水平高低和生理功能的"营养声称"和"营养成分功能声称"(图2-9)。

××× 高钙饼干营养成分表

项目	每100g	NRV%
能量	2030 kJ	24%
蛋白质	6.8 g	11%
脂肪	20.2 g	34%
——饱和脂肪	14.0 g	70%
碳水化合物	67.5 g	23%
——糖	20.3 g	—
钠	192 mg	10%
钙	250 mg	31%

- 营养声称
- 国家标准规定,营养成分含量可以以每100 g、每100 mL或"每份"作单位
- 每种营养成分的含量占营养素参考值(NRV)的百分比,要求在营养标签中标明,客户可根据营养素参考值更科学地调整饮食
- 能量以及蛋白质、脂肪、碳水化合物和钠四种核心营养素属于强制标示内容,即"1+4"
- 钙含量超过30%NRV,符合高钙含量营养声称条件
- 其他的营养成分(如维生素、矿物质等),企业可自主选择是否标示
- 钙是骨骼和牙齿的主要成分,有助于维持骨密度。
- 营养成分功能声称

图2-9 ×××高钙饼干营养成分结构图

5.保健食品

（1）在保健食品的最小销售包装上，应当标注保健食品标志："蓝帽子"（适用于在国内销售的一切国产和进口保健食品，图2-10）。

（2）保健食品的标签、说明书不得涉及疾病预防、治疗功能，内容应当真实，与注册或者备案的内容相一致，载明适宜人群、不适宜人群、功效成分或者标志性成分及其含量等。

（3）保健食品不是药物，不能代替药物治疗疾病；保健食品的标签、说明书必须声明"本品不能代替药物"。

（4）保健食品与普通食品、药品不能混放，须设置"保健食品销售专区"。

（5）经营范围应包含保健食品。

图2-10 保健食品标志（"蓝帽子"）

6.无公害农产品、绿色食品、有机食品

（1）从安全等级上，可将食品从低端到高端划分为四类：普通食品、无公害农产品、绿色食品、有机食品。

（2）除普通食品以外，无公害农产品、绿色食品和有机食品都属于安全农产品（图2-11）的范畴。可将四者形象地比喻为"金字塔"（图2-12）：塔基为普通食品，塔身为无公害农产品和绿色食品，塔尖为有机食品。越往上，要求的标准与控制技术越严格，相对而言，产品质量和安全性也越有保证。

图2-11 安全农产品标识

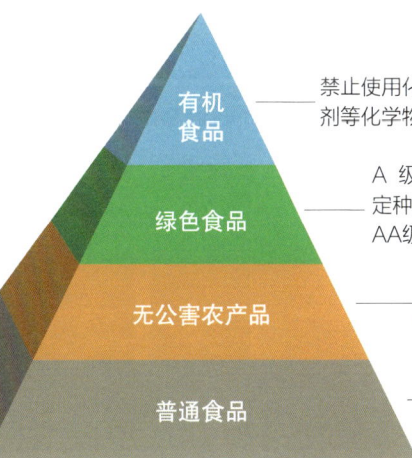

图2-12 食品安全等级金字塔

2.2.5 商品包装

1. 塑料购物袋

塑料购物袋分为不可降解塑料购物袋和生物降解塑料购物袋（图2-13）。

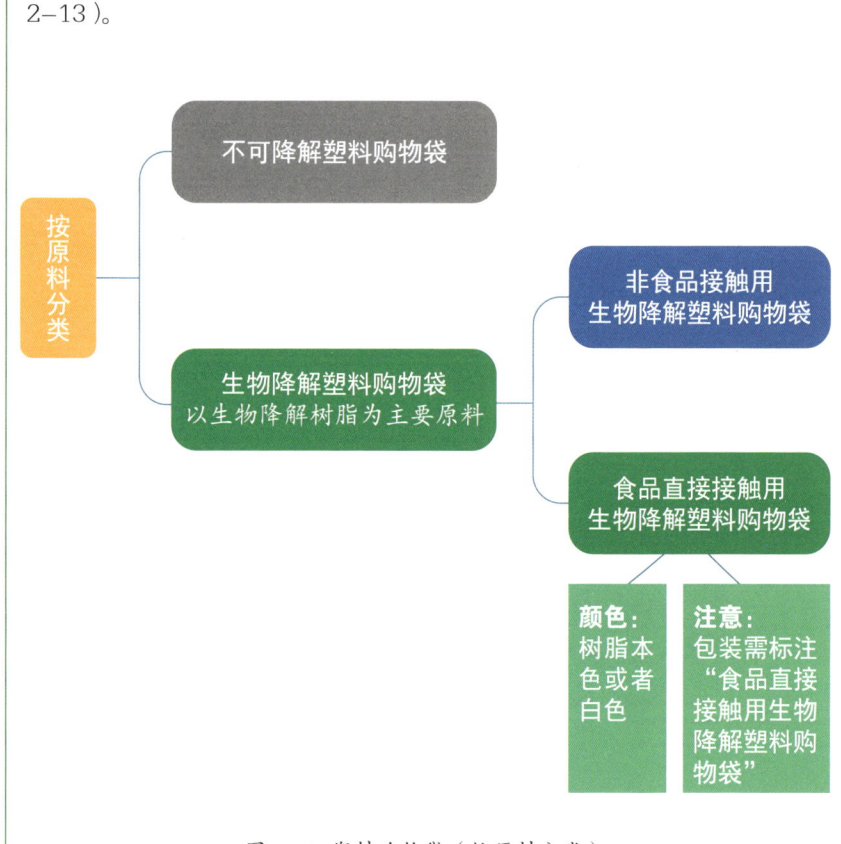

图2-13 塑料购物袋（按原料分类）

2. 塑料材质分类

塑料也有自己的"身份证"，其材质共分为七类（表2-4）。

表2-4 塑料材质分类

标志	名称	特性
PET (1)	聚对苯二甲酸乙二醇酯	耐热至70℃左右，不要装热饮
HDPE (2)	高密度聚乙烯	较难清洁干净，建议不要循环使用，比较容易滋生细菌
PVC (3)	聚氯乙烯	少用/不用于食品包装
LDPE (4)	低密度聚乙烯	耐热性差，不要用于微波炉加热
PP (5)	聚丙烯	可用于微波炉加热，耐热温度130℃
PS (6)	聚苯乙烯	不用于微波炉加热，不要盛装高温、强酸、强碱性食物
OTHER (7)	其他所有未列出的树脂及混合料	性质取决于由何种树脂制成

2.3 品类基础知识

2.3.1 润滑油

1.润滑油的成分组成

润滑油一般由基础油和添加剂两部分组成。基础油是润滑油的主要成分,决定着润滑油的基本性质。为了改善、提高基础油的性能或者为基础油增加新的性能而加入的化学物质,称为润滑油添加剂。

常用的润滑油包括发动机油(也称发动机润滑油、内燃机油,图2-14)、液压油、车辆传动系统油(分为齿轮油和变速箱油)、车辆制动液(刹车油)、汽车防冻液、汽车润滑脂等(图2-15)。

添加剂包括黏度指数改进剂、清净分散剂、抗磨剂、抗氧剂、降凝剂、防腐剂、防锈剂、抗泡剂等。

2.润滑油的主要作用

(1)**润滑减摩**:降低摩擦阻力以节约能源,减少磨损以延长机械寿命。

(2)**冷却**:随时将摩擦热排出机外。

(3)**密封**:防泄漏、防尘、防窜气。

(4)**抗腐蚀、防锈**:中和油品氧化形成的酸性物质,防止水气锈蚀。

(5)**清净分散**:将摩擦面的积垢清洗排除。

(6)**缓冲减震**:分散负荷、缓和冲击及减震。

(7)**传递动力**:液压系统和遥控马达及摩擦无级变速等。

发动机油 = 基础油(80~95%) + 添加剂(5~20%)

添加剂

黏度指数改进剂 清净分散剂 抗磨剂 抗氧剂
降凝剂 防腐剂 防锈剂 抗泡剂

图2-14 发动机油的组成

发动机是汽车的"**心脏**"
润滑油是汽车的"**血液**"

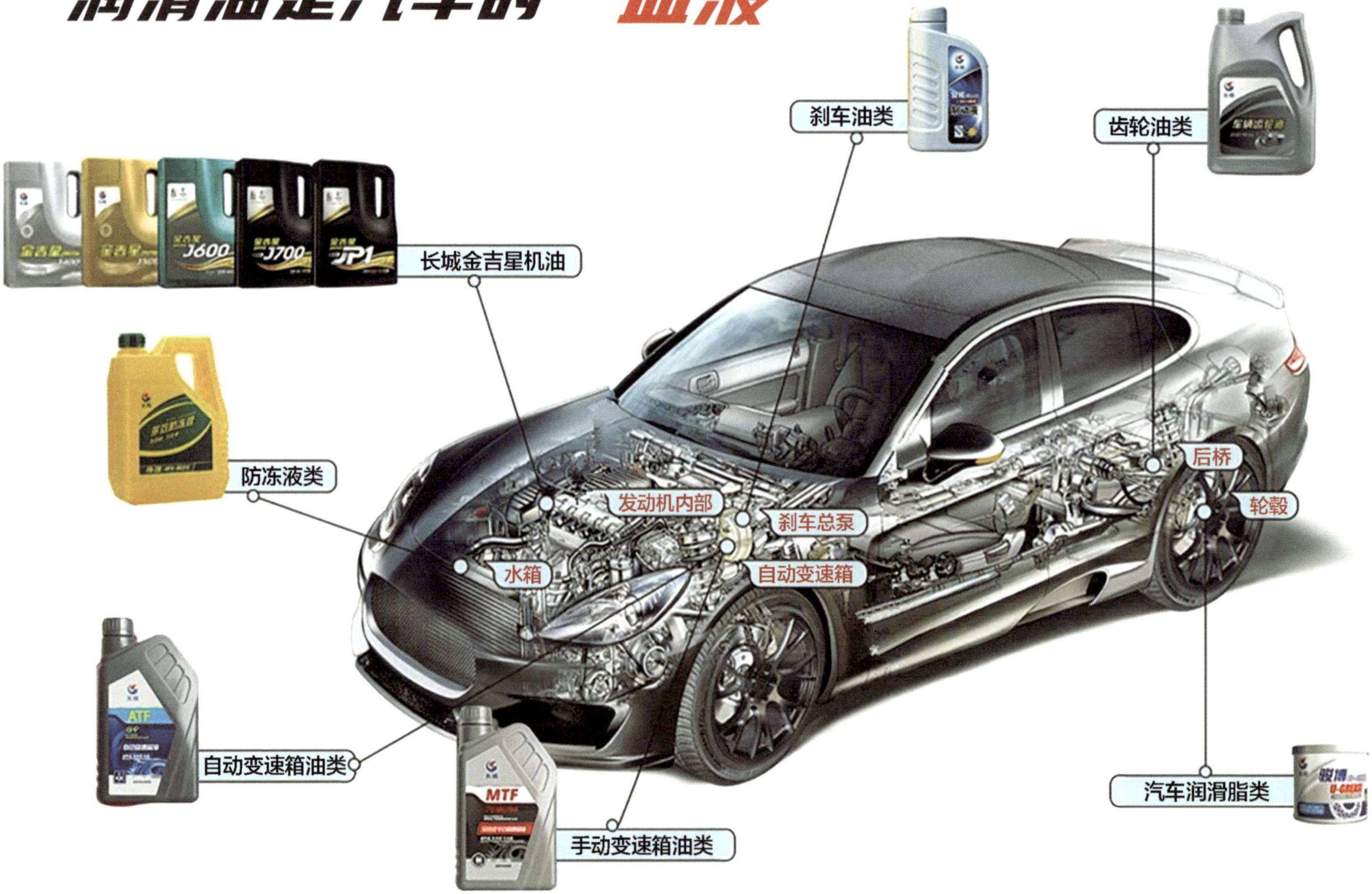

图2-15 常见汽车润滑油加注部位示意图

3.润滑油产品标注

一款润滑油产品的标注一般由三部分组成：产品名称、黏度等级、质量等级（图2-16）。

图2-16 长城金吉星J700的产品标注

- 加注刻度线：4L
- 档次：JP1、J700、J600、J500
- 合成技术：全合成、合成型、矿物型
- 本产品用油推荐：适用发动机
- 生产信息：生产地址、日期及批号
- 品牌：金吉星 Justar
- 适用车系：美亚系、欧系
- 适用排放标准："国六"等
- 适用燃油类型：汽油、柴油、混动
- 黏度等级：XW-XX
- 质量规格：API、ILSAC、ACEA
- 性能特征
- 本系列产品用油推荐

国际质量组织和OEM规格

API：美国石油学会（等级标准：SP、SN、SM、SL、SJ……）
ILSAC：国际润滑剂标准化及认证委员会（等级标准：GF-6、GF-5……）
ACEA：欧洲汽车制造协会（等级标准：A3/B4、C3、C5……）
OEM：原始设备制造商（定点生产）（汽车制造商：奔驰、宝马、大众、丰田……）

4. 发动机油黏度等级

1) SAE International 标准

我国发动机油黏度等级采用国际自动机工程师学会（SAE International）分类标准。

2) 黏度牌号（黏稠度级别指标）

常见的发动机油有单级油和多级油两种。

单级油一般只含一个低温黏度级号或一个高温黏度级号，如10W、50等，不能在冬天使用。

多级油既含有低温黏度级号，又含有高温黏度级号，且两个黏度级号之差至少为15，如5W-40、20W-50（第一个数字表示该润滑油在较低温度下的黏度，第二个数字表示其在较高温度下的黏度），冬天夏天都可使用（表2-5）。

表2-5 部分单级油的黏度级别-环境温度对照表

单级油黏度级别	适用环境温度（℃）
5W	-30 ~ 40
10W	-25 ~ 30
20	-25 ~ 40
30	-20 ~ 40
40	-15 ~ 50
50	-5 ~ 50

SAE 0W - 30

"国际自动机工程师学会"缩写，标志着黏度等级。

xW代表油品的冬季黏度，可用以衡量机油的低温流动性：数值越小，低温黏度也就越低，流动性越好。比如，0W表明该机油可在低至-35℃的环境温度下使用[字母W为Winter（冬季）的缩写，代表适合冬季使用]。

该数字代表机油在100℃时的黏度：数值越大，表示高温时的黏度越高（机油越稠），越适合发动机的高速运转，密封性好；数值越小，黏度越低，流动性越好，越节省燃油。

汽油机油常见的黏度级别
- ◇ 0W-40、0W-30、0W-20、0W-16
- ◇ 5W-40、5W-30
- ◇ 10W-40

柴油机油常见的黏度级别
- ◇ 10W-40
- ◇ 15W-40
- ◇ 20W-50

5.发动机油质量标准

目前,国际上有七大汽车润滑油质量标准体系(表2-6),其中,API标准具有全球影响力。

在API发动机油质量分类等级标准(图2-17)中,API级别越高,机油质量等级也越高,产品性能越优。另外,随着技术的发展,较早制定的SF、SG和CD等级及以下等级的API质量标准已被废除。

表2-6 汽车润滑油质量标准体系

GB	中国润滑油标准
API	美国石油协会标准(美国标准,具全球影响力)
SAE	国际自动机工程师学会标准(其"黏度级别—环境温度"相关要求为全球所引用)
ILSAC	国际润滑剂标准化和认可委员会标准(美、日车企联合制订的标准)
ACEA	欧洲汽车制造商协会标准(欧洲市场发动机油的基本要求)
OEM认证	汽车主机厂认证标准(各大汽车制造商联合制订的标准)
JASO	日本汽车工业协会标准(针对日本企业设备用油制订的标准,对摩托车油有较大影响力)

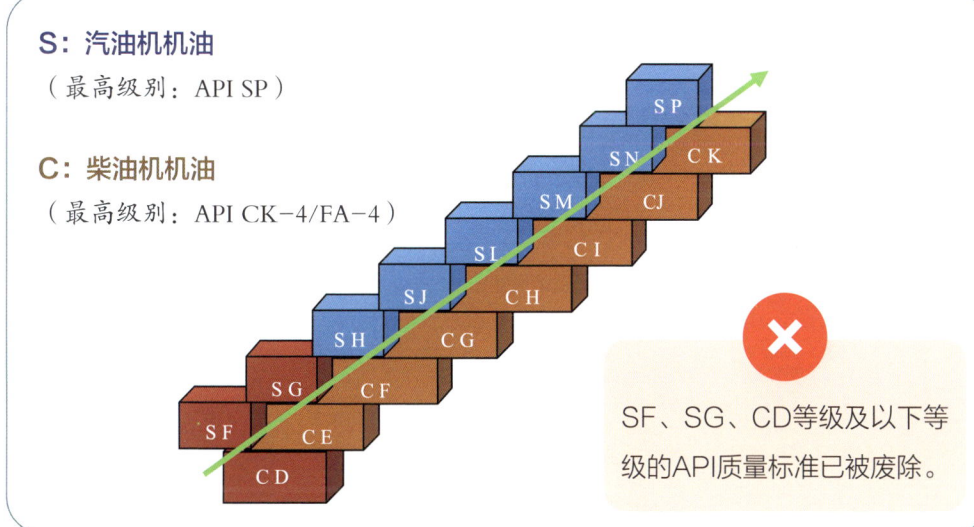

S:汽油机机油（最高级别:API SP）

C:柴油机机油（最高级别:API CK-4/FA-4）

SF、SG、CD等级及以下等级的API质量标准已被废除。

图2-17 API发动机油质量分类等级标准

ILSAC 质量规格

ILSAC制定的GF-X等级标准在发动机油达到API相应质量等级的基础上增加了节能要求。与GF-5相比,GF-6增加了除节能以外的更多要求。

OEM 认证标准

基于API/ILSAC、ACEA标准基础,世界领先汽车制造厂商制定的更严格的认证标准。

6. 选油原则

1）根据《车辆保养手册》选油

车辆生产厂家会为每辆车配备《车辆保养手册》，其中会明确注明该车最适合加注的发动机油。一般建议车主遵照厂家建议加注发动机油。

2）质量级别"就高不就低"

（1）高级别可覆盖低级别（图2-18）：

① API：SP、SN PLUS、SN、SM、SL、SJ……

② ILSAC：GF-6、GF-5、GF-4……

（2）按车型和保养手册中的要求选择：

① ACEA：A3/B4、C3、C5……

② OEM：特殊要求。

3）黏度选择要合适

根据车辆使用地区的气温，选择合适的黏度牌号，不同的黏度牌号对应不同的使用环境温度（建议与原厂油一致，图2-19）。

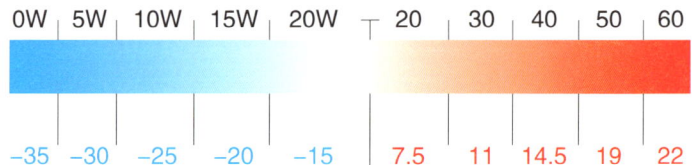

图2-19 润滑油的黏度选择

4）结合加注的油品等级选油

（1）加注95标号及以上汽油的豪华和高档车辆，推荐JP1或J700。

（2）加注92标号汽油的舒适和经济型车辆，推荐J600F、J600或J500。

5）依据车辆排放标准选油

（1）JP1/J700/J600等中高端产品除适用于"国六"车型外，也可用于"国五"等其他排放等级的车型。

（2）J500产品推荐用于"国五"及以下排放等级的车型。

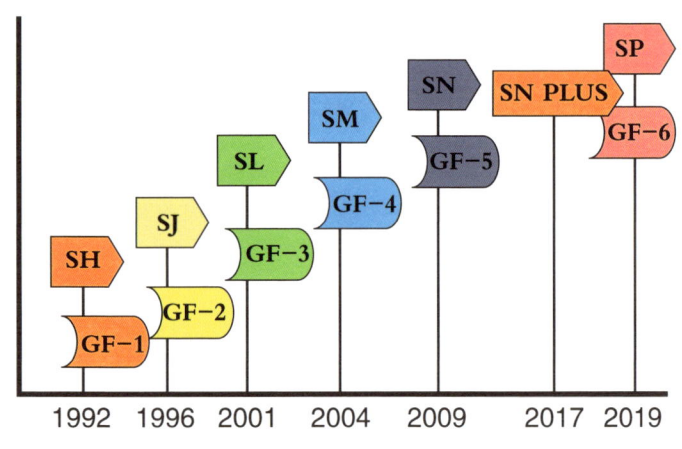

图2-18 润滑油的质量级别

6）根据换油里程选油

根据不同换油里程，推荐使用适合的汽油机油（图2-20）和柴油机油（图2-21）。

【注意】 油品使用寿命受车况、燃油、工况等情况影响，推荐换油里程仅供参考，请根据实际使用情况换油。

金吉星 JP1　超级全合成  15000 千米/1 年换油周期

金吉星 J700　全合成  12000 千米/10 个月换油周期

金吉星 J600F　全合成  10000 千米/8 个月换油周期

金吉星 J600　合成型  8000 千米/6 个月换油周期

金吉星 J500　矿物油  6000 千米/6 个月换油周期

图2-20 金吉星汽油机油推荐换油周期

L1500　全合成

- API：CK-4；ACEA：E4/E6/E7/E9
- 顶级旗舰，超节能，"国五""国六"车辆适用
- 15万千米换油周期

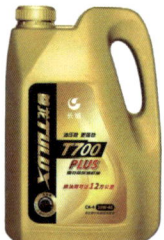

T700 Plus　全合成

- API：CK-4；ACEA：E6/E7/E9
- 卓越低温性能，"国五""国六"车辆适用
- 12万千米换油周期

T500　高性能

- API：CI-4；ACEA：E7
- 强劲动力，"国四""国五"车辆适用
- 4万千米换油周期

T700　合成技术

- API：CK-4；ACEA：E9
- 多重保护，"国五""国六"车辆适用
- 10万千米换油周期

T400　高性能

- API：CH-4
- 持久清洁，"国三""国四"车辆适用
- 3万千米换油周期

T600　高性能

- API：CK-4；ACEA：E9
- 四季通用，"国五""国六"车辆适用
- 6万千米换油周期

T300　高性能

- API：CF-4
- 稳定强劲，"国二"车辆适用
- 1.5万千米换油周期

图2-21　尊龙柴油机油推荐换油周期[①]

① 换油周期系基于国内重卡行车试验数据计算而来，具体换油周期可视工况、燃油、载重及车况不同而有所不同。

7.润滑油使用常见问题答疑

问：为什么必须定期更换润滑油？如果不换，会怎样？

答：发动机通过燃烧汽油等燃料运转，相应地就会产生废气和烟灰等不可燃副产物，发动机润滑油可清洁并分散这些副产物，防止它们在内部凝结，使发动机保持洁净。

但是，在发挥这个作用时，其效力会逐渐减弱，燃烧所产生的热量和空气中的氧也会使润滑油氧化、变质。

如超过换油期限继续使用润滑油，会导致积碳及油泥沉积，阻碍活塞环的运动，造成发动机故障。换油能将灰尘、杂质、水和其他物质等冲洗掉，保护发动机，使其正常运转。所以，定期换油是很有必要的，应按照汽车制造商的推荐周期和油品等级换油。

问：柴油车能使用汽油机油吗？反之呢？

答：不能。

汽油发动机和柴油发动机依靠不同的燃料运转，它们有不同特点，因此对润滑油也有相应的性能要求。

柴油含硫量较高，燃烧后生成的酸性物质较多，所需机油的总碱值较高。柴油机工作时产生的高温积炭、烟炭较多，要求柴油机油具有较强的高温清净能力。

汽油机工作时，产生低温油泥的可能性较大，要求机油具有较强的低温分散能力。

因此，柴油发动机使用汽油机油或汽油发动机使用柴油机油是不可取的。

问：汽车防冻液只有在冬天才使用吗？市面上的汽车防冻液为什么有多种颜色？它与质量有什么关系？

答：汽车防冻液不仅可在冬天使用，一年四季都应使用防冻液。

不少司机以为只有冬天才需要用防冻液，平时加水就行，实际是错误的。防冻液并不仅仅起防冻作用，它比热容较高、热传导性好，还有防沸、防锈、防腐的作用，可将冷却系统金属部件的腐蚀程度减到最小。

此外，防冻液具有优良的消泡性能、空气释放性能，不会对循环铝泵造成气蚀。因此，不能用水代替防冻液，应常年使用。

防冻液本身是无色、透明的液体，市面上卖的不同产品之所以有不同颜色，是为了便于区分而加入了一些染色剂。其具体的颜色及其颜色的深浅对性能无影响，与质量没有什么必然联系。

2.3.2 烟草

1.保质期与喷码

卷烟没有明确的保质期，但存储的环境条件会影响保质期的长短。保存卷烟，要离地、离高温、离潮湿、离异味，一般保存不超过 2 年（保存时间越长，发霉变质或口味变化的可能性越大）。

整条烟上的喷码共 32 位，分两行（图 2-22）。前 5 位为分拣或订单日期（格式为 YMMDD），6-16 位为所在件烟的识别码和顺序号（件码派生号），17-20 位为所在地市烟草公司的拼音缩写，21-32 位为零售户信息，包括行政区域代码、零售户类型、许可证编号（后 5 位）。

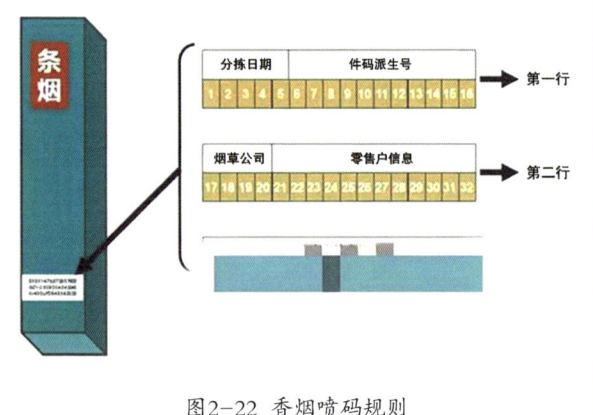

图 2-22 香烟喷码规则

2.常规烟支、中支烟与细支烟

（1）**烟支周长**：常规烟支周长 20~24.5 mm，中支烟周长 19~20 mm，细支烟周长 16~17 mm（图 2-23）。

（2）**烟支长度**：常规烟支长度为 84 mm，中支烟一般为 89 mm，中短支烟一般为 74 mm，细支烟一般为 94 mm（图 2-24）。

（3）**焦油含量**：常规烟支、中支烟的焦油含量不高于 11 mg/支，细支烟的焦油含量不高于 8 mg/支。

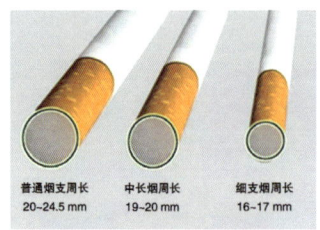

图 2-23 烟支周长标准

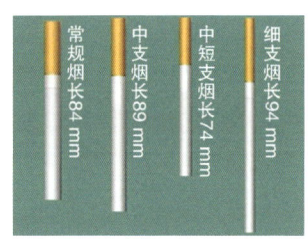

图 2-24 烟支长度标准

3.烟草客户档位管理

客户档位是烟草公司对烟草零售户评定的等级，通常分为 1 档至 30 档。

档位评定周期为一个月或一季度，系统根据零售户上一周期订购烟草的数量和金额进行自动测评。档位高的零售户，每月可订购烟草的数量也更多，可订购的畅销、新品卷烟数量也会相应增加。

要想提高烟草客户档位，最直接的方法是提高订购烟草商品的金额、数量、品种数，每期满订，不漏订。

2.3.3 白酒

1. 白酒的定义

白酒，是以粮谷为主要原料，以大曲、小曲、麸曲、酶制剂及酵母等为糖化发酵剂，经蒸煮、糖化、发酵、蒸馏、陈酿、勾调而成的蒸馏酒。粮谷，指谷物和豆类的原粮和成品粮（但不包括薯类）。谷物，包括稻谷、小麦、玉米、高粱、大麦、青稞等。

2022年6月1日，国家推荐标准《白酒工业术语》（GB/T 15109—2021）及《饮料酒术语和分类》（GB/T 17204—2021）正式实施。

【注意】生产日期晚于2022年6月1日、标签标注是"白酒"的酒水，一定是100%纯粮食酒。如果原料中还含有食品添加剂，就只能标注为"配制酒"或"调香白酒"。

2. 白酒的生产工艺

按生产工艺划分，白酒可分为三类：固态法白酒、液态法白酒和固液法白酒。

3. 白酒的香型

根据白酒的主体香气特征，可对其进行分类。在国家级评选（表2-7）中，目前业内公认的白酒香型有12种，分别是：酱香型、浓香型、清香型、米香型、凤香型、董香型、豉香型、芝麻香型、特香型、兼香型、老白干香型、馥郁香型（图2-25）。其中，酱香型、浓香型和清香型白酒占据较大市场份额。

（1）**酱香型白酒**：微黄透明、酱香突出、优雅细腻、酒体醇厚、回味悠长、空杯留香持久。代表酒：贵州茅台酒、四川郎酒、武陵酒等。

（2）**浓香型白酒**：无色（微黄）透明、窖香浓郁、绵甜醇厚、香味谐调、尾味净爽。代表酒：四川泸州老窖、五粮液酒、江苏洋河等。

（3）**清香型白酒**：具有清香、醇甜、柔和等特点，是中国北方传统饮用酒。代表酒：山西汾酒、北京二锅头等。

图2-25 十七种名酒

表2-7 历届中国名酒评选结果

届别	时间	地点	评选结果	名酒品牌
第一届	1952年	北京	四大名酒	茅台酒、汾酒、西凤酒、泸州老窖特曲
第二届	1963年	北京	八大名酒	五粮液、古井贡酒、泸州老窖特曲、全兴大曲、茅台酒、西凤酒、汾酒、董酒
第三届	1979年	大连	八种名酒	茅台酒、汾酒、泸州老窖特曲、五粮液、剑南春、古井贡酒、洋河大曲、董酒
第四届	1984年	太原	十三种名酒	茅台酒、汾酒、五粮液、泸州老窖特曲、洋河大曲、剑南春、古井贡酒、董酒、西凤酒、全兴大曲、双沟大曲、特制黄鹤楼酒、郎酒
第五届	1989年	合肥	十七种名酒	茅台酒、汾酒、五粮液、洋河大曲、剑南春、古井贡酒、董酒、西凤酒、泸州老窖特曲、全兴大曲、双沟大曲、特制黄鹤楼酒、郎酒、武陵酒、宝丰酒、宋河粮液、沱牌曲酒

2.3.4 葡萄酒

1.葡萄酒的分类

全球主流的葡萄酒分类方式有三种,分别是欧洲分类(静止葡萄酒、起泡葡萄酒、加强型葡萄酒)、颜色分类(红葡萄酒、桃红葡萄酒、白葡萄酒)和含糖量分类(干型葡萄酒、半干型葡萄酒、半甜型葡萄酒、甜型葡萄酒)。其中,我国消费者比较熟悉的是含糖量分类方式(表2-8)。

表2-8 葡萄酒含糖量分类

葡萄酒分类	总糖度	简介	饮用口感
干型葡萄酒	≤4 g/L	·大多数葡萄酒类型 ·所有糖转变为酒精和二氧化碳	酸味明显,觉不出甜味
半干型葡萄酒	4.1~12 g/L	·通常为白葡萄酒或桃红葡萄酒	有微甜感
半甜型葡萄酒	12.1~45 g/L	·通常为白葡萄酒或桃红葡萄酒	有明显的甜醉感
甜型葡萄酒	≥45.1 g/L	·通常为白葡萄酒或加强型葡萄酒 ·含糖量很高 ·添加额外的酒精	有明显的甜醉感

2.葡萄酒的储存

(1)**温度:** 一般10℃~18℃为宜,重点是要恒温。

(2)**湿度:** 70%左右的湿度对葡萄酒的储存最佳。

(3)**通风:** 适宜在通风处,酒柜为宜(图2-26);不宜在冰箱久置,因为冰箱内的味道会渗透到酒里。

(4)**摆置:** 酒瓶平放或斜放储存,尽量避免振动。

(5)**光度:** 避强光保存,最好不要留任何光线,特别是日光灯和霓虹灯。

图2-26 葡萄酒摆位图

2.3.5 茶叶

国家推荐标准《茶叶分类》（GB/T 30766—2014）于 2014 年 10 月 27 日实施，将茶叶分为绿茶、白茶、黄茶、乌龙茶、红茶、黑茶、再加工茶七大类。

1.绿茶

（1）**发酵度**：不发酵茶。

（2）**原料**：新叶，嫩芽嫩叶为佳，不适合久置。

（3）**代表茶**：龙井、碧螺春、黄山毛峰、信阳毛尖、六安瓜片等。

（4）**加工方法**：鲜叶→杀青→揉捻→干燥。

2.白茶

（1）**发酵度**：5%–10%，轻微发酵茶。

（2）**原料**：特定茶树品种的鲜叶（如福鼎大白茶的壮芽或嫩芽）。

（3）**代表茶**：银针白毫、白牡丹、寿眉等。

（4）**加工方法**：鲜叶→萎凋→干燥。

3.黄茶

（1）**发酵度**：10%–20%，轻发酵茶。

（2）**原料**：带有茸毛的芽或芽叶。

（3）**代表茶**：君山银针、黄芽等。

（4）**加工方法**：鲜叶→杀青→揉捻→闷黄→干燥。

4.乌龙茶

（1）**发酵度**：15%~70%，半发酵茶。
（2）**原料**：特定茶树品种的鲜叶，一芽两叶，枝叶连理。
（3）**代表茶**：铁观音、冻顶乌龙、武夷岩茶、闽北水仙等。
（4）**加工方法**：鲜叶→萎凋→做青→杀青→揉捻→干燥。

6.黑茶

（1）**发酵度**：100%（会随时间而变化），后发酵茶。
（2）**原料**：多为大叶种茶。
（3）**代表茶**：青砖、六堡茶、普洱熟茶、湖南黑茶等。
（4）**加工方法**：鲜叶→杀青→揉捻→渥堆→干燥。

5.红茶

（1）**发酵度**：70%-90%，全发酵茶。
（2）**原料**：大、中、小叶都有，分为条形红茶和红碎茶。
（3）**代表茶**：祁茶、滇红、宁红、宜红等。
（4）**加工方法**：鲜叶→萎凋→揉捻（切）→发酵→干燥。

7. 再加工茶

（1）以茶叶为原料，采用特定工艺加工的、供人们饮用或食用的产品。
（2）**代表茶**：花茶、紧压茶、袋泡茶、粉茶等。

2.3.6 大米

1. 大米的定义

大米指以稻谷、糙米或半成品大米为原料，经碾磨加工而成的食用商品。国家推荐标准《大米》（GB/T 1354—2018）是对大米产品最为全面的基本标准，另外还有《中国好粮油大米》（LS/T 3247）和《绿色食品稻米》（NY/T 419）等高等级产品标准。

2. 大米的分类

大米分为粳米、籼米和糯米三类。

1）粳米

用粳稻谷加工而成的大米即为粳米。

粳米米粒多呈椭圆形，出饭率高，米粒膨胀性小，但黏性大。半透明，表面光亮，腹白度较小。

主要产区为东北地区，环渤海区域的河北、山东，黄河流域的宁夏、内蒙古、山西、河南，以及江苏北部等。

粒型分为椭圆粒型（主要品种为吉粳系列）及长粒型（五优稻4号，绥粳系列）。

2）籼米

用籼型非糯性稻谷制成的大米即为籼米。

籼米米粒细长形，米色较白，透明度比其他种类差。吸水性强，膨胀程度较大，出饭率相对较高。加工时易破碎。

根据收获季节，分为早籼米和晚籼米。早籼米粒宽厚，较短，腹白大，粉质多，脆弱易碎，黏性小。晚籼米粒细长扁平，组织细密，透明或半透明，腹白较小，硬质粒多，油性较大，质量较好。

主要产区为环洞庭湖区域、环鄱阳湖区域，川渝地区，以及广东及广西。

代表品种为美香占、象牙香占、玉针香、农香32等。

3）糯米

用糯性稻谷制成的大米即为糯米（中国南方称之为糯米，而北方则多称之为江米）。

糯米米粒乳白色，不透明，也可呈半透明，黏性大。

糯米又分为籼糯米和粳糯米两种。籼糯米由籼型糯性稻谷制成，米粒一般呈长椭圆形或细长形。粳糯米由粳型糯性稻谷制成，米粒一般呈椭圆形。

如何选购大米？

影响大米品质的主要因素是水分和氧气，其会造成大米脂肪氧化及淀粉老化，所以，选购大米时：一是要确认包装真空度完好，降低潮湿、氧气对大米品质的影响；二是要购买新鲜大米，缩短大米品质衰减的时间。一般来讲，当季新米都具有优秀的品质。

2.3.7 食用油

1.食用油的定义

食用油指在制作食品过程中使用的动物或者植物油脂，常温下为液态。常见的食用植物油脂包括菜籽油、花生油、调和油、大豆油、玉米油、葵花子油、橄榄油、亚麻籽油（胡麻油）等。国家强制标准《食品安全国家标准 植物油》（GB 2716—2018）已于2018年12月21日实施。

2.常见的食用油

1）菜籽油

菜籽油是用油菜籽榨制而成的食用油。

菜籽油是我国主要食用油之一，主产于长江流域及西南、西北地区，产量居世界首位。

按制取工艺划分，可分为压榨菜籽油和浸出菜籽油。按脂肪酸组成的芥酸含量划分，可分为一般菜籽油和低芥酸菜籽油。

2）花生油

花生油是以花生为原料，通过一定加工工艺获得的，符合一定标准要求的食用植物油脂。

按制作工艺划分，可分为浸出花生油和压榨花生油。

3）食用调和油

食用调和油是由两种或两种以上的单品种食用植物油为原料调配制成的食用植物油。

4）大豆油

大豆油主要产于我国东北、华北、华东和中南等地区。

与其他油脂原料相比，黄豆的含油量低，只有16%~24%。在压榨黄豆的过程中，一般使用浸出法来获取油脂。

按原料是否为转基因划分，可分为转基因大豆油和非转基因大豆油。

5）橄榄油

橄榄油指以油橄榄树果实为原料制取的油脂，排除用溶剂浸提或重酯化过程获得的油，并且不得掺杂其他油类。根据生产工艺的不同，橄榄油又分为初榨橄榄油、精炼橄榄油和混合橄榄油。根据酸值大小，初榨橄榄油又分为特级、中级和初榨橄榄油灯油3个等级。

油橄榄果渣油指采用溶剂或其他物理方法从油橄榄果渣中获得的油脂，该油品在任何情况下都不能称作"橄榄油"。

【注意】油橄榄与我国传统食用橄榄不属于同一科植物。

关于转基因

根据《农业转基因生物标识管理办法》第一批实施标识管理的农业转基因生物目录，对大豆、油菜、玉米、棉花、番茄共5类、17种转基因产品实行强制定性标识，其中包括大豆油、菜籽油、玉米油。

也就是说，只有这3种油品才可以标识与转基因相关的内容。

2.3.8 果汁

1.浓缩果汁

新鲜水果变成浓缩果汁，会经过"清洗 – 破碎 – 榨汁 – 成分调整 – 浓缩 – 杀菌 – 灌装"这一系列的工艺流程。在这个过程中，蒸发掉了水果里的一部分水分，所以说是对果汁进行了"浓缩"。

与浓缩果汁在生产过程中因为浓缩而会失去一部分水分相比，"100% 果汁"（图 2-27）就是加入基本等量的流失水分，把它还原为原本的浓度。

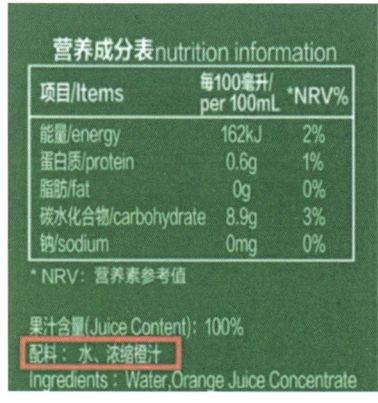

图2-27 某品牌100%橙汁营养成分表

2.NFC果汁

NFC 是"not from concentrate"的缩写，意为"非浓缩还原汁"。

NFC 果汁未经过浓缩的过程，营养成分和活性成分更接近天然果汁，所以保质期相对较短，成本相对较高，价格会比较高。

3.果汁饮料

果汁饮料是在果汁或者浓缩果汁的基础上添加了水、白砂糖和食品添加剂等配制而成。果汁含量至少要达到10%，才可以称为"果汁饮料"。

4.风味饮料

风味饮料由糖、甜味剂、酸味调节剂和食用香精调制而成，其味道主要是由香精调配出来的，如茶味饮料、果味饮料、乳味饮料、咖啡味饮料、风味水饮料、其他风味饮料等。实际上，果味饮料中可能一点果汁都不含。

不经调色处理、不添加糖（包括食糖和淀粉糖）的风味饮料为风味水饮料，如苏打水饮料、薄荷水饮料、玫瑰水饮料等。

2.4 销售分析基础知识

2.4.1 销售数据分析类型

进行数据分析时，通常采用数据对比、连续走势和结构分析方式，还可以通过多个维度进行交叉分析。

1. 数据对比分析

数据对比分析可以直观地反映数据之间的相对差异。

通过纵向对比（如月度同比），可了解业务的成长性，通常采用折线图（图2-28）。

通过横向对比（比如兄弟单位对比），可发掘新的增长点，通常采用柱状图或条形图。

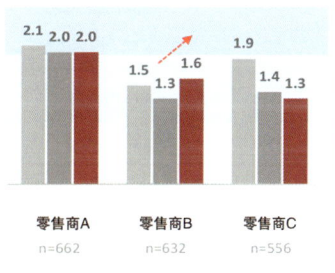

图2-28 数据对比分析示意图

2. 连续走势分析

连续走势分析可以反映业务发展趋势，便于对业务发展做出更好的预估和判断。

常见的连续走势分析如12个月的连续销售走势、库存走势，通常采用柱状图（图2-29）。

实际应用时，经常将连续走势分析与数据对比分析相结合。

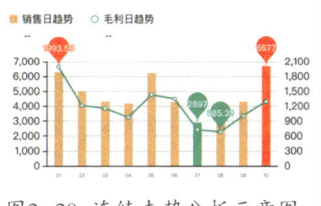

图2-29 连续走势分析示意图

3. 结构分析

结构分析可以用于分析、了解业务结构和组成。

常见的结构分析如饮料类销售占比、百货库存占比，通常采用饼形图（图2-30）。

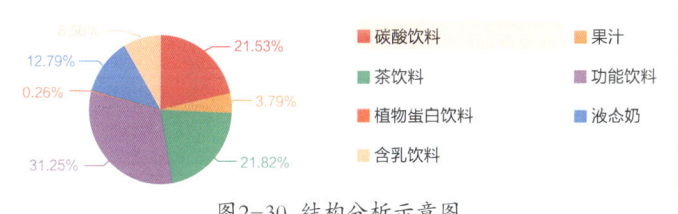

图2-30 结构分析示意图

4. 交叉分析

交叉分析可以反馈2个或多个分析维度的相关性，适合用于分析影响业务发展的多种因素，从而发现其中的规律。

比如，对商品进行ABC分析时，通常采用圆点图或组合图（图2-31）。

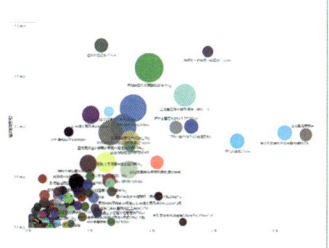

图2-31 交叉分析示意图

2.4.2 销售数据分析指标

"杜邦分析法"原为美国杜邦公司用作财务指标分析的一种方法,是一种将总体目标逐一细分的思维导图,能够层次清晰、条理突出、简洁明了地呈现各指标的数值及对比情况,有效帮助诊断门店经营问题(图2-32)。

1.数据分析指标

数据分析指标分为结果指标与过程指标:结果指标以"产出"为导向,易于衡量,但难以改善或影响;过程指标以"投入"为导向,有些过程不好衡量,但容易影响。

2.过程化分析

按照客户消费的步骤进行过程化分析,包括将客户进站加油的行为转化为进店、产生购买需求并购买的行为(图2-33)。在此基础上,有些客户会多买、常买,并向周围人群分享。了解这个过程,有利于制订要货计划和促销计划。同样,销售额也可以过程化方式展现。

3.过程指标

对运营管理数据进行分析时,要关注过程指标。如将"营业额"作为结果指标,可对营业额按消费场景进行拆分,就可以得到"进店率"等多个过程指标。

要想更有效地提升销售额,就要在日常销售工作中追踪进店率、客单价等指标的提升。

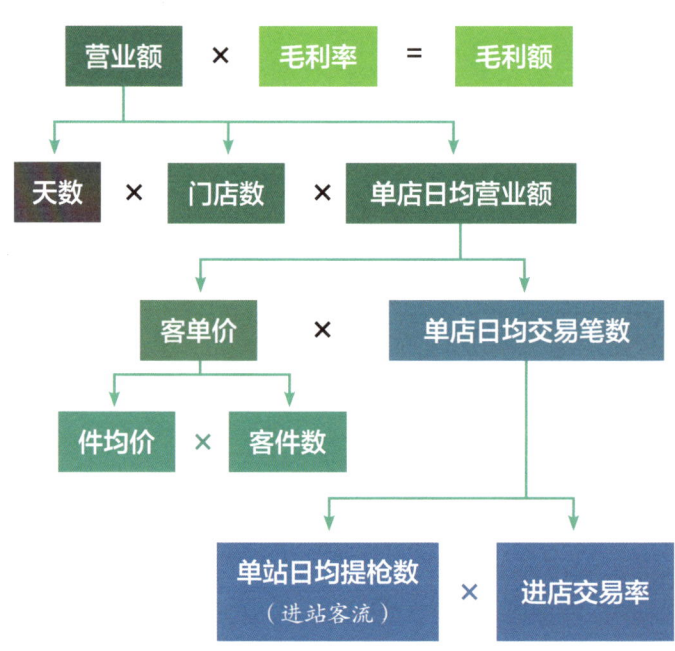

图2-32 杜邦分析法示意图

图2-33 过程化分析

2.4.3 便利店通用分析指标

目标完成率 = $\dfrac{\text{实际销售额}}{\text{目标销售额}} \times 100\%$

销售环比 = $\dfrac{\text{本期销售额}-\text{上期销售额}}{\text{上期销售额}} \times 100\%$

销售同比 = $\dfrac{\text{今年本期销售额}-\text{去年同期销售额}}{\text{去年同期销售额}} \times 100\%$

品类商品销售占比 = $\dfrac{\text{品类商品销售额}}{\text{便利店总销售额}} \times 100\%$

商品动销率 = $\dfrac{\text{动销品项数}}{\text{有库存品项数}} \times 100\%$

客单价（平均交易金额）= $\dfrac{\text{销售额}}{\text{交易笔数}}$

吨油营业额 = $\dfrac{\text{便利店总销售额（元）}}{\text{加油站成品油销售总量（吨）}}$

库存周转天数

库存周转天数是指便利店从取得商品库存开始至全部销售为止所经历的天数。周转天数越少，说明库存变现的速度越快，占用资金的时间越短，库存管理工作的效率越高。

库存周转天数 = $\dfrac{\text{测算周期天数}}{\text{库存周转次数}}$

= $\dfrac{\text{库存平均成本}}{\text{产品销售成本}} \times \text{测算周期天数}$

库存周转次数=库存周转率 = $\dfrac{\text{产品销售成本}}{\text{库存平均成本}}$

库存平均金额 = $\dfrac{\text{期初库存金额}+\text{期末库存金额}}{2}$

【例】某便利店卓玛泉6月期初库存金额3200元，期末库存金额2800元，销售成本6000元，则6月卓玛泉的库存周转天数计算如下：

6月卓玛泉库存周转天数 = $\dfrac{(3200+2800)\div 2}{6000} \times 30 = 15$（天）

2.5 岗位职责与十大禁令

2.5.1 店长岗位职责

店长由加油站站长担任,是便利店管理工作的第一责任人。店长要承担便利店的经营目标,带领员工共同完成既定目标,确保便利店安全平稳运行。主要职责包括:

1. 营销落实

(1)负责组织开展便利店各项经营工作,落实主管部门下达的各项经营指标。

(2)负责组织全站员工执行营销活动,分解促销目标,跟进活动落实,激励团队销售热情。

(3)负责指导督促员工开口营销,做好现场管理,评估促销效果。

(4)负责维护本店客户,定期开展商圈调研、客户满意度调查;及时处理客户投诉。

2. 商品经营管理

(1)负责便利店布局与陈列执行,依据商圈环境和实际执行情况,向上级主管部门提出问题或建议。

(2)负责本店库存管理工作,合理控制库存。审核要货计划、复核待退商品,有需求时组织店间调拨。

(3)负责组织便利店商品盘点,全面排查、如实上报账实差异、商品损耗情况;组织店内员工配合第三方盘点工作。

(4)负责组织开展商品质量验收、保质期排查,审核临期商品、坏品、损耗处理计划。

3. 质量安全管理

(1)负责组织开展便利店质量管理工作,配合职能管理部门商品质量抽检,并及时上报,组织落实商品召回/撤回。

(2)负责组织开展便利店HSE管理工作,组织开展风险识别、安全巡查工作,组织员工开展应急预案演练,突发事件应急处置。

(3)负责便利店设备设施管理。规范设备标准操作,开展设备设施日常养护和维修。

4. 基础管理

(1)负责分析每月运营状况,提出改善建议。

(2)负责组织便利店进行自查自纠,及时整改上级督导问题。

(3)负责便利店团队建设、员工考核。

(4)负责便利店各类档案记录管理。

(5)负责市场监督管理、技术监督、烟草专卖等部门日常检查情况的反馈。

(6)负责上级交办的其他工作。

2.5.2 店员岗位职责

店员是便利店经营和管理的关键岗位，除店长以外的其他员工都应该是便利店店员，其主要职责包括：

1.营销落实

（1）负责便利店结算和客户服务工作，热情礼貌，按规定进行商品扫码过机销售、客户团购、易捷到车及线上销售业务。

（2）负责接待客户咨询，处理客户销售退货、投诉业务。

（3）负责推广宣传营销活动、做好开口营销。

（4）负责执行营销活动，按规定陈列活动商品，设置宣传物料，记录赠品台账，跟踪活动商品库存，做好促销活动后续工作。

（5）负责调研客户需求，维系大客户。

2.商品经营管理

（1）负责按"一表两图"和陈列原则进行商品陈列、价签陈列；负责便利店日常补货、卫生清洁、设备设施维护。

（2）负责按规定开展便利店商品要货、到货验收、退货返仓（供应商）、店间调拨等业务流程操作。

（3）负责做好商品进出入库管理；维护库房存储条件，按规定存放商品；登记贵重商品台账。

（4）负责参与便利店月度盘点，按分工要求清点商品、核对库存、处理差异。配合开展第三方盘点工作。

（5）负责执行保质期排查，按规定做好临期商品、报废商品、损耗商品处理。

（6）负责便利店交接班工作，资金上缴。

3.质量安全管理

（1）负责执行便利店商品质量管理要求。

（2）负责便利店日常维护、保养设备设施。

（3）负责执行 HSE 相关工作，通过培训考核持证上岗，做好现场风险识别、安全巡查，定期参加安全培训、安全会议、应急演练，根据分工进行突发事件应急处置。

4.基础管理

（1）负责分析便利店周边商圈和竞争对手，提出便利店经营管理建议。

（2）负责完成店长交办的其他工作。

2.5.3 加油（气）站十大禁令

根据《关于印发〈中国石化销售股份有限公司加油（气）站现场管理禁令〉的通知》（石化股份销零〔2021〕506号），违反禁令的行为包括但不限于下列行为：

（1）私自购进、置换、偷盗或违反价格规定销售油品、天然气和非油品等商品。

（2）私自破坏加油（气）机铅封、进行加油（气）机作弊、擅自调整加油（气）枪精度、克扣客户。

（3）坐支、挪用、侵占营业款，擅自预收款、赊销、使用个人账号收款；虚开、代开、转借、转让、倒卖发票。

（4）套现、套积分、套优惠、套消费券、套发票、套差价等；盗取客户账户内的钱款或消费券；擅自大单销售或倒卖加油（气）卡及充值卡。

（5）上架、销售假冒伪劣或过期商品；高价销售，低价入账；套取、截留赠品或促销品。

（6）虚报、瞒报、拒报、篡改、泄露经营管理数据。

（7）在经营中索贿、受贿或收受好处；强制搭售。

（8）擅自对信息系统或设备进行关机、断网、调整参数、删除数据等操作；偷盗、擅自外借、故意破坏设备设施。

（9）站内吸烟或饮酒；直接向绝缘容器加注汽油，违规销售散装汽油；擅自停用环保设备，违规处置危险废物。

（10）未经授权擅自接受涉及公司业务和相关内容的媒体采访；散布与本公司有关的不实言论；个人违规言行被县级及以上新闻媒体曝光；私自翻拍、拷贝、传播加油（气）站视频监控录像。

重大违反禁令的行为

◇ 私自购进、置换、偷盗油品、天然气或非油品商品。

◇ 加油（气）机作弊；擅自调整加油（气）机精度。

◇ 违反禁令行为涉及金额累计超5000元（含）。

◇ 违规操作、违反禁令导致人员伤亡，被政府部门通报处罚，或被地市级及以上媒体曝光。

PART 03 销售服务
SALES SERVICE

3.1　服务规范

3.2　收银规范

3.3　发票规范

3.4　客户维护与投诉处理

3.5　交接班

中国石化易捷便利店标准作业指导书（2022版）
EASY JOY: STANDARD OPERATION INSTRUCTIONS (2022)

3.1 服务规范

3.1.1 仪容仪表

执行要点：接班之前，要检查仪容仪表。以地市为单位，选择统一的换装时间。

- 帽子扣戴端正，工帽以站为单位，根据日晒情况，统一确定佩戴时间。配饰得当，上岗不戴墨镜。
- 男员工不蓄胡须，鼻毛不外露。
- 工号牌佩戴在新款工装工牌卡位处。
- 工装、工鞋干净无污渍。工装穿戴整齐，不挽袖口、裤腿，扎与裤子颜色相同或相近的深色腰带。
- 女员工不化浓妆，过肩长发束起。保持指甲清洁。
- 不剪、不染怪发，不得佩戴过多或过于夸张的饰物。
- 不敞胸露怀；不穿短裤、裙子。衣裤拉链到位，纽扣锁住，皮带束紧。
- 穿统一样式的防静电鞋，不穿拖鞋、高跟鞋、带钉鞋。

PART 03 销售服务

3.1.2 服务礼仪

1.表情礼仪

（1）目光交流中应保持微笑。
（2）态度亲和。
（3）声音洪亮。

2.仪态礼仪

（1）站姿挺拔，不插兜；不倚靠墙柱。
（2）坐姿端正，不前仰后伏；不东倒西歪，不跷腿。

3.手势礼仪

（1）客户走向收银台时，要起立举手示意，右手举高，手掌略高于头顶，五指并拢，掌心对着客户，肘部弯曲，前臂和上臂呈90度。
（2）手势动作与礼貌用语同步。

4.接待礼仪

（1）收取、递交物品时应用双手。
（2）如有沉重物品，协助客户装车。

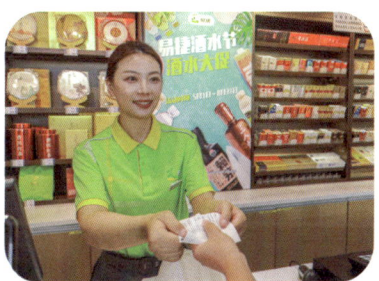

3.1.3 六大礼貌用语

执行要点：牢记六大礼貌用语。与客户交流时应语调上扬，真诚微笑、姿态谦和，先行问候、语言适当，面对客户时应语气诚恳。

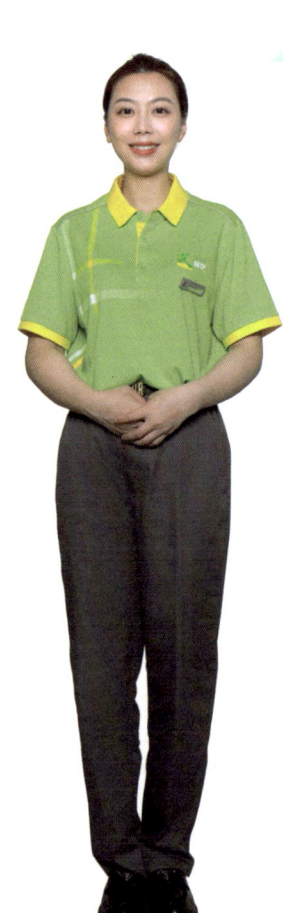

- "您好，欢迎光临易捷！"
- "好的，知道了！"
- "请稍等……"
- "谢谢！"
- "抱歉！"
- "慢走，欢迎下次光临！"

服务忌语

- "喂……"
- "你干嘛……"
- "不知道。""不晓得。"
- "急什么？""问别人去！"
- "怎么不早说？"
- "我现在没空！"
- "你问我，我问谁？"
- "有意见找领导去！"
- "没看见我在忙吗？"
- "刚刚不是说过了吗？"
- "有本事你就去投诉！"
- "我要下班了，快点！"
- "我就这态度，怎么着？"

3.1.4 服务用语小剧场

1. 客户进店

执行要点：客户进店后，与客户有眼神接触时，应面带微笑，语调明快。

新客

- 这有家便利店，感觉还不错！进去看看吧！
- 您好！

- 您好，欢迎光临易捷！（语气要热情）
- 先生/女士，您来啦！您好，您今天需要点什么？（语气要亲切）

常客

- 再来一箱卓玛泉吧！
- 今天再来一箱卓玛泉！

为什么要主动与客户打招呼？

（1）对于工作人员来讲，当客户进入门店时，打招呼是第一要务。

（2）明白、清楚的一个招呼，能让客户感受到自己受到了关注。

（3）每天保持好心情，团队之间相互鼓舞，开心工作！

中国石化易捷便利店标准作业指导书（2022版）
EASY JOY: STANDARD OPERATION INSTRUCTIONS (2022)

2. 排队等候

执行要点：结账动作要迅速；要会说"抱歉，让您久等了"；繁忙时，要做到"接一问二招呼三"，会安抚后面排队客户的情绪，给出自助结账、扫码购等解决办法。

微课01

收银服务小剧场：
"接一问二招呼三"

PART 03 销售服务

您好，欢迎光临易捷！

抱歉让您久等了，我们加快速度，马上到您！请您稍微等一下。

今天办理业务的人员比较多，后面排队的客户也可以试下自助收银。加快速度，马上到您！请您稍微等一下。

都排半天队了，还要多久？

能不能快点？还有事呢！

为什么要及时安抚排队客户？

（1）客户排队结账时，都会着急、焦虑，如果不进行合理安慰，很容易上升为客诉。

（2）针对正在排队的客户采取合理的应对措施是非常重要的。

（3）"抱歉，让您久等了！"——针对排队现象，店员给出的积极安慰可以让客户更舒心。

（4）小提示：学会说"抱歉！""不好意思，让您久等了！"给客户提供解决办法，如自助收银、手机扫码购买等。

3.2 收银规范

3.2.1 加油服务"六步法"

执行要点：态度亲切、微笑服务；加注油品前，询问是否添加燃油宝；客户正在加油等候、不繁忙时，推荐"易捷到车"。

1 引车入位

（1）引导车辆准确驶入加油位，使用标准手势示意停车。

（2）引车时，要声音洪亮，准确向客户表达出引车意图，如"往前，请再往前一点""请往前，车头停在止停线处""好，请停车"等。车多、繁忙时，礼貌告知排队客户"请稍等"。

（3）空闲时，要把车辆往出口、有促销商品堆头、便利店门口等处的泵岛引导。

2 问候确认

（1）微笑问候客户："您好！欢迎光临！"提示熄火，确认油品标号和数量，询问支付方式，开油箱盖。

（2）询问客户是否为会员：如为非会员客户，推荐办理会员；如为会员客户，提醒客户关注会员营销活动。

3 加注油品

（1）加油前，建议向客户推荐燃油宝："您有燃油宝吗？帮您加上？"注意：不得过度推销。

（2）提枪，并示意泵码已归零："您好！请看，油表已归零。"开始加注时注意观察，防止异常，要注意"加一看二照顾三"。

非油推荐关键点：
加油前，询问是否加注燃油宝。

中国石化易捷便利店标准作业指导书（2022版）
EASY JOY: STANDARD OPERATION INSTRUCTIONS (2022)

PART 03 销售服务

4 增值服务

（1）工况允许时，先征得客户同意，再提供增值服务，并同步推介当期营销活动或商品。

（2）空闲时，向客户推荐会员体系、当前营销活动。推介时，注意客户表情。若开口即遭拒绝或冷场（客户不搭话），立即停止推介，回复"不好意思，打扰了"。可为客户提供站内其他增值服务，并执行服务流程。

非油推荐关键点：

不繁忙时，利用加油等待的3分钟，优先向客户推荐泵岛商品。对于在泵岛询问或购买商品的客户，引导客户进店选购。（建议话术："我们店内还有更多优惠活动和爆款商品，欢迎进店选购！"）

5 结算收银

（1）加油结束后，迅速挂枪，盖好油箱盖；提示客户加油数量，提醒油箱盖已盖好；双手递接钱物或指引客户至便利店内结算；核验支付凭证。

（2）需进店的客户，指引其将车辆停至非加油区。

（3）唱收唱付，如"1号枪加油300元，卡内余额200元"。推荐客户使用加油卡或"易捷加油"App，加油更方便。

非油推荐关键点：

收银结束后，向客户介绍"易捷商城"，争取更多客户触达线上商城的机会。（建议话术："您有空可以看看我们的'易捷商城'，上面有更多的好商品，欢迎提前下单，加油时提货"。）

6 送别离站

（1）微笑道别："请您对我本次的服务进行评价，欢迎下次光临"；引导车辆出站。

（2）客户至便利店内结算、开票或购买非油品时，泵岛员工应引导客户将车辆移出加油位，在合适位置停靠，避免影响后续车辆加油。

3.2.2 室内收银"五步法"

> **执行要点**：非油品结算前要询问推广；扫码结算时,要根据客户选购的商品即时促销。要在推荐话术中点出活动力度大、知名度高的品牌商品,吸引客户购买。

微课02

室内收银服务"五步法"

1 进店问候

（1）客户出现在营业厅门口时,员工需立即起身,站立等候。目光主动接触客户,抬手问候："您好,欢迎光临易捷。"面带微笑,态度亲切。

（2）抬手至脸颊处,掌心向外,向客户示意。

（3）繁忙时,目光接触,可不起身、抬手,但不忘向进店客户问候。为等候客户服务时,再次问候"您好,让您久等了"。

2 油品结算

（1）礼貌询问油品、金额等情况。双手接拿或递送物品、单据。收款时,唱收唱付——现金支付："××号××元,收您××元,找您××元";扫码支付等："您加××号××元,已收款。"并向客户提供支付凭证。

（2）员工能熟练操作开票、手机业务、加油卡业务。员工要了解当前促销活动、优惠券、重点商品,并根据客户购物意愿做出适当推荐。

（3）繁忙时,做到"接一问二招呼三"。

开口营销话术：

要在推荐话术中点出活动力度大、知名度高的品牌商品,吸引客户购买。开口营销话术基本格式为："我们××活动××商品（知名品牌、爆款商品）××元（直接介绍促销价）。"结合每次活动调整话术。（建议话术："现在易享节有'99减35'活动。可口可乐2元1瓶,欢迎选购！"）

3 非油品结算

（1）空闲时。发现客户进店后,员工应面带微笑,主动上前为客户服务：根据客户需求,推荐商品或促销活动,推荐"易捷加油"App,视客户需求帮助拿取购物篮。

（2）接过客户商品时轻拿轻放,客户购买较多商品时应询问是否需要购买购物袋。如有不可退换商品,应在扫码时提示客户。

（3）结算时唱收唱付,询问是否要使用卡内优惠券购买或使用积分兑换便利店商品,或主动推荐当期热销品。客户使用电子支付时,提醒客户看支付金额,确认支付成功。双手递交购物小票,客户表示不需要时,应当场撕毁。

执行要点：主动推荐当期促销活动，商品扫码过程中要进行即时促销。

1）询问推广

（1）空闲时。客户进店后，员工应面带微笑，主动上前为客户服务，询问客户需求。客户挑选商品时，主动询问"请问有什么可以帮您？"视客户需求帮助拿取购物篮。

（2）推荐当期促销活动和热销品。开口营销话术中要带有知名品牌、爆款商品的活动优惠，折扣大的促销活动，以吸引客户。（建议话术："中秋快到了，我们有美心月饼促销优惠，不带一份吗？""'加一元多一件'活动专区，请随意挑选，两件更划算！"）

2）商品扫码

（1）接过客户选购的商品，轻拿轻放，对商品逐一扫码。

（2）客户购买的商品较多时，应先询问是否需要购物袋。需要装袋时，将大包装商品放在下面，易碎商品放在上面。

（3）如有不可退换商品，扫码时应提示客户："先生，烟是不退换的。"

3）即时促销

（1）根据客户购买的商品，边扫码边推荐相关联的促销活动，提示客户可以满减、用券、换购。

（2）原则上，推荐不要超过2次，以免影响客户的购物体验。（建议话术："这件商品参与'加一元多一件'活动，再来一件吧，更实惠！""还差××元就能减35元，再凑一件商品吗？挺合适的！"）

4）商品结算

（1）结算时唱收唱付。询问是否使用卡内优惠券购买或积分兑换便利店商品；客户使用电子支付时，提醒客户查看清支付金额，确认支付成功。双手递交购物小票，客户表示不需要时，应当场撕毁。（建议话术："您一共消费××元，请问您怎么支付？""共××元，用券××元，收您××元。""请出示付款码。""成功支付××元。"）

（2）询问是否为权益会员：客户是权益会员的，帮客户累计积分；不是权益会员的，建议客户注册成为权益会员，享受积分优惠。

销售服务 SALES SERVICE — PART 03

微课03
收银服务小剧场：购物小票处置

4 开具发票

（1）客户如需开具发票，引导开具电子发票。发票开出后，提示电子发票已发送至客户的电子邮箱或手机号码。（建议话术："您好，请提供电子邮箱或手机号码。""电子发票已发送至您的电子邮箱／手机号码，请注意查收。"）

（2）繁忙时，打印电子发票二维码小票，提示电子发票已发送至客户的电子邮箱或手机号码，提醒客户通过"易捷加油"App或小程序自助开票。

非油推荐关键点：

发票开具后，向客户介绍"易捷商城"。（建议话术："您有空可以看看我们的'易捷商城'，上面有更多的好商品，欢迎提前下单，加油时提货。"）

5 致谢道别

（1）挥"再见"手势，亲切微笑，向客户告别："慢走，欢迎下次光临！"

（2）客户购买的商品较多时，主动提议帮助客户搬物品上车，再次道别。

（3）繁忙时，仅口头道别即可。

服务顺口溜

迎宾送宾 笑脸迎
询问推荐 不可少
用券领券 好处多
连带销售 增业绩
扫码结账 确认好
活动宣导 回头客

为什么一定要给客户提供小票？

（1）小票是客户的购买凭证，也是后期退换货的凭证。
（2）客户购买商品时如出现问题，退换货时会提出"没有给我小票"。
（3）与客户确认小票是必要环节，避免不必要的隐患。
（4）如果客户明确表示不需要小票，要当场用"十字法"销毁。

3.2.3 销售退货条件

1.退货要求

处理退货时，要依据法律法规、行业通行做法、企业要求来规范执行：

（1）客户购买的商品若确实存在质量问题，需凭客户提供的本店小票、发票等购货凭证或服务单据办理退货，并做好凭证存档管理。

（2）香烟、彩票、充值卡等商品离柜不退换货，销售时应向客户说明。

（3）门店需在收银台醒目位置做好退货原则告知提示，例如："香烟、彩票、充值卡类商品离柜不退换货""请凭购货凭证办理退货"。

（4）门店要确保销售退货业务的真实性。严禁通过退货退款业务套取差价、谋取私利；严禁通过虚做销售额跨月办理退货的方式规避考核或套取薪酬激励。

2.退款方式

退款时，按支付方式原路退回。使用购物券支付的部分，不予退款。

3.退货监督

（1）店长负责审批、监督销售退货。

（2）地市公司、省级公司要重点关注大额、跨期的退货退款业务，实行分级管理。

（3）对于发现的违规操作，需严肃处理。

3.2.4 销售退货操作流程

> **执行要点** 及时、快速办理退货，注意客户情绪，避免升级为客户投诉事件。

1 进店问候

（1）礼貌接待客户："您好，欢迎光临易捷！请问有什么可以帮您？"
（2）"您好，您看需要点什么？"

2 核验凭证和商品

（1）请客户出示并查看小票或电子购物凭证："您好，请您提供购物小票或电子凭证。"
（2）如果客户没有购物凭证，应委婉拒绝："不好意思，没有购物凭证无法办理退货。"
（3）如果客户可以提供购物凭证，检查商品是否符合退货条件。
（4）商品退货时，按相关法律法规及公司管理规定执行。

3 确认退货和流程

（1）符合退货条件的，要即时处理："好的，马上给您办理退货。"
（2）大额销售退货，需要上级地市公司、省级公司审批的，要及时联系审批。

4 操作退货

站级一体化系统退货的步骤为：

（1）点击功能区中的"撤销"按钮，按要求输入操作人员密码，进行人员确认。

（2）输入销售小票上的交易号或扫描下部的条码，点击确定，提示"订单撤销成功"完成。

（3）对于含电子券的交易，核验用券销售退货，操作退货前须提醒客户："已核销的电子券、购物券等，销售退货时不予退还。"

（4）更换商品的，要进行扫码过机，为客户提供换货商品的销售小票。

5 致歉道别

（1）"抱歉，给您添麻烦了！请您检查退款金额。欢迎您下次光临！"

（2）根据支付方式，与客户确认退款到账。

6 后续处理

（1）收好退货小票、发票和退货发票。

（2）进行电子发票的红冲处理。

（3）退货商品应放入库房残损区或退货区，报损或退货返仓处理。

3.2.5 店内销售小剧场

1. 回复缺货

执行要点：了解客户需求；主动帮客户找到商品；店内缺货时，温馨推荐替代购买，并主动推荐"易捷商城"线上平台和促销活动。

- 您好，欢迎光临易捷便利店！
- 您好，咱们店有小龙虾味的薯片吗？
- 您好，在您右手边的中间货架哟，您看是这款吗？
- 哦，我看见了，不是这个牌子的。我想买XXX这个牌子的，有么？
- 很抱歉，目前没有这个牌子的。XXX这款也是新上市的，价格更优惠，您可以尝试下。
- 好，来一袋。
- 您还可以扫码登录"易捷商城"小程序，线上商品更丰富！（同步出示小程序码，方便客户扫码）

为什么要重视缺货回复？怎样做更好？

（1）客户寻找商品时希望得到有效回复，只回复"没有"会引起客户不满，也失去了销售机会。如果积极帮客户找到商品或相关替代商品，即使没有发生购买行为，客户也会感受到关注。

（2）员工应了解本店所销售商品的信息，熟悉商品的摆放方式及库房存储位置。

（3）为了让客户快速找到商品，要正面、立体、按类别、按品牌陈列产品。

（4）面对着急的客户，要快速、积极回应，帮客户指明产品位置；如有必要，可以帮客户查库存。

（5）便利店缺货时，可以推荐客户到"易捷商城"小程序选购。

中国石化易捷便利店标准作业指导书（2022版）
EASY JOY: STANDARD OPERATION INSTRUCTIONS (2022)

PART 03 销售服务

2.推荐产品

执行要点：了解客户需求；根据销售量、品牌差异、自身感受推荐产品。

哇，这么多雪糕，好难选！

嗯，我喜欢巧克力口味的。

好，买个新品尝尝看！

您喜欢什么口味？香草口味还是巧克力口味的？

巧克力口味的，我们店销量最高的是XXX雪糕。不过，最近我们新上了几款网红雪糕，造型更可爱，还特别有小时候的味道，建议您尝尝看！

为什么要主动推荐商品？怎样做更好？

（1）倾听客户询问，了解客户需求。客户询问推荐种类时往往处于纠结状态，购买需求往往不是很强烈。此时，如果店员通过销售量、品牌差异、自身感受等相关信息增强客户的购买欲望，促成购买，就可以增强客户对便利店的好感。

（2）平时留意便利店各品类商品的销售数量占比。

（3）在岗同事共同分享对于店内新品的评价。

（4）通过多个线上购物平台，参看客户对新品的不同评价。

3.2.6 "易捷到车"业务操作流程

1. 接单提货流程

1)购物下单

客户使用"易捷加油"App 功能时，选择目的地加油站后，点击"购物"按钮，选择商品，购物下单。

2)准备商品

（1）便利店要根据实际情况，配置自提备货区；可通过与便利店广播联动等方式，提供明显的"易捷到车"下单提示。

（2）客户下单后，加油员要在 5 分钟内提供妥投服务，点击手持 POS 机"易捷到车"模块"待处理"按钮，确认订单；及时提供送货到车服务。

（3）对于预售自提的订单，员工要提前准备好商品，放到备货区，有条件的站点可以设置商品自提专区。

3)送货到车

（1）客户到站后，加油员与客户核对小票，确认订单与到站车辆车牌信息一致。

（2）将商品送到客户车辆后备厢。

4)完成订单

（1）在手持 POS "易捷到车"模块中点击"待发货"，进入相应订单详情页面。

（2）点击"确认妥投"，完成订单。

（3）送别客户。

整个流程如图 3-1 所示。

如何引导购物

对于使用"易捷加油"的客户，利用加油等待时的 3 分钟，向客户介绍泵岛商品活动或"易捷到车"预约下单、到店自提业务，并推荐当期预售活动、爆款商品。

建议话术："今天加油可以换购 ×× 商品（泵岛区展示），通过加油等待页的弹窗选择商品，支付下单后，我们立刻给您配送到后备厢；您下次有需要时也可以在家或进站加油前提前通过'易捷到车'下好单，到站后可以直接给您送到后备厢,非常便捷。"

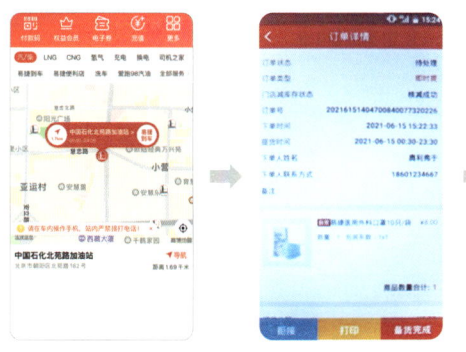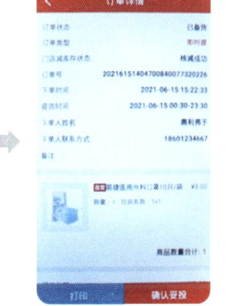

图3-1 接单提货流程

2.便利店配置

便利店店长使用指定浏览器登录销售企业会员营销平台（图3-2）网址 crm.ejoy.sinopec.com/ncmi/App/login.jsp，输入统一身份、密码，登录"易捷到车"后台，可上架"易捷到车"销售商品、接单、备货、审核退款、设置便利店销售时间、查询每日销售报表等。

1）配置便利店商品

（1）设置安全库存："商品管理"–"安全库存"–批量或单个设置商品库存，保障线下正常销售。

注：通过"库存报表"，可查看商品库存数量及安全库存。"易捷到车"实际可销售商品数量 = 云POS商品库存数量 – 安全库存数量。

（2）上架商品："商品库"–"上架"–设置上架规则，点击"确定"。

（3）下架商品："出售商品库"–点击"批量下架"或进行单个下架。

（4）配置购物袋："商品管理"–"购物袋维护"–输入购物袋商品编码，启用购物袋。

（5）开启便利店服务："设置"–根据便利店实际情况，配置便利店活动、工作时段。

2）订单管理

（1）处理接单/备货妥投/异常订单："订单管理"–"店售订单"。

（2）处理店退订单："订单管理"–"店退订单"–进行审核/验货、退款，处理异常订单。

（3）销售查询：可通过"首页"快速查看每日销售情况，或通过"每日销售报表"查看各时段销售情况。

图3-2 销售企业会员营销平台

3.员工销售

> **执行要点**
> 便利店员工可通过POS机进行系统订单备货、拒接订单、处理店退订单、处理异常订单、查看已完成订单等操作。

1）接单流程

（1）查找订单："待处理"–"销售单"–点击订单，确认订单商品情况。

（2）接单备货：点击"备货完成"–确认订单商品。

（3）妥投订单：点击"确认妥投"，完成订单。

2）拒单流程

（1）与客户联系、沟通，达成一致。

（2）查找订单："销售单"–"待处理"–点击订单，确认订单商品情况。

（3）拒绝订单：点击"拒接"–确认拒接订单。

3）退单流程

（1）与客户联系、沟通，达成一致。

（2）仅退款订单："待处理"–"退款退货单"–点击订单，点击"同意退款"。①

（3）退货退款订单："待处理"–"退款退货单"，点击"退货退款"–"同意申请"–"同意退货"。②

4）查看订单流程

（1）"订单管理"–"销售单"–"已完成订单"。

（2）"已完成订单"列表存放已完成、已拒单、已关闭的订单。

5）异常订单处理流程

（1）查找异常订单："订单管理"–"销售单"–"异常订单"。

（2）处理异常订单：点击"手动核减"–点击"确定"，完成手工核销。③

---

① 订单妥投前，用户申请退款的订单为"仅退款"订单；退款成功后，便利店加库存状态应为"核加成功"。
② 订单妥投后，用户申请售后的订单为"退货退款"订单，需要用户上门退货，员工验收通过后再退款；退款成功后，便利店加库存状态应为"核加成功"。
③ "异常订单"列表存放核减失败的订单，核销失败的订单可手动核减；手工核销无效的，提报海信故障运维平台进行处理。

3.2.7 积分商城业务操作流程

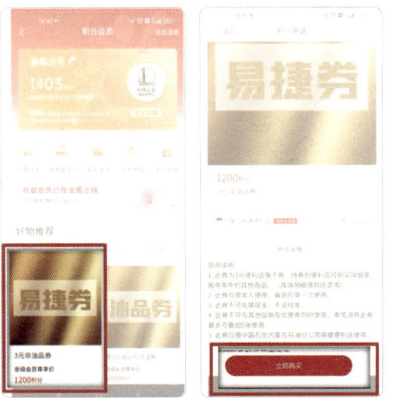

1 兑换优惠券

　　提醒客户查看积分余额，引导客户进入"易捷加油"App，前往积分商城兑换优惠券。如客户不是权益会员，利用"拉新送积分"等活动引导注册。

　　建议话术："您好，可以看下您有多少积分，现在可以在积分商城中兑换××优惠券，加油购物更优惠！"

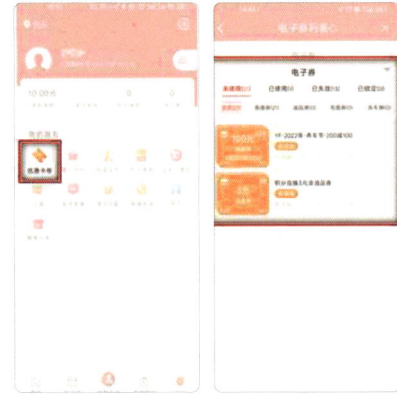

2 查看优惠券

　　（1）客户可在"易捷加油"App–"我的"–"优惠卡券"中查看所兑换的优惠券。

　　（2）客户确认收到优惠券后，可以前往加油或购物。

3 核销优惠券

　　（1）如客户兑换的是石化钱包加油券或"易捷商城""易捷到车"购物券，在"易捷加油"App或小程序中支付时可直接抵扣，无须人工核销。

　　（2）如客户兑换的是便利店购物券或提货券，需要用户出示优惠券二维码。员工使用收银机选择"电子券"，扫描电子券二维码进行核销；如为提货券，应扫描对应自提商品条码。

　　（3）与客户二次确认收银机是否完成对应订单优惠，递交小票，送别客户。

3.2.8 "易捷商城"简介

"易捷商城"是易捷服务业务的主要线上平台，客户随时随地可在线上下单（图3-3），等待商品配送到家。客户进入平台后将选购的商品添加至购物车，完成订单确认及支付后，"易捷商城"后台会显示订单情况（图3-4），并由供应商直接发货。客户确认收货后，即完成订单交易。

图3-3 "易捷商城"线上下单界面　　　　图3-4 "易捷商城"后台订单管理界面

2.商城业务特色

1)线上营销活动

(1) **秒杀**:通过秒杀活动(图3-5)带动商城日活,有效提升客户的购买转化率,并做好关联销售带动店铺整体销售。

(2) **加N元得N件**:实现用户购买单商品时,多支付N元,能获得N件的促销效果。

(3) **拼团**:用户主动发起拼团,可将拼团链接分享给好友,好友点击活动链接参与拼团,达到拼团人数即开团成功,可享受拼团优惠价进行购买。

图3-5 "易捷商城"秒杀活动

2)更多易捷特色

(1) **甄酒馆**:甄选省市地区爆款酒品、地区特色佳酿,为客户提供便捷化、高品质购酒消费体验(图3-6)。

(2) **易行馆**:聚焦露营周边、户外用品、景区门票、自驾游路线等,打造出行好物一站购专区。

(3) **生鲜地图**:依托省市公司引入全国地标生鲜产品,打造从源产地直达用户餐桌的易捷品质生鲜业务。

(4) **乡村振兴**:通过线上渠道宣传更多农业好物,扶农助农,带动经济发展。

(5) **微光计划**:易捷微光计划计划打造公益IP,聚焦乡村教师,助力乡村振兴,联动31个省份百城万店组建全国微光公益联盟,集结社会各界公益力量,吸引更多力量关注乡村教育,搭建公益平台,为乡村教师圆最美梦想。

3)易捷精彩直播

"天天有直播,全年不打烊":"易捷商城"小程序平台已开展近百场精彩直播活动,观看人次达到1000万次,作为数字化时代对外的窗口,充分展示易捷的品牌形象和员工风采,同时让更多的用户享受到了易捷优质服务和各地特色产品(图3-7)。

图3-6 易捷甄酒馆

图3-7 易捷精彩直播

3.2.9 "社群营销"简介

易捷平台支持多渠道分发信息，开展社群营销。店长（社群团长）可使用"易捷到车"（图3-8）、员工分销（图3-9）、易捷直播间（图3-10）和企业微信（图3-11）等渠道或系统工具，在社群中通过分享易捷便利店和"易捷商城"爆款商品、易捷直播信息，开展社群营销。

图3-9 员工分销社群分享界面　　图3-10 易捷直播间社群分享界面

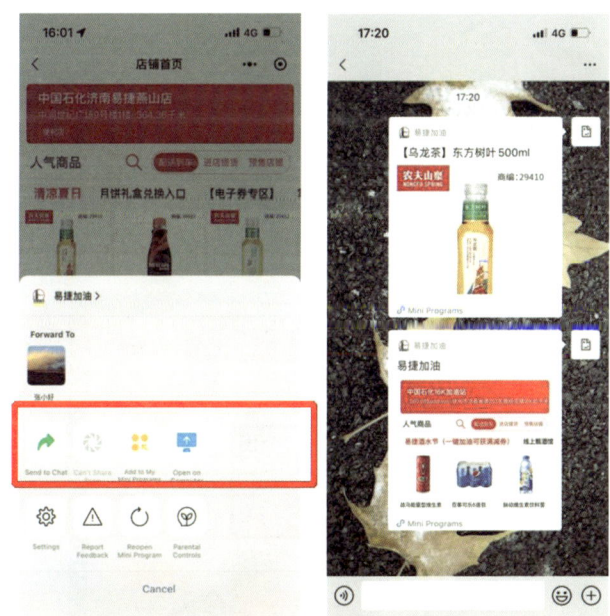

图3-8 "易捷到车"社群分享界面

图3-11 企业微信社群分享界面

3.2.10 企业微信社群业务操作流程

1.主要功能

企业微信具有企业认证标识，可帮助员工与客户建立更好的信任关系（图 3-12）；通过多种客户、客户群（如中石化车友群，图 3-13）提供的管理工具和功能，可将便利店与客户的连接延伸到线上，为客户提供更多服务、获得更多销售机会。

- 创建不同主题群，进行沟通
- 员工身份展示，官方标识更可信
- 支持红包、直播、会议等方式活跃群氛围
- 在收银台台面上放置"企业微信"A4 台卡/立牌，传递互动信息

- 创建群模板，快速配置入群欢迎语、防骚扰功能
- 将活动信息、直播信息一次性转发到多客户群
- 统一设置自动回复、快捷回复，快速响应用户
- 配置常用商品售卖信息，员工一键调用发到用户及用户群

- 配置防骚扰规则，违规用户可被警告或移出群聊
- 可设置禁止违规用户加入群聊，重复用户移出群聊

- 可统一对外形象，打造易捷品牌私域形象
- 可自定义企业微信详细资料页面，添加小程序商城、视频号等，增加流量入口

图 3-12 与客户建立更好的信任关系

图 3-13 中石化车友群

2.客户群创建及群模板配置操作流程

1)创建群活码

登陆企业微信手机客户端,进入"工作台"后,点击"客户群"→"加入群聊"→"通过二维码加入群聊"→"选择扫码后加入的群聊"→"新建群聊/选择已有群聊",即可完成创建群活码(图3-14)。

2)配置群模板

在创建群活码页面,点击"设置群名称、管理员"进入群模板选择页面,选择省/地市公司创建的群模板下方的"使用该模板",即可完成配置群模板(图3-15)。

将生成的群活码保存到手机,用于便利店拉新时向顾客展示加群二维码,或制作台卡/立牌、贴纸等摆放物料。

图3-14 创建群活码界面

图3-15 配置群模版界面

3. 拉新进群操作指引

1）开口营销

客户结账、排队等候时，引导客户使用微信扫描收银台面上的 A4 台卡 / 立牌"企业微信"二维码，加入客户群，便于客户享受线上快捷咨询及服务，及时了解油站 / 油价动态、便利店促销信息等（图 3-16）。

建议话术："您好，微信扫码加群可领取礼品一份。""您好，您加入我们的客户群了吗？加油优惠、商品优惠都会在群里通知！"

2）客户加群操作指导

客户加群时，可参照以下路径，指导客户操作（图 3-17）。

客户使用微信"扫一扫"功能，扫描 A4 台卡 / 立牌或员工展示的客户群活码→客户长按识别的客户群二维码→选择"识别图中二维码"→点击"加入群聊"即可加入客户群，系统自动推送欢迎语。

图 3-16 开口营销，拉新入群

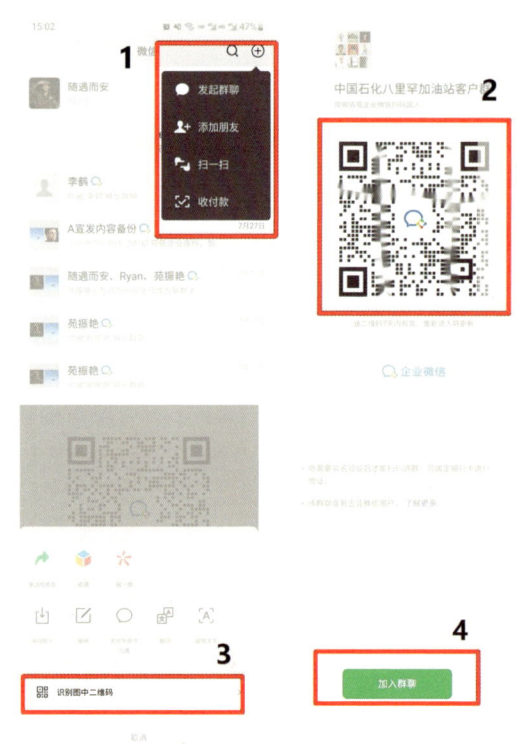

图 3-17 客户加群操作界面

4.群发消息或朋友圈操作流程

1）群发消息（发送至私聊、客户群）

当有统一宣发内容时，总部、省公司/地市公司将创建群发任务，此时员工企业微信端将收到"群发助手"的消息通知。

执行宣发任务操作：点击"群发助手"→查看待发送的任务列表→选择对应宣发任务→点击"发送"，即可完成（图3-18）。

员工需每日定时查看企业微信消息通知，完成日常群发和群发朋友圈的任务。

图3-18 群发消息界面

2）群发朋友圈

当有统一宣发朋友圈的内容时，员工企业微信端将收到"客户朋友圈"的消息通知。

执行宣发任务操作：点击"客户朋友圈"→"去发表"→查看待发表的朋友圈列表→选择对应的宣发任务→"发表"，即可完成（图3-19）。

图3-19 群发朋友圈界面

3.3 发票规范

3.3.1 发票基础知识和注意事项

> **执行要点**：发票分为增值税普通发票（图3-20）和增值税专用发票（图3-21）。

1.发票的区别

（1）**发票的印制要求不同**：增值税专用发票由国务院税务主管部门指定的企业印制。

（2）**发票的使用主体不同**：增值税专用发票一般只能由增值税一般纳税人领购使用。

（3）**发票的开具要求不同**：按照目前的发票开具要求，开具增值税专用发票，必须录入名称、纳税人识别号、地址、电话、开户行及账号；开具对公增值税普通发票，必须录入名称、纳税人识别号。

（4）**发票的联次不同**：纸质增值税专用发票有三联次和六联次两种；纸质增值税普通发票为两联次。

（5）**发票的作用不同**：增值税专用发票可以用作购买方扣除增值税的凭证。

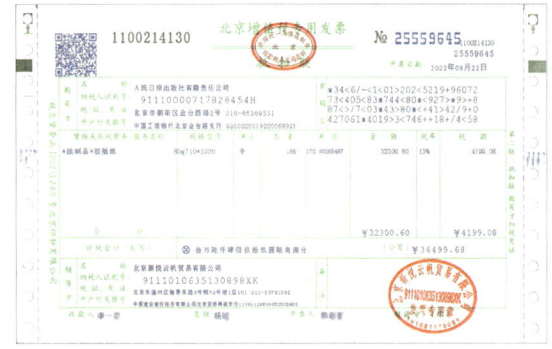

图3-20 增值税普通发票示例　　　　图3-21 增值税专用发票示例

2.开具发票注意事项

（1）严禁代开、虚开、混开发票。便利店销售商品，必须为客户据实开具发票，不得与油品销售合并开具发票。

（2）发售易捷卡时，向客户开具增值税普通发票。客户持易捷卡在便利店消费时，不再向客户开具发票。

（3）客户以加油卡、易捷卡等消费时，不得开具发票。客户使用优惠券、换购券的优惠部分，不得开票。

（4）代理业务，如彩票、手机充值、交通罚款代缴、电费代缴等，一律不开具发票。客户如索要发票，应告知其由供应商开具；报纸杂志等属于代理的业务，不得开具发票。

（5）赠品，不得开具发票。

（6）销售免税货物不得开具增值税专用发票。法律、法规及国家税务总局另有规定的除外。

（7）快餐业务，只能开具增值税普通发票。

3.增值税专用发票相关要求

（1）便利店客户需要开具增值税专用发票的，凭便利店购物小票于90日内到增值税集中开票点开具增值税发票。首次开票时，需要提供开票单位营业执照副本、开票信息等资料（视各省市地方要求而定），在指定开票点办理资质审核与备案存档。

（2）便利店零售的烟、酒、食品、服装、鞋帽（不包括劳保专用部分）、化妆品、药品等消费品，不得开具增值税专用发票。

（3）便利店向消费者个人提供应税服务，不得开具增值税专用发票。

执行要点 易捷国际跨境商品涉及直邮保税区商品，无法开具发票。

我在易捷国际买了2000多元的商品，能开发票吗？

很抱歉，在易捷国际购买的跨境商品属于免税商品，不能开具发票。海外购直邮产品是境外货物、境外成交；保税区产品是由企业代订购人统一向保税区缴纳税款，海关不对单一订单向个人出具缴税发票。

3.3.2 普票系统开具发票操作流程

执行要点 快速、规范为客户开具发票。

1 客户提出开票需求

客户凭购物小票换开发票，并给员工提供开票信息。

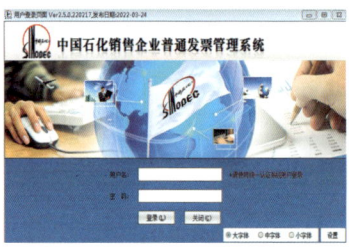

2 登录发票系统

员工使用主管部门分配的用户编码和密码进行系统登录。

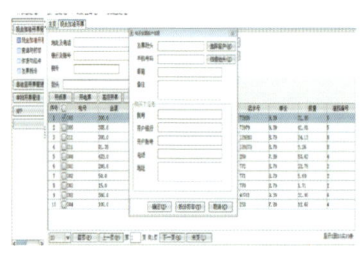

3 开具发票

（1）进入发票系统，找到对应的客户消费记录。
（2）填写开票信息，包括客户名称、税号、开户行及账号、地址及电话。
（3）若客户需要开具纸质发票，直接点击"打印发票"。
（4）若客户需要开具电子发票，则填写客户手机号，推送电子发票。

4 核对信息

开具发票后，再次与客户核对开票信息是否准确。

3.3.3 站级一体化系统开具发票操作流程

执行要点：站级一体化系统开票时间与普票系统同步，开票时限相同；扫码开票与开具纸质发票两种方式二选一；已开票订单发生退货时，需将发票作废后才可退货。

站级一体化系统支持发票开具功能，客户提出开票需求后，店员无须再打开普票系统开具发票。点击"收据浏览"功能，选择需要开票的加油记录或收银流水，根据客户需求为其开具纸质发票或请其扫码开票。

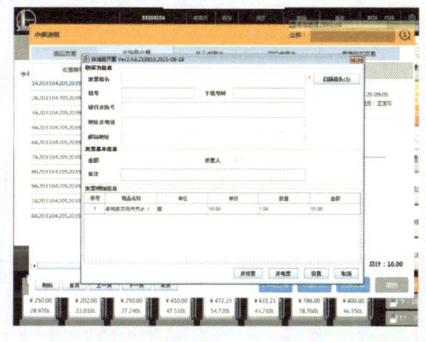

方式一：开具纸质发票

（1）点击"发票开具"，跳转至开票窗口，输入开票信息进行开票。

（2）如省级公司设置的开票流水过期时间为30分钟，在站级一体化系统中，超过30分钟的交易将无法开具；如确需开具，需油站在普票系统中发出申请，然后再开具发票。

方式二：客户扫码开票

站级一体化系统支持客户自助扫码开票，可配置在销售小票上打印发票二维码，客户使用手机扫描小票上的开票二维码，完成自助开票。

【注意】扫码开票与开具纸质发票只能二选一。如为已退货订单，则无法通过销售小票扫码开具发票。

3.4 客户维护与投诉处理

3.4.1 销售异常处理

> **执行要点**　及时处理，妥善应对，礼貌解释。对于恶意购买行为，应及时中止销售，降低经营风险。

1. 系统异常

1）系统异常定义

销售过程中，前台POS机或电子券不能使用。

2）异常原因分析

网络故障、设备故障、后台升级等。

3）系统异常处理

（1）自行处理：检查网线连接是否正常，在运维人员指导下尝试重启系统。

（2）维修处理：及时向信息部门或者运维部门上报异常情况，等待运维人员维修，同时向上级部门报告并备案。

4）现场处置流程

（1）暂停POS机销售，向客户礼貌解释。

（2）电子券系统异常时，要停止电子券的使用，并向客户礼貌解释。

2. 商品异常

1）商品异常定义

销售过程中，发现商品有胀袋、破损等质量异常。

2）异常原因分析

（1）商品本身存在质量问题、包装问题。

（2）人员操作不当，商品储存不当。

3）商品异常处理

（1）因商品本身或包装问题而造成的质量异常，报上级主管部门。

（2）因便利店人为因素或储存不当而造成的质量异常，由责任人赔偿并作销毁处理。

4）现场处置流程

（1）暂停销售，向客户礼貌解释。

（2）询问客户是否需要更换商品。

（3）检查同批次商品是否存在同类问题，并将问题商品存放到退货区或残损区。

3.库存异常

1）库存异常定义

销售过程中,发现账面与库存有差异,导致无法扫码过机销售。

2）异常原因分析

(1) 验收单或调拨单未及时记账。

(2) 新品库存入库后当日无法销售；前台有库存,云POS后台无库存。

(3) 商品串货。

3）库存异常处理

(1) 及时完成系统验收。

(2) 进行前台通信。

(3) 调整销售扫码过机错误,确保账实相符。

4）现场处置流程

(1) 礼貌解释,请客户稍等。

(2) 调整账面库存后进行销售。

(3) 如短时间内无法处理异常,向客户致歉,建议客户更换同类商品或事后通知客户购买。

4.价格异常

1）价格异常定义

销售过程中发现扫码无价格或价格不符。

2）异常原因分析

(1) 便利店未及时完成数据通信,价格未生效。

(2) 后台未维护商品价格或维护错误。

(3) 商品调价后,价格标签未及时调整。

3）价格异常处理

(1) 扫码无价格的,立即进行前台通信；如仍未恢复,立即上报主管部门调整。

(2) 因价签价格错误导致价格不符的,及时调整价签。

(3) 系统价格错误的,立即上报主管部门调整。

4）现场处置流程

(1) 暂停销售,礼貌解释。

(2) 将相关商品下架,上报主管部门。

(3) 价格异常处理完毕,上架相关商品,恢复销售。

3.4.2 客户异议处理

执行要点　客户异议是指客户对产品和宣传的服务持不同意见。异议不等于投诉，但是如果不处理异议，则可能影响销售，甚至引发投诉。

1. 释疑法

（1）对客户的偏见、误解、异议等给予合理解释，说明真实情况。

（2）要注意态度和语气，不要引起客户的反感。注意沟通方式，做到说服有力、事实清楚、态度良好。

示例：推荐"易捷加油"App

客户：你们的 App 还要下载、注册，太麻烦了！

员工：您第一次用时需要注册，后面使用起来会非常方便，可以一键加油，还有很多优惠。我来帮您操作，马上就好！

2. 转化法

（1）利用客户异议中有利于推销成功的因素，肯定客户提出的异议点，直接针对异议向客户提供正确信息。

（2）避免敏感问题，引导方向要和客户提出的异议点一致。

示例：推荐卓玛泉

客户：每次开卓玛泉的瓶盖，水都会洒出来。

员工：正因为卓玛泉每一滴水都来自西藏，高海拔、低气压、原产地灌装，到了咱们这儿，受气压影响，水就会特别满。

3.补偿法

（1）突出商品优势，引导客户关注商品有利的方面。

（2）应尊重事实，不回避问题。

示例：客户反映商品价格高

客户：为什么你们店里的东西比路边上那些小店要贵啊？

员工：易捷便利店商品质量更有保证，服务项目更多，您在我们这里购买更放心。您可以看下卓玛泉，每一滴水都来自西藏，天然弱碱性，价格特别实惠，每瓶只要 2.5 元。

4.询问法

（1）针对客户的异议，通过向客户提出问题，引导客户在回答问题中自己解决异议。

（2）注意问题要和销售目标相关，提问要有启发性，避免敏感问题。

示例：客户对燃油宝的效果有疑虑

客户：用了燃油宝，车会冒黑烟。

员工：燃油宝可以有效清除积碳，黑烟就是清洗下来的积碳颗粒，说明它发挥了功效。您用了几次啦？

客户：就用过一次。

员工：车辆每行驶 3000~5000 千米，建议连续添加 3~5 瓶，效果更好。

3.4.3 客户投诉处理

执行要点：转换场所，认真聆听，及时致歉，尽快提出解决方案。投诉处理后，表达谢意。

1 接待客户

（1）微笑接待："欢迎光临！请问有什么可以帮您？"

（2）出现客户投诉时，店长应第一时间负责接待处理。

2 转换场所

（1）把情绪激动的客户请到办公室等人少的地方："您的情况我们非常重视。请您到办公室坐一下，我们专门为您处理。"

（2）涉及冲突的直接当事店员应立即停止服务，回避出现在现场，待客户离店后再回到岗位，避免矛盾升级。

3 聆听投诉

（1）专注聆听客户的投诉内容，了解真实问题。

（2）目视客户，记录客户的投诉内容，适度重复、确认客户的关键话语。

（3）让客户感受到协调人在尽快帮其解决问题。

销售服务 SALES SERVICE PART 03

4 真诚致歉

（1）真诚致歉："很抱歉发生这样的事情！""非常抱歉，给您带来不便了！"

（2）服务忌语："不知道""不清楚""没办法"。

5 解决投诉

（1）在权限内，尽快提出解决方案。

（2）如客户提出的要求超出处理人的权限，应婉转、耐心地进行解释，并提议客户留下联系方式，约定处理时间。

（3）马上向上级主管部门汇报，尽快联系客户，提出解决投诉的方式。切忌冷落客户。

6 感谢送别

（1）妥善处理投诉后，真诚表达谢意："非常感谢您帮助我们了解到工作中的不足。""给您添麻烦了，欢迎下次光临！"

（2）整理客户资料和投诉处理过程，归档上报。

处理投诉的注意事项

（1）客户投诉时，往往已经产生了一定的利益损失，解决问题的需求非常急迫。因此，对客户投诉的响应速度是处理投诉的关键，拖延会导致更大的损失。

（2）处理投诉时，要全程保持冷静，严禁与客户争执。

（3）找到客户投诉的根源和明确的诉求；属于销售投诉的，参照销售异常处理流程处理。

（4）处理投诉时，首先要致歉，但不能代表公司承认错误或承担责任。

（5）表示出解决问题的诚恳态度："您的问题，我们一定会帮您解决的！请您详细向我讲述一下具体情况。"

（6）认真倾听，做好文字记录："您慢慢说，我详细记录一下您的情况。"

3.5 交接班

3.5.1 交班准备

> **执行要点**　便利店交接班是员工班次间对便利店商品、资金、系统、待处理事项等进行交接的过程。交班前补货，满货架交接。

1　补充货品

（1）完成商品理货、补货。归置整理商品，空缺商品补货。
（2）满货架交接。

2　清洁整理

（1）清洁收银台。
（2）做好营业厅的卫生清扫。

3　款项上缴

（1）清点营业款。
（2）按系统查询当班营业记录、上缴营业款，核对各种支付方式的收款金额、用券金额。
（3）整理支付凭证、发票。

3.5.2 接班准备

执行要点　接班人员使用本人账号登录系统。

1　更换工装，备好物品

（1）更换工装，检查个人卫生及仪容仪表。
（2）备好上班物品，如工具、零钱等。

2　学习营销活动

（1）召开班前会时，学习当期营销活动，练习开口营销。
（2）服务"六大用语"开口演练，提升团队士气。

3　登录系统

接班人员使用本人账号登录系统。

3.5.3 交接作业

执行要点　交接重点商品，不进行全面盘点。交接班要以客为先、安全便利、细致认真。

微课04

交接班操作流程

1 交接信息

（1）待处理单据交接。
（2）商品残损、退货等信息交接。

2 交接贵重商品

（1）对于贵重商品、证券类商品，可现场盘点数量。
（2）库房钥匙等物料交接。

3 检查设备

（1）共同检查并确认冷藏饮料柜、风幕柜、雪糕柜、热饮柜等设备处于正常运行状态。
（2）交班人员完成交接后，迅速离开收银区。

3.5.4 日结操作

日结操作分为零点日结和八点日结两种方式，如图 3-22 所示。

1.零点日结

（1）**方式**：自动。

（2）**日结时间**：00:00。

（3）**结账日期**："T+1"，即 00:01 为次日。

（4）**特点**：日结与班结分离，无须人工操作。

（5）**缴款**：按自然日销售金额上缴。次日销售投币存放。

2.八点日结

（1）**方式**：手动。

（2）**日结时间**：每天 8:00，与油品同步日结。

（3）**结账日期**：日结后，8:01 为次日。

（4）**问题**：手动日结时间点需要人为操作，容易出现差异。

（5）**缴款**：两次日结期间的销售款需全部上缴。

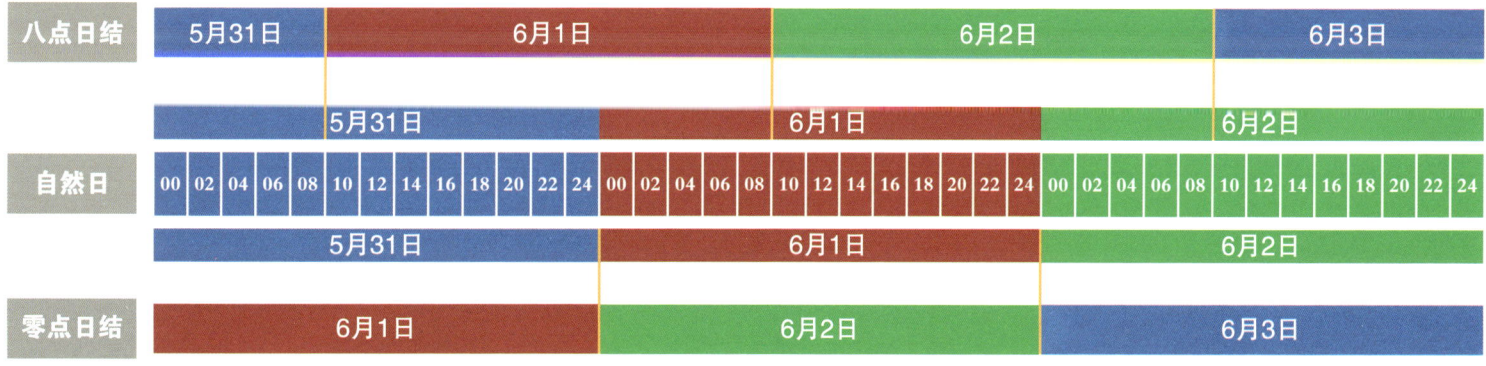

图3-22 日结操作示例

PART 04

商品流转

CIRCULATION OF GOODS

4.1 选品考虑因素

4.2 订货管理

4.3 收货管理

4.4 退货管理

4.5 调拨管理

4.1 选品考虑因素

4.1.1 易捷品类结构

1.什么是品类

品类是指消费者认为相关联或可以相互替代、易于一起管理的一类产品和服务。品类即商品的分类，确定由哪些商品组成小组和类别。

2.易捷有哪些品类

易捷的品类结构采用三级管理，分别为大类、中类和小类。

易捷品类结构（2021版）确定的最新分类为 14 个大类、85 个中类、354 个小类（表 4–1，详见第 304 页附录 3）。

为什么要了解便利店的品类？

（1）在便利店管理中，各项与商品相关的工作都离不开品类：陈列管理和库房管理都要求按品类分区分位摆放；分析销量、周转天数时，也要分品类计算。

（2）便利店订货时，品类的作用就更显著：我们要确保目标性品类不能断货；还要确定在一个大类中，中类和小类应该如何分配。比如，水饮料大类分为 8 个中类：水类、碳酸饮料、果汁、茶饮料、功能饮料、植物蛋白饮料、液态奶、含乳饮料。

（3）对于易捷便利店的三级品类结构，必须牢记大类、了解中类、知道小类。

表4-1 易捷品类结构（2021版）

大类编码	大类名称	中类数量	小类数量
20	烟草	3	6
21	酒	6	24
22	水饮料	8	39
23	粮油副食	8	34
24	食品	15	51
25	生鲜	6	27
26	日配	4	11
27	汽车及服务	3	10
28	汽车用品	5	22
29	百货	10	37
30	服务类	8	55
31	餐饮	2	8
32	广告	2	7
33	非便利店常规商品	5	23
合计		85	354

4.1.2 便利店品类销售查询指引

1.POS机"分类销售查询报表"

（1）通过前台POS机交易界面进入"报表"–"日常业务"–"本地服务"–"销售查询类"–"分类销售查询报表"（图4-1）。

（2）选择品类层级。比如，要按大类查询，就选择"一级"，或选择要查询的具体品类。

（3）查询从开始日期到结束日期期间按品类划分的交易情况。

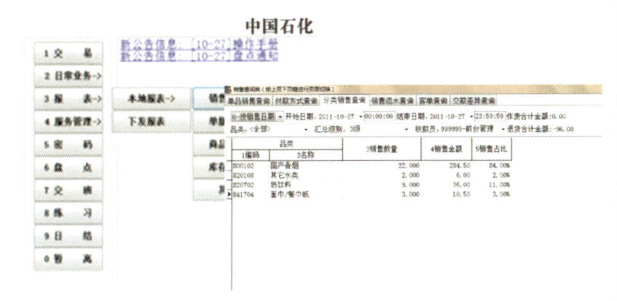

图4-1 分类销售查询报表界面

2.WEBPOS"品类销售汇总"

（1）打开WEBPOS，进入报表，打开"品类销售汇总"报表（图4-2）。

（2）设置时间、品类级别等查询条件，点击"执行查询"按钮进行查询。

【注意】WEBPOS提供的数据为查询期间阶段内的分日汇总数据。

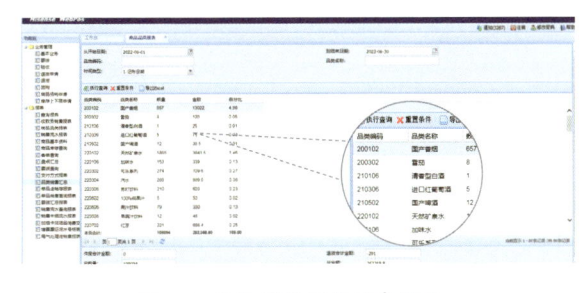

图4-2 品类销售汇总报表界面

3.其他查询方式

方式一：通过"油你掌控"进行查询。点击"易捷CBD"，进入"越卖月盈"模块（图4-3），选择"按便利店品类"查询。

方式二：进入"油你掌控"的"便利店掌柜"模块（图4-4），可以选择便利店，按大类、中类、小类分别查询商品结构。

方式三：上级单位定期提供品类销售数据。

 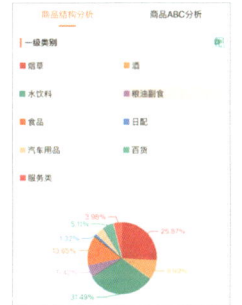

图4-3 "越卖月盈"模块界面　图4-4 "便利店掌柜"模块界面

中国石化易捷便利店标准作业指导书（2022版）
EASY JOY: STANDARD OPERATION INSTRUCTIONS (2022)

4.1.3 品类角色

执行要点：在商品库存结构中，应包含不同品类角色的商品（表4-2，表4-3）。
在不同类型的便利店中，同一品类可能充当不同的品类角色。

表4-2 基于客户导向的品类角色

品类角色	品类特征
主要商品	关键的品类，具有高度的价格敏感性
差异商品	目标客户的重要商品，价格仍具有敏感性
必备商品	普及程度高，但购买率低，必须随时有货
补充商品	满足部分客户的需求，是品类的补充，价格敏感性低

表4-3 基于商品功能性导向的品类角色

品类角色	品类特征	典型商品[1]
目标性品类	·在该品类中具有优势 ·对客户而言，是该品类的主要提供者 ·代表一家店的形象 ·为目标客户提供更好的价值 ·目标客户购物时往往不会考虑价格	尾气处理液、燃油宝、润滑油、卓玛泉
常规性品类	·该品类的普通提供者 ·为目标客户提供持久、有竞争力的价值 ·平衡销售量与毛利等指标 ·店内资源占比接近品类销售占比	粮油、饼干、糕点、饮料、酒类
季节性品类	·在某个时期处于领导地位 ·在某个时期是该品类的主要提供者 ·在完成销售额、利润、资金周转等指标方面处于次要地位	雪糕、粽子、月饼、圣诞礼物、鲜花
便利性品类	·满足一站式购物需求 ·满足补充性购物需求 ·提高利润率和毛利率	雨伞、口罩、创可贴、洗漱用品旅行装等

什么是品类角色？品类角色有什么用？

（1）品类角色是指企业从自身市场定位出发，确定品类在经营结构中的角色，以追求不同的销售目标。品类角色决定了企业整体业务中不同品类的优先顺序和重要性，决定了品类之间的资源分配。

（2）不同商场的定位不同，同一类商品在其中的品类角色也不一样。比如，化妆品在彩妆店是目标性品类，在普通超市中就是常规性品类，在便利店则可能是便利性品类。

（3）便利店销售的商品结构应该包含4种角色，其中，目标性品类代表企业形象，要保障库存。货架是个舞台，不能只销售常见、畅销的商品，也要有战略、有差异。

---

[1] 各类商品对应的品类角色应以具体经营策略为主，此处举例仅供参考。

4.1.4 要货选品"四有"

1. 有新品

要结合产品生命周期（图4-5）考虑要货选品。产品生命周期是指产品从开始进入市场到被市场淘汰的整个过程。不同的商品，其生命周期也不同。

1）引入期

（1）表现：产品设计投产，开始接受市场检验。

（2）特点：知名度不高，价格相对不透明，供应商营销投入大。

2）成长期

（1）表现：产品在市场上打开销路，进入需求增长的阶段。

（2）特点：销售增长空间大，毛利高。

3）成熟期

（1）表现：产品销售量、市场占有率趋于稳定，进入市场供需平稳阶段。

（2）特点：销量稳定，价格相对透明。

4）衰退期

（1）表现：产品不再适应市场需要，逐步被新产品替代。

（2）特点：销量减少，负增长，低毛利。

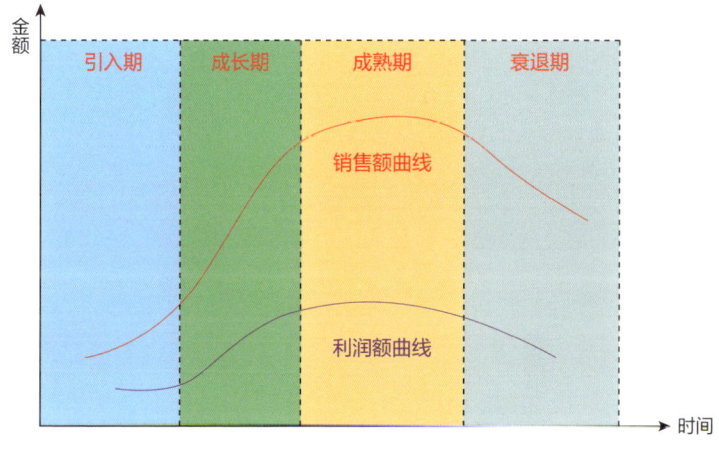

图4-5 产品生命周期示意图

给我们的启示

（1）商品在引入期时，通常毛利较高，营销推广力度大，客户会主动寻找，订货时要关注新品。

（2）商品在成长期时，销售额会持续增长，也是订货时的主要选择。

（3）商品进入衰退期后，就要慎重订货。

2. 有畅销品

选择畅销品时，可结合 ABC 分析法（图 4-6）进行考虑。

要货时，占比较少（15%~20%）的 A 类商品贡献了 75%~80% 的销售额。因此，要确保畅销商品在本地区、本类型便利店中有货，且数量充足。

> **ABC分析法**
>
> ABC 分析法也叫主次因素分析法，系由帕累托的"80/20 法则"衍生而来。其中，A 类商品是主要影响因素，B 类商品是次要因素，C 类商品是一般因素。

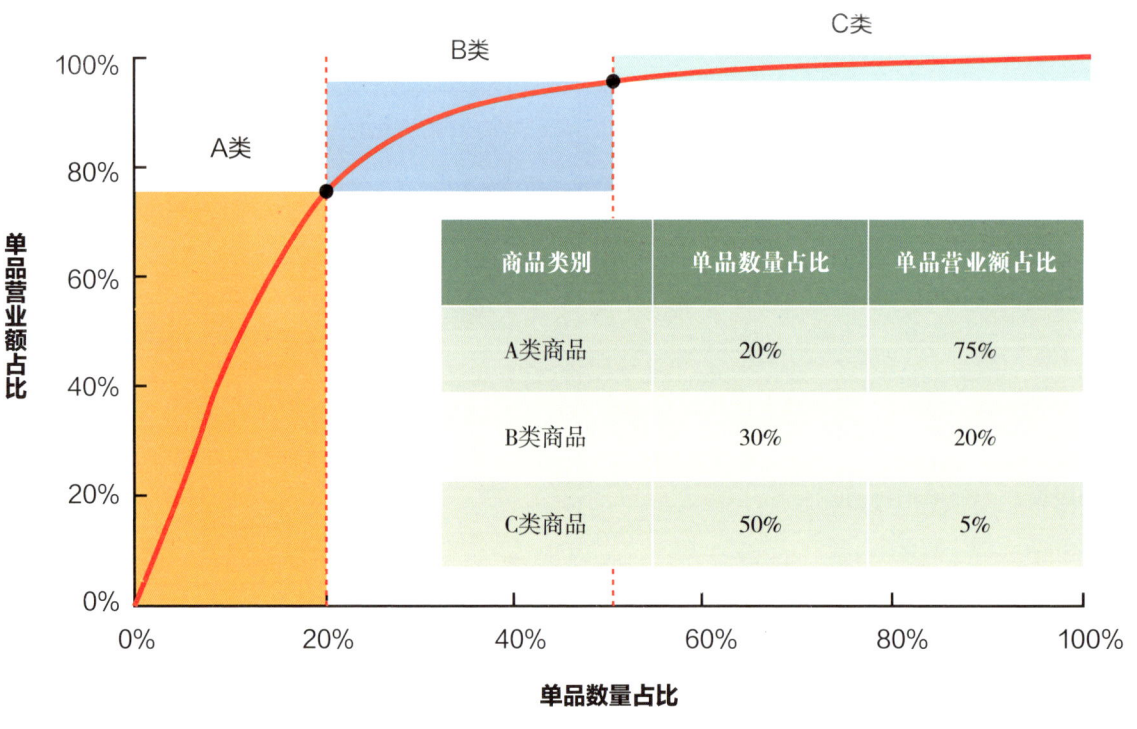

图4-6 ABC分析法

3. 有主打品

对于主打品,需要结合商品组合的深度与宽度来考虑(图4-7)。

商品宽度指所经营的SKU能体现出不同商品品类的互补性,难以互相替代。比如,在饮料类中,商品宽度就代表选择的种类应尽可能齐全,涵盖水类、碳酸饮料、果汁、茶饮料、功能饮料等。

商品深度是指同一品类下的SKU能体现出不同商品的替代性。比如,水类中的卓玛泉、长白山天泉可以与农夫山泉等水类形成替代。

从宽度与深度来考虑商品组合,有四种可能的组合:宽而深,宽而浅,窄而深,窄而浅。不同的品类角色,其商品组合的深度和宽度要求也不一样。

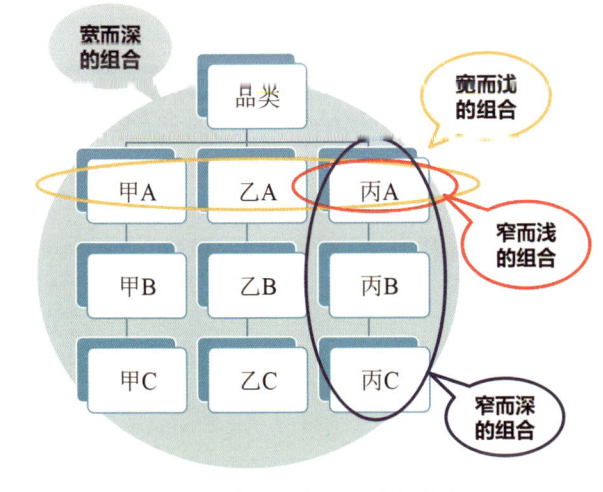

图4-7 商品组合的深度与宽度

4. 有价格差异

对于价格差异,需要结合商品价格带来考虑:

(1)订货选品要拉开价格宽度(如图4-8所示)。

(2)不能只选低价值商品,要引导目标客户购买高价值商品。

(3)高价值商品有助于让目标客户形成心理锚点(即将高价值作为选择判断的参考)。

18.00元	18.00元	6.00元	6.00元	8.00元	8.00元
星巴克星冰乐咖啡味281 mL	星巴克星冰乐摩卡味281 mL	雀巢咖啡丝滑拿铁268 mL	雀巢咖啡丝滑摩卡咖啡饮料268 mL	可口可乐COSTA风味摩卡咖啡300 mL	可口可乐COSTA醇正拿铁咖啡300 mL

图4-8 不同价格宽度的咖啡饮品

为什么便利店通常采用"宽而浅"的商品组合?

(1)便利店的营业面积小,货架资源有限,经营的商品以食品为主,SKU通常不超过1500种。为了满足客户的即时性消费需求,常规品类通常采取"宽而浅"的组合,即尽可能提供所有小类,但在每个小类中只能选部分商品。如水饮料一共有39个小类,每个小类能选择的品牌和口味就有限了。

(2)也不是便利店中的所有商品都选择"宽而浅"的商品组合,比如,对于便利性品类,就要选择"窄而浅"的商品组合。

4.2 订货管理

4.2.1 手工订货

> **执行要点**：常规商品订货可使用1.5倍法则，重点商品订货应参考基本订货公式。
> 订货量要向上调整到最小订货量的整数倍，减少因缺货造成的商机损失，同时便于配送与验收。

1.基本订货公式

单品订货量 = 日均销量 ×（订货周期 + 安全库存天数）− 当前库存量 − 在途商品 ± 调整量

运用基本订货公式的假设是每天的销售量是平均、稳定的，适用于自有品牌等重点商品、目标性商品。需要找全变量数据，使用公式规范分析。

订货参数说明

日均销量：原则上可参考前2~3周的日均销量。

订货周期：本次订货日至下一订货日之间的天数。

安全库存天数：为防止不确定性因素影响而准备的缓存库存天数。

在途商品：订货当天尚未到达，但将在本次订货到达前抵达便利店的商品。

调整量：影响当期要货的因素，如最小订货量（配送包装单位中系数最小的单位）、天气、交通限制等。

 **示例：手工订货计算**

在某便利店，卓玛泉（330 mL/瓶，每箱24瓶）过去2周的销量是156瓶，现有库存62瓶，订货周期是1次/周，最小要货量是一箱，周一要货、周五到货，设定安全库存天数为7天。今天是星期一，请问：该便利店本周的卓玛泉要货量是多少？

订货量 =（156÷14）×（7+7）−62=94（瓶）

94÷24=3.9（箱）

向上匹配最小订货量，本次订货量应为96瓶（4箱）。

2."1.5倍法则"订货公式

单品订货量＝订货周期期间销量×1.5+调整量（匹配最小订货量）

适用于常规商品。通过系统查询本订货周期内已销售商品的销售数量，按1.5倍计算订货量，根据实际库存确认最终订货数量。

示例："1.5倍法则"订货计算

某便利店为一周一配，可口可乐（330 mL/罐，每箱24罐）一周销售60罐，订货日库存为10罐，最小订货量是 箱。请问，本周该便利店可口可乐的要货量是多少？

订货量=60×1.5=90（瓶）

90÷24=3.75（箱）

向上匹配最小订货量，本次订货量应该是96瓶（4箱）。

3.手工订货操作流程

执行要点：按规定时间进行订货，每个订货日都要订货，每月要对要货情况进行复盘。

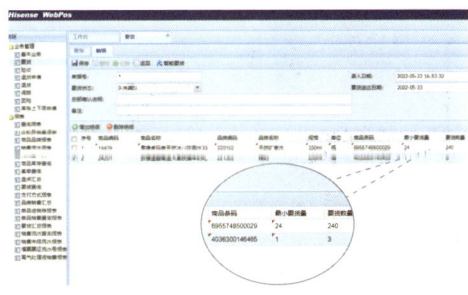

1 确定品种数量

按照订货周期分析销量、检查商品库存，考虑新品、畅销品、价格带、营销活动等因素，参考订货公式，确定商品订货品种和数量。

2 录入要货单

（1）打开WEBPOS系统，进入要货界面。
（2）点击"增加"－"增加明细"，逐一输入商品编码、数量，点击"保存"－"记账"，完成要货流程。

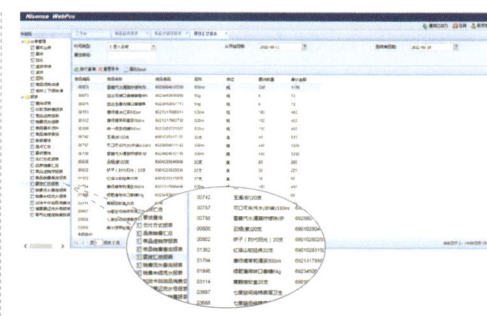

3 检查订单

（1）要货单可以在记账前进行编辑、删除。
（2）店长要对订货数量进行检查确认。
（3）要货单记账后，如需修改商品数量，要及时联系上级审核人员，在"处理要货单"界面进行修改。

4 收货准备

（1）订单完成后，便利店按配送周期查询前台是否已收到配送单信息，便利店库存是否已经增加。
（2）整理库房和货架，做好收货准备。

5 销售验证

（1）定期分析要货情况（最少每月开展一次要货情况分析）。
（2）对本月累计要货次数、要货品种、要货数量、到货情况、动销情况、周转天数进行分析、复盘。
（3）配合盘点，排查商品保质期，及时发现问题，指导次月订货。

4.2.2 智能订货

> **执行要点**：采用智能订货功能，是由系统（便利店连锁经营管理系统）直接推荐要货数量，无须便利店工作人员手工计算，可提升要货工作效率。如推荐数量不足，便利店可手工增加订货量，也可申请提高上限。

1. 智能订货公式

智能推荐量 = 库存上限 − 当前库存 + 调整量

库存上限：针对各单品制订的最高库存数量。启用智能订货时，上级单位要提前设置好上下限。

当前库存：单品在系统中的实时库存数量。

调整量：对最小要货数量整数倍的补足量（默认为向上增加订货量）。水饮料等畅销品类要整提、整箱订货。

上下限调整因素

便利店申请调整库存上下限时，需考虑的因素如下：

（1）确定单品库存上限时，要参考便利店商圈和销售实际情况，参考物流配送周期、最小要货量和货架资源等因素。

（2）确定单品库存下限时，要注意结合便利店商圈和销售情况、货架情况、最小要货量、促销等因素。

（3）设置的商品库存下限要大于等于1。如果下限为0，则不会触发智能订货。下限为1时，则在商品断货后才触发要货。库存下限应包含商品最少陈列量。

（4）下限与上限相等时，则商品一发生销售就需补货。

（5）上限不宜过高，避免过度订货。可先手工增加订量，在多次手工增加订量之后，再申请增加上限。

示例：智能订货计算

商品编码	商品名称	库存下限	库存上限	最小配货量	当前库存	系统推荐的要货数量
00220	奥利奥巧克力夹心饼干130 g	5	8	1	6	不触发
00875	海明麻辣萝卜干110 g	6	10	1	2	8
00174	金奖虾条80 g	4	10	10	3	10
00511	康师傅珍品红烧牛肉桶面115 g	20	24	12	7	24

2.智能订货操作流程

1）智能要货

（1）进入WEBPOS要货界面，点击"增加"－"智能要货"，已设置好库存上下限的商品会自动生成推荐要货数量，还可以手工调整数量。

（2）点击"保存"－"记账"，完成要货流程。

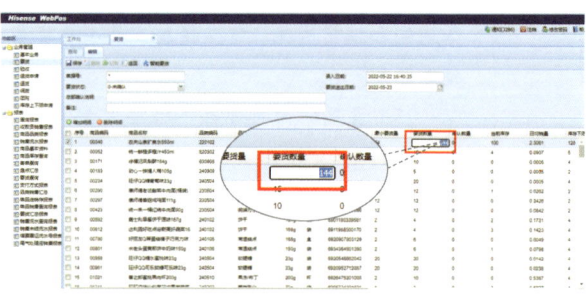

2）调整数量，确认订单

（1）记账前，可手工调整系统智能推荐数量，但便利店无库存商品不应减少为0。对于要货量增加超过1倍的单品，要进行两次复核。

（2）店长要对订货数量进行检查确认。

（3）要货单记账后，如需修改商品数量，要及时联系上级审核人员，在"处理要货单"界面进行修改。

3）收货准备

（1）订单完成后，便利店按配送周期查询前台是否已收到配送单信息，便利店库存是否已经增加。

（2）整理库房和货架，做好收货准备。

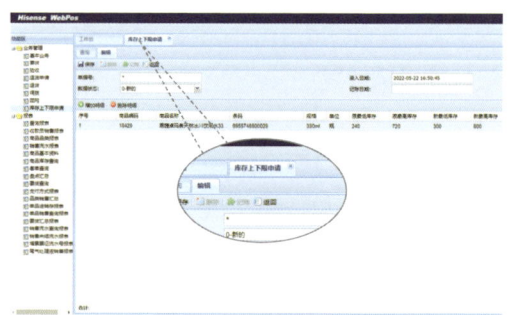

4）申请修订上下限

（1）每次订货后，要对手工修订情况进行分析。

（2）对于多次增加要货量的商品，可以申请提高上限。

4.2.3 烟草订货

执行要点：烟草订货时，先确定档位订货数量与金额要求，牢记烟草订货周期，每周按时订货，避免因漏订而影响档位评定。严禁订购未入系统的烟草品种。未在系统中完成直送验收的烟草，不得销售。

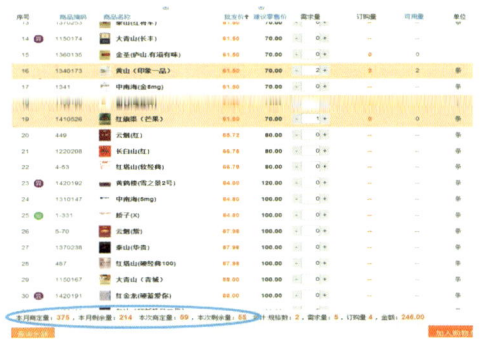

1 确定档位、余额

（1）确定档位：可在卷烟订货商务平台公告旁查询"我的档位"，或通过"公告"－"货源"查看各档位评定公示及货源信息。

（2）确定余额：平台显示本公司整体余额，各店累计订烟金额合计大于烟草账户余额时，超额门店订单将被取消，需及时补足货款。

2 烟草平台订货

（1）订货人员可以在烟草公司规定日期前将商品加入购物车。在烟草公司规定日准时提交订单。

（2）进入卷烟订货页面以后，点击需求量，"可用量"自动显示本档位最大订烟数：档位越高，可用量越大，当月可订烟数量越大。

3 核实订单，准备收货

（1）进入"订单查询"，便利店可查询本次订烟是否成功；如未成功，核实扣款情况，及时上报沟通。

（2）也可查询历史订单金额明细，计算本月累计订烟金额及销售金额，确保库存保持在合理水平。

（3）烟草通常在订单生成后次日送货，做好收货准备。

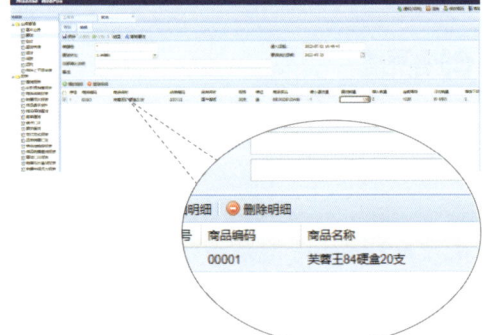

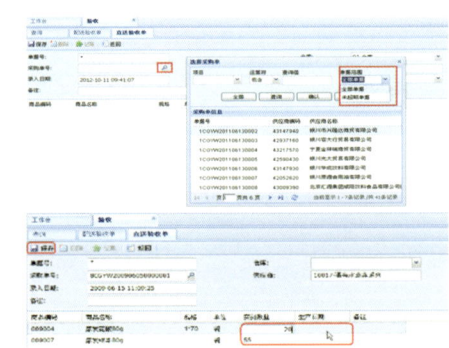

4 海信系统要货

（1）烟草订单成功后（或烟草到货当天），按订货情况如实在海信系统中进行要货。

（2）打开WEBPOS系统，进入要货界面。点击"增加"－"增加明细"，逐一输入商品编码、数量，点击"保存"－"记账"，完成要货流程。

（3）要货时，注意核实商品名称、编码、单位准确，注意与烟草公司编码和数量的转换。严禁订购未入系统的烟草品种。

5 烟草收货

（1）根据烟草管理规定，每条烟草的外部必须加注喷码，即送货时间、地区简称以及订购店面的烟草证编码。烟草到店以后，要对烟草证编码进行抽验。

（2）核实数量、品种，如相符，可签字确认。

6 系统验收，上架销售

（1）及时进行系统直送验收。进入WEBPOS系统的"验收"—"直送验收单"，点击"增加"，在"选择采购单"窗口选择待验收的采购单。

（2）根据烟草实际到货数量输入实到数量（生产日期可以按送货日期录入），点击"保存"按钮；确认无误后，点击"记账"。

（3）无论是整条还是单包销售的烟草，都要在封口处贴易碎贴纸。

（4）及时入库保存，应在专用烟柜中保管。

4.3 收货管理

4.3.1 收货原则

> **执行要点**：便利店应严格按照收货原则进行商品验收。严禁接受供应商馈赠、索要钱物。

1. 安全

（1）引导车辆在指定安全区域装卸货物，全程在摄像头拍摄的有效范围内进行。

（2）商品收货作业不能与油品作业冲突。

（3）商品的搬运与码放必须符合安全要求。

2. 保质

（1）检查实到商品的生产日期是否符合允收期标准。

（2）检查商品外包装是否完好无损，核对商品包装上的关键信息（生产厂家、产地等内容）与送货单据上是否一致。

允收期标准

允收期指商品生产日期距收货验收时间之差。

非食品类商品：允收期小于保质期的 1/3。

食品类商品：允收期小于保质期的 1/4（进口食品、统采商品、存储型配送商品等的允收期，按各省市规定执行）。

3. 准确

（1）确保单据与单据、单据与实物、单据与系统一一对应；准确记录验收数据，一旦发现差错，应及时处理。

（2）收少不收多：收货时、系统验收时，数量不得大于上级审批的单据数量。

4. 及时

（1）收货前需整理好货架、堆头与库房，预留足够收货空间。

（2）便利店若有退货，应先退货、后收货。

（3）快速收货，尽可能不影响便利店的正常营业。

（4）收货后，及时处理单据，商品应及时入库或上架。

收货类型

配送商品收货：便利店对配送中心配送的商品进行验收，收货时与配送中心交接，使用的单据为《配送验收单》。

直送商品收货：便利店与供应商交接，使用的单据为《直送验收单》。由便利店在系统中登记商品生产日期。

4.3.2 常用收货交接方式

> **执行要点** 常用的收货交接方式包括逐箱清点、随机抽检、信任交接。

1.逐箱清点

1）适用范围

适用于烟草等贵重商品、直送商品的验收、第三方配送等。

2）操作要点

（1）原装整箱商品，逐箱清点；拆零商品，逐一清点。

（2）与送货人员一起进行现场清点：按货找单，确认数量，检查质量（图4-9）。

（3）现场确认商品无数量差异和质量问题，双方在送货单据上签字确认。

【注意】验收贵重白酒类商品，要酌情开箱，也可用称重等方法辅助清点。

图4-9 现场清点商品

2.随机抽检

1）适用范围

普通商品及配送商品的验收。

2）操作要点

（1）不全部清点，随机抽检一定比例（不低于30%）的商品。

（2）现场确认抽检商品无质量问题，双方在送货单据上签字确认。

3.信任交接

1）适用范围

自营配送商品、周转箱，以及需快速交接的情况。

2）操作要点

（1）在视频监控下进行交接，收货时只清点整箱、周转箱数量，不现场抽检质量、清点明细数量。

（2）箱数无误后，双方在送货单据上签字确认。

（3）送货人员离开后，便利店店员当日完成周转箱拆零商品的清点、验收工作。出现数量短缺、质量问题的，在规定时间内上报主管部门。

4.3.3 商品验收操作流程

执行要点　收货时，要注意"收少不收多"，检查允收期，检查商品质量。直送验收时，要如实录入商品生产日期（烟草可按到货日期录入）。

1　整理商品

（1）整理货架、堆头与库房，留出足够收货空间。
（2）如有退货，准备先退货，后收货。
（3）核对系统单据，确认送货时间。

2　定区对单

（1）送货到店时，引导车辆到有监控的指定安全区域停放。
（2）检查纸质送货单据是否与便利店信息相符。

3　商品验收

（1）检查配送实物商品数量是否与订货单据上的数量一致；如有数量差异，按"收少不收多"原则验收，少于订单数量的，按实际收货数量验收。
（2）按省市公司要求进行商品抽检，检查是否为"三无"产品，检查生产日期、保质期是否在允收期范围内，是否有残损、漏气、胀袋等问题。对于有瑕疵或超出允收期的商品，现场拒收。
（3）收货时，避免商品直接接触地面。

4 签单确认

（1）确定无误后，双方在单据上签字确认，并加盖收货专用章。

（2）拒收商品：拒收后，在单据上注明拒收理由。

（3）验收记录需完整留存，签名、日期需完整、清晰。

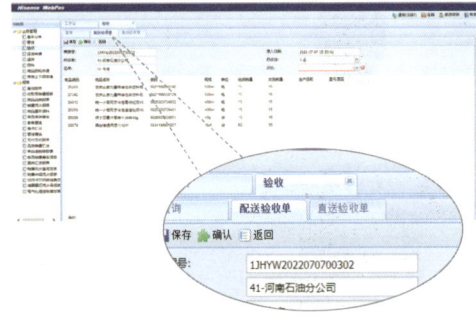

5 系统处理

（1）配送验收。

①配送验收由配送中心记账，便利店进行验收确认，并对配送服务进行评价。

②选择待确认的配送验收单，点击"配送验收单"确认实到数量，并选择评价类型、点击"保存"，再点击"确认"。

（2）直送验收。

①直送验收：点击"增加"，在"选择采购单"窗口选择待验收的采购单。

②根据实际到货数量录入实到数量、生产日期，点击"保存"按钮；确认无误后，点击"记账"，完成验收。

6 上架销售

（1）便利店完成系统验收确认后，方可上架销售。

（2）上架补货后，及时将剩余商品存入库房，严禁将商品堆放在营业场所。

4.3.4 异常收货处理

执行要点　收货中遇到异常问题，如信息、数量、质量不符或超过时限，要按规定处理；不可收货的，坚决拒收（图4-10）。

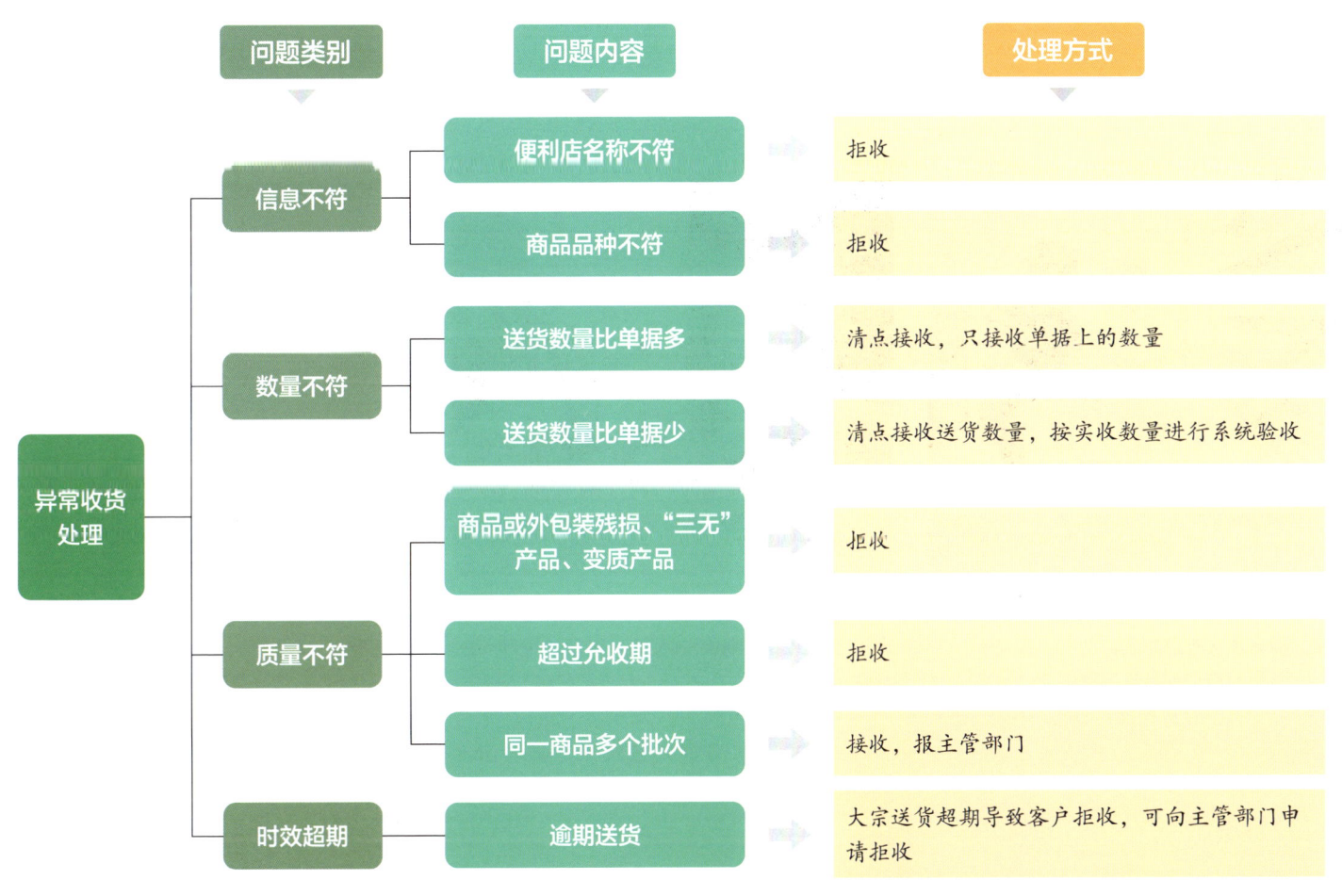

图4-10　异常收货处理

中国石化易捷便利店标准作业指导书（2022版）
EASY JOY: STANDARD OPERATION INSTRUCTIONS (2022)

4.4 退货管理

4.4.1 配送商品退货

执行要点：先退货，再收货。退货应及时，避免因退货不及时造成损耗。

1 待退确认

（1）店员整理存在质量问题、临期及待召回的商品，确认本次应退商品。
（2）店长对待退商品进行复核。
（3）待退商品存放在指定地点，不能与正品混放。

2 退货申请

（1）在 WEBPOS 系统"退货申请"界面点击"增加"，新建退货申请，输入退货商品的编码、数量、退货原因，点击"保存"-"记账"，提报。
（2）退货原因必须与实际情况一致。
（3）主管部门审核通过后。便利店在 WEBPOS 系统"退货"中查询"退货给总部"单据。

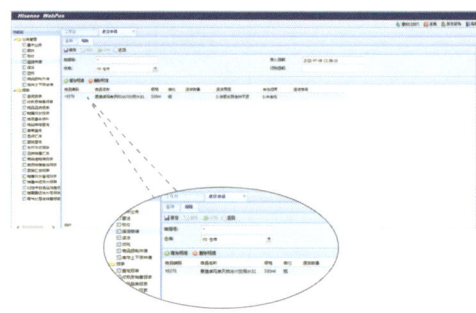

3 单据核对

（1）核对系统中已审批的《退货单》，确认可退数量。
（2）按审核数量，将待退商品进行整理、装箱、集中，数量可少不可多。
（3）与承运人携带的《退货单》信息应一致。

商品流转

4 实物交接

（1）实行现场交接的，双方对照《退货单》检查商品是否符合退货条件，核实退货数量，可少不可多。

（2）实行信任交接的，便利店退货前在监控下装箱施封，在箱体上注明便利店信息和退货商品明细，交承运人带回配送中心进心检查、清点。

5 单据确认

（1）店员与承运人在《退货单》上签字确认。

（2）配送商品退货，签字的《退货单》由配送中心返回相关部门，进行系统操作。

（3）检查系统中的退货商品是否账实相符，避免因库存不足导致误差。

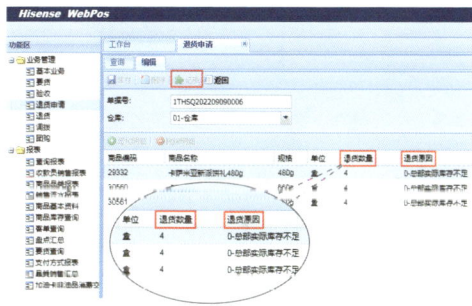

6 库存核实

（1）进入WEBPOS系统"退货"功能区，查询《退货给总部》单据，核实配送中心退货记账情况。

（2）如与实际退货数量不符，上报主管部门处理。

中国石化易捷便利店标准作业指导书（2022版）
EASY JOY: STANDARD OPERATION INSTRUCTIONS (2022)

4.4.2 直送商品退货

执行要点　直送退货由便利店进行记账，核减库存，要在退货后立即完成，不可延后或提前。

1　待退确认

（1）店员整理存在质量问题、临期及待召回的商品，确认本次应退商品。
（2）直送商品退货，可先与供应商沟通确认。
（3）店长对待退商品进行复核。
（4）待退商品应存放在指定地点，不能与正品混放。

2　退货申请

（1）在WEBPOS系统"退货申请"界面点击"增加"，新建退货系统，输入退货商品的编码、数量、退货原因，点击"保存"-"记账"，提报。
（2）退货原因必须与实际情况一致。

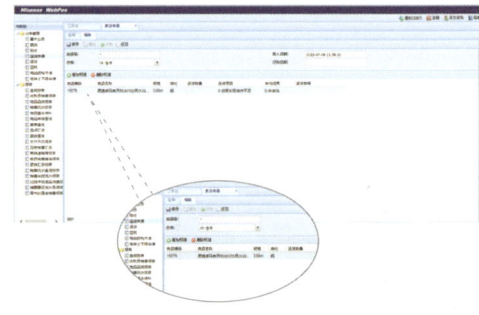

3　退货审核

（1）主管部门审核通过后，生成《直送退货单》。
（2）便利店在WEBPOS系统"退货"界面检查《退货申请单》是否已被处理。注意：在"退货"功能中查询，不是在"退货申请"中查询。
（3）按审核后的可退数量，整理待退商品。

  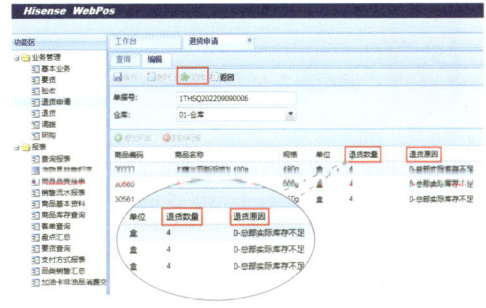

4 单据核对

检查退货商品与供应商（或承运人）携带的《退货单》信息是否一致。

5 实物交接

（1）双方对照《退货单》检查商品是否符合退货条件，核实退货数量，可少不可多。

（2）直送退货要现场清点，不宜采用信任交接方式。

（3）核实无误后，双方在《退货单》上签字确认。

6 系统记账

（1）单据、实物核验完毕后，退货由便利店进行记账操作，核减库存。

（2）在WEBPOS系统中点击"退货"，按日期查询退货单据，选中对应的《直送退货单》，"修改"进入，按实际退货数量和退货原因，点击"保存"并"记账"，核减库存。

常见退货原因

退货给总部或供应商，主要有4种原因：

（1）质量问题：商品出现变质、胀袋、漏气等质量问题。

（2）商品临期：

①接近但没有超过保质期的商品，按照上级主管部门规定的时限退货。

②需退货的临期商品，应保证外包装完好、整洁。

③临期商品退货前，如能销售，应继续销售。

④退货一定要及时，防止因商品过期导致全额损耗。

（3）商品召回：

①上级部门要求召回商品。

②产品缺陷、试销结束、兑奖、淘汰、供应商停止合作等。

（4）商品滞销：有退货政策的滞销商品。

4.5 调拨管理

4.5.1 发起调拨的原因和要求

> **执行要点**　调拨是在便利店间调剂商品余缺的过程。发起调拨，须先向主管部门提出申请。

1. 发起调拨的主要原因

（1）商品临时缺货调拨。

（2）油站停业调拨。

（3）商品滞销、积压调拨。

（4）进货方式补充型调拨（如集中送货到中心便利店，由中心便利店向周边便利店调拨）。

（5）促销型调拨（如将多个便利店的某类商品集中到一个便利店进行促销）。

调出门店　　主管部门　　调入门店

2. 调拨管理要求

（1）遵循"先审批、后调拨"的原则，严禁便利店之间擅自调拨。

（2）严禁烟草调拨。

（3）严禁无单调拨，不得使用非系统自制调拨单据。

（4）跨地市调拨的，要由省公司审批。

（5）店间调拨，应根据调入便利店的销售能力确定调拨上限，避免造成调入便利店库存积压。

（6）调入商品必须为调入便利店经营范围内商品。

4.5.2 便利店发起的调拨

微课05

调拨操作流程

执行要点　坚持"先审批、后调拨",实物调拨前进行系统申请、系统打印单据,在实物调拨的同时完成系统操作。

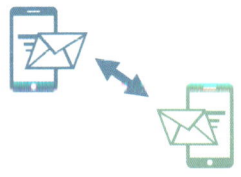  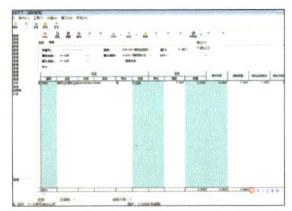  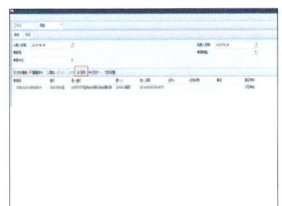

1 发起调拨

无论是调出便利店还是调入便利店,都需要与上级单位通过电话、OA等方式沟通,确认调拨行为。

2 单据制作

(1)调出便利店在系统中提交调拨申请。

(2)进入WEBPOS系统"调拨"界面,点击"增加",选择"组织",录入商品编码、数量,保存并记账。

3 调拨审批

(1)上级主管部门在后台对《商品调拨单》进行审批,进入"库存管理"-"调拨管理"界面,选择日期,刷新,找到待审批调拨单据。

(2)审批通过后,《商品调拨单》处于未记账状态。

(3)审批完成后,通知承运人打印《商品调拨单》,在便利店间调拨商品。

(4)调出便利店或调入便利店实施承运时,应在便利店打印系统内调拨单据。

4 实物调拨

(1)承运人携带《商品调拨单》前往调出便利店取货,将取到的商品送往调入便利店。

(2)调入便利店收货时应检查质量、数量,按"收少不收多"原则验收。

(3)调出便利店、承运人、调入便利店先后在《商品调拨单》上签字确认。

(4)《商品调拨单》应在调出便利店、调入便利店分别留存。

5 系统操作

(1)调入便利店在系统中完成调拨操作。

(2)进入WEBPOS系统"调拨"界面,按日期执行查询,找到单据,核对调拨商品的信息、数量,无误后保存并记账,核实库存增加。

(3)调出便利店核实库存减少。

4.5.3 主管部门发起的调拨

执行要点 对于主管部门发起的调拨，双方便利店要及时检查账面库存增减情况。

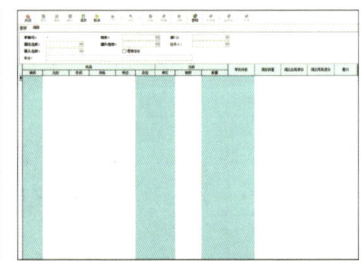

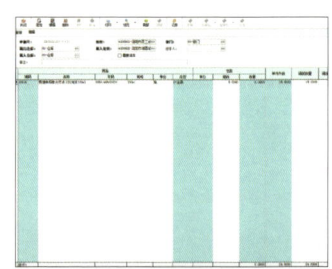

1 发起调拨

（1）上级主管部门根据便利店的库存和需求情况安排调拨。

（2）征得调出便利店和调入便利店同意。

2 单据制作

（1）上级主管部门在后台制作《商品调拨单》（此时，《商品调拨单》处于未记账状态）。

（2）通知承运人、调入便利店及调出便利店，打印《商品调拨单》。

（3）调出便利店或调入便利店实施承运时，应在便利店打印系统内调拨单据。

3 实物调拨

（1）开展实物调拨，携带系统打印的《商品调拨单》进行调拨。

（2）在调出便利店取货，送往调入便利店，调入便利店收货时检查质量，按"收少不收多"原则验收。

（3）双方便利店和承运人员签字确认，调入便利店、调出便利店各留存1份，由承运人带回主管部门1份。

（4）为提高效率，也可将便利店双方签字的确认单拍照上传给上级部门。

4 系统操作

（1）商品实物调拨完成，主管部门及时在系统中进行记账操作。

（2）调入便利店、调出便利店的库存自动增减。便利店应及时确认账面库存已做准确调整。

PART 05 卖场打造

STORE BUILDING

5.1 布局管理

5.2 陈列原则

5.3 陈列道具

5.4 陈列要点

5.5 陈列补货操作

5.6 库房管理

5.7 卫生清洁

5.1 布局管理

5.1.1 便利店分区布局

> **执行要点**：便利店营业场所按照区域可划分为店外营业区（图5-1）和店内营业区（图5-2）。对于店外空间，应重点关注泵岛区和前庭区。

1.店外营业区

（1）**泵岛区**：位于加油岛的旁边，主要特点是销售便利。可优先推荐泵岛区商品，并注意促进整箱商品的销售。

（2）**前庭区**：位于便利店入口的左右两边（主要包括线上提货区和促销商品堆头），主要特点是可充分展示商品，吸引客户选购。注意保持堆头商品的清洁。

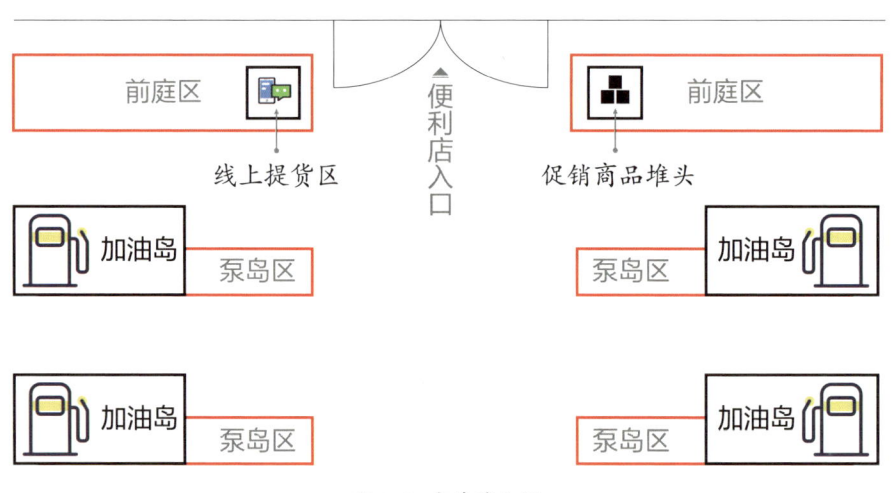

图5-1 店外营业区

2.店内营业区

（1）**收银服务区**：分为收银台台面、台前架和背柜。台前架主要用于高毛利商品和小件商品的陈列，背柜主要用于香烟、酒类商品的陈列。

（2）**自助服务区**：提供自助收银机、IC卡自助服务。

（3）**主题促销区**：主要为当期促销主推、量效贡献大商品的陈列。

（4）**靠墙货架区**：主要用于汽车用品、日用百货、专区商品（如易捷国际、易臻选、会员专区）等常规商品的陈列。

（5）**中岛货架区**：常规品类商品的陈列。

（6）**新业务区**：易捷咖啡、鲜食、烘焙等"店中店"业务区。

（7）**冷柜区**：用于冷藏饮料、冷冻食品、雪糕等商品的陈列，设有冷藏饮料柜、风幕柜、雪糕柜等设备。

（8）**休闲区**：为客户提供可以休息、饮食的区域。

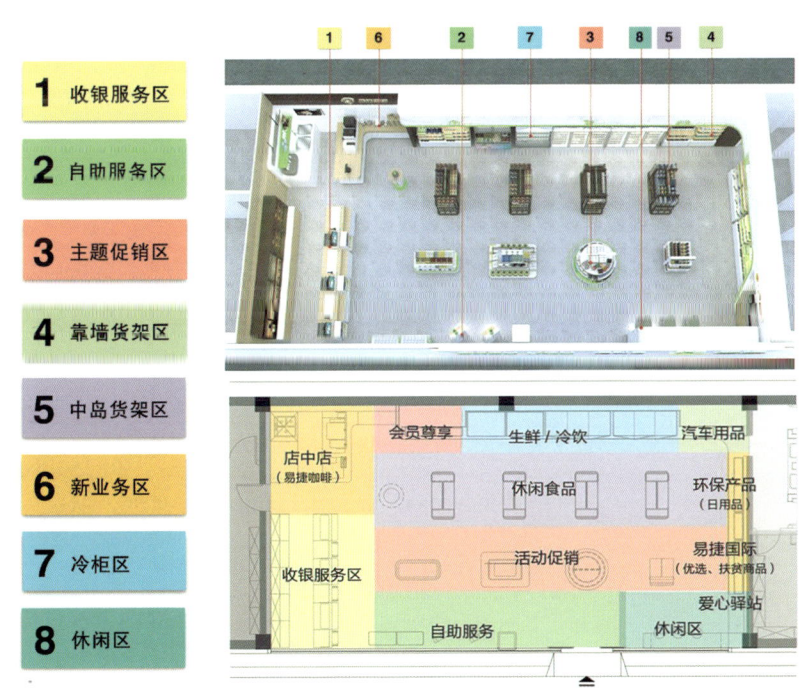

图5-2 店内营业区

5.1.2 认识"一表两图"

执行要点："一表两图"是商品明细表、便利店布局图、商品摆位图的统称,由上级单位制定,规定了便利店商品选品、区域布局和商品摆放位置。便利店要按照"一表两图"执行陈列操作。

1.商品明细表

(1)**功能用途**:由上级部门制定的同类型便利店的商品目录清单,是便利店应销售、需订货的单品明细(表5-1)。

(2)**组成内容**:对应便利店级别和类别、商品大/中/小分类、商品编码、商品名称、商品条码、售价、单位、规格、保质期、退货条件、配送属性、最小起订量等。

表5-1 商品明细表

大类	中类	小类	商品编码	商品名称	商品条码	单位	规格	保质期	零售价
酒	啤酒	进口啤酒	22588	德雷丝小麦啤酒500 mL	4051500872495	瓶	500 mL	425天	12元
水饮料	水类	水卡券	23729	易捷卓玛泉水卡—体验套餐4 L	2000103032326	张	4 L	365天	790元
	含乳饮料	风味乳饮品	24680	旺仔牛奶(细罐)240 mL	6931958014938	瓶	240 mL	360天	6元
	液态奶	纯奶	00082	蒙牛纯牛奶250 mL	6923644223458	盒	250 mL	180天	3元
	冲饮	奶茶	03225	喜之郎优乐美香芋奶茶香芋味68 g	6926475203170	杯	68 g	360天	3.5元
粮油副食	食用油	菜籽油	21682	山润压榨菜籽油5 L	6941287801536	瓶	5 L	18个月	78元
	米/面	粳米	24186	鲶鱼沟碱地香2.5 kg	6934706602104	袋	2.5 kg	365天	30元
休闲食品	饼干糕点	饼干	03132	真巧蛋卷巧克力味100 g	6922824588530	袋	100 g	360天	3元
	调味品	调味酱	23024	茶卡牦牛肉罐头香辣味75 g	6924286572010	罐	75 g	360天	10元

2.便利店布局图

（1）**功能用途**：明确便利店功能区域划分，确定陈列设施设备摆放位置，确定各品类商品陈列资源分配、陈列位置（图5-3）。

（2）**组成内容**：陈列货架、货架编码、商品大类（食品到中类）、堆头、展示台等。

【**注意**】每组货架都是独立的陈列单位，双组或多组货架组合时，要在每组货架上分别标注品类。

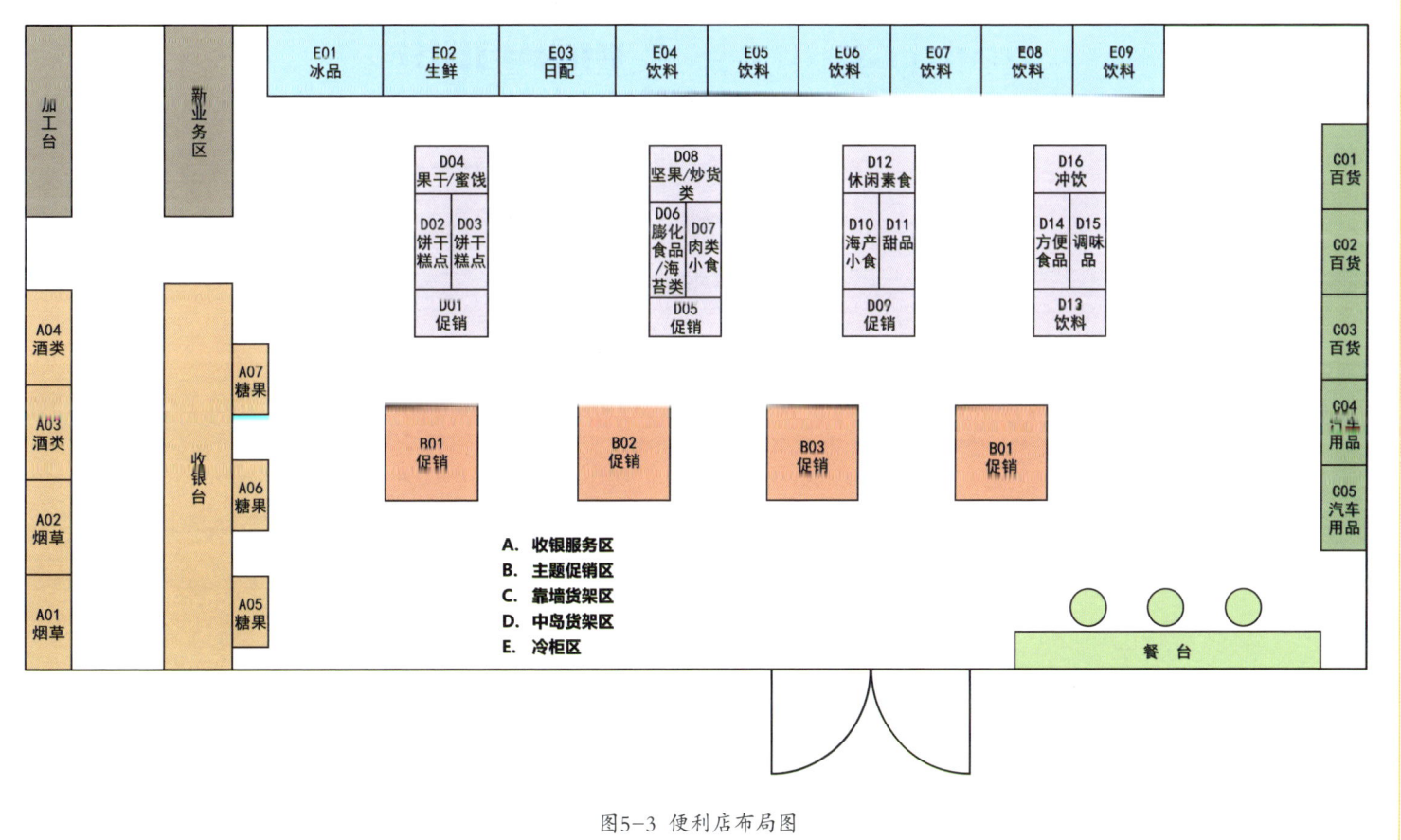

图5-3 便利店布局图

3.商品摆位图

（1）**功能用途**：明确单品具体陈列位置和陈列排面数量（图5-4）。

（2）**组成内容**：货架编码名称、层板位置、商品信息、商品名称、商品陈列面。

a.可视化商品摆位图

×××便利店商品摆位图

门店编码：88888888　货架编号：D02　货架规格：中岛货架　陈列品类：饼干糖化类　更新日期：2022年1月1日

层	类型	挂孔位	要素信息	商品信息							
				1	2	3	4	5	6	7	8
1	平架	第3孔	品名	康师傅3+2夹心饼干香草巧克力味125g	康师傅3+2夹心饼干清新柠檬味125g	趣多多巧克力饼95g	康元提子饼干200g	自主陈列区			
			编码	00035	00774	00211	06982				
			条形码	6919892633200	6919892633309	6901668062086	0845018143116				
			排面	1	1	1	1				
2	平架	与上层间隔5孔	品名	奥利奥巧克力夹心116g	奥利奥草莓味夹心116g	奥利奥原味夹心116g	格力高百奇巧克力味55g	格力高百醇注心饼干牛奶味48g	格力高百醇抹茶慕思味48g	康师傅3+2夹心慕浓情巧克力味55g	康师傅3+2夹心慕香草巧克力味55g
			编码	20483	20486	20484	18172	00617	20094	02162	02161
			条形码	6901668007773	6901668008176	6901668007780	6901845045062	6901845040692	6901845040968	6919892553300	6919892553201
			排面	1	1	1	2	1	1	1	1
3	平架	与上层间隔6孔	品名	康师傅妙芙欧式蛋糕香芋牛奶味96g	康师傅妙芙欧式蛋糕奶油味96g	好丽友Q蒂巧克力蛋糕168g	好丽友巧克力派204g	自主陈列区			
			编码	00051	00049	05667	03771				
			条形码	6920731704302	6920731701103	6920907803020	6920907800944				
			排面	1	1	1	1				
4	平架	与上层间隔7孔	品名	家缘锅巴牛肉味102g	乐事大波浪薯片香脆烤鸡翅味70g	乐事大波浪薯片铁板鱿鱼味70g	自主陈列区				
			编码	05671	18601	18600					
			条形码	6935729400074	6924743918610	6924743918658					
			排面								
5	平架	与上层间隔8孔	品名	上好佳鲜虾片80g	满地可一品鱿鱼味75g	满地可蔬菜园鸡味75g	自主陈列区				
			编码	18341	18425	18424					
			条形码								
			排面	2	1	1					

b.清单式商品摆位图

图5-4　商品摆位图

5.1.3 便利店布局图的应用

根据收银台位置的不同,便利店一般有两种布局方式(图5-5):

布局方式一:侧墙靠玻璃设置收银台(面向来车/客流方向);

布局方式二:居中靠墙设置收银台(面朝入口,适用于室内纵深≥8米)。

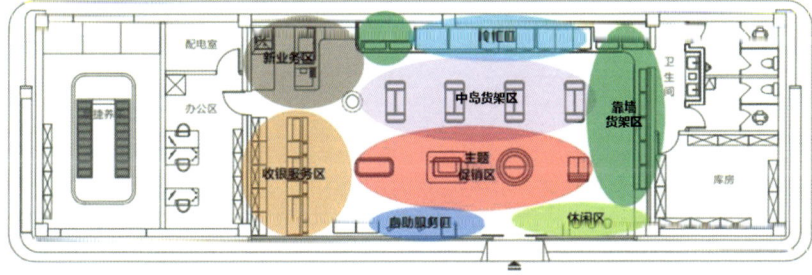

a.侧墙靠玻璃设置收银台

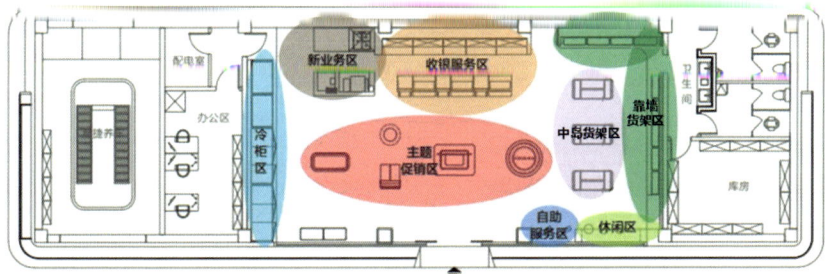

b.居中靠墙设置收银台

图5-5 便利店布局图

便利店应如何使用布局图?

(1)便利店布局图一般为平面图,由上级部门按便利店营业厅尺寸比例进行功能区划分及陈列设施、商品品类位置设定。

(2)便利店应对照便利店布局图摆放货架等陈列设施设备,客户行走通道、品类陈列位置应与布局图一致。

(3)便利店不应自行增加或减少货架或擅自调整布局位置,如需调整,先行上限,待审批后调整优化。

(4)便利店可持纸质版便利店布局图便于核实位置(参见第152页"5.5.1 标准化陈列执行操作流程")。

(5)便利店开展月度盘点时,依据便利店布局图制作盘点地图。

5.2 陈列原则

5.2.1 商品陈列六原则

1. 安全新鲜

商品陈列过程中要确保陈列道具、陈列方式、商品质量的安全。

2. 先进先出

商品陈列和补货时应遵循"先进先出"原则，按照生产日期的先后进行陈列，即先生产的商品应陈列在客户最便于拿取的位置。

3. 易见易取

商品正面朝向客户方便选购，商品间距适当、方便拿取。

4. 正立前置

商品陈列时，能站的别趴着，商品向前紧贴层板前沿，使排面整齐美观。

5. 分类分区

货架要按商品大类、中类划分。
层板按小类、品牌、规格分区集中陈列。

6. 丰满整洁

（1）商品陈列丰富、丰满，充分利用货架陈列空间，突出量感。
（2）货架及商品保持干净卫生、整齐，无灰尘、无杂物。
（3）商品陈列区域、冷藏饮料柜等设备设施营业时间内开启照明、亮度充足。

5.2.2 "安全新鲜"原则

执行要点　陈列要保证客户、商品、设施设备的安全（图5-6），保证商品的新鲜。

1.道具安全

（1）货架各部件组装到位，稳固结实。
（2）陈列商品的重量不超出货架承重范围。

2.陈列安全

（1）根据商品重量按上轻下重陈列。
（2）商品陈列不超出层板左右两侧边缘。
（3）食品与非食品分类陈列，食品与化工产品（如燃油宝、润滑油等）分区陈列。
（4）地堆商品应隔墙、离地。

3.商品新鲜

（1）上架商品应新鲜，商品到货后要尽快上架。
（2）陈列的商品品种要使客户有新鲜感，例如陈列新品、网红爆品等。
（3）过期或有质量问题的商品不得上架陈列。

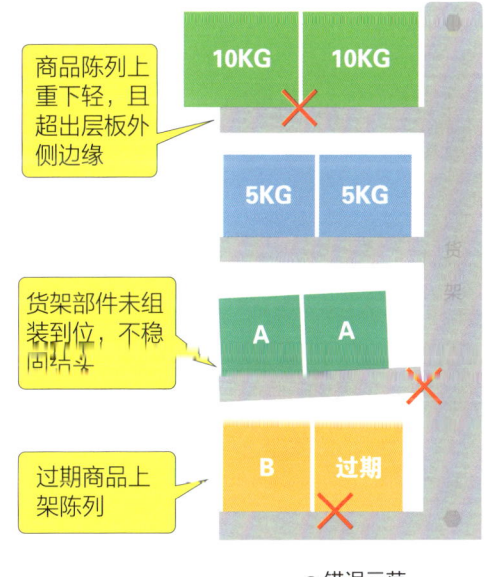
a.错误示范　　b.正确示范

图5-6 安全陈列示意图

5.2.3 "先进先出"原则

> **执行要点** 陈列和补货时，要认真检查商品的生产日期（图5-7）。

1.排面

先生产的陈列在客户最易拿取的位置（货架层板外侧），后生产的商品放在后排。

2.堆头

堆头商品按生产日期先后从下往上排列，先生产的陈列在顶部。

3.库房

库房存储商品按生产日期先后上架陈列，先生产的先上架，后生产的在库房存储。

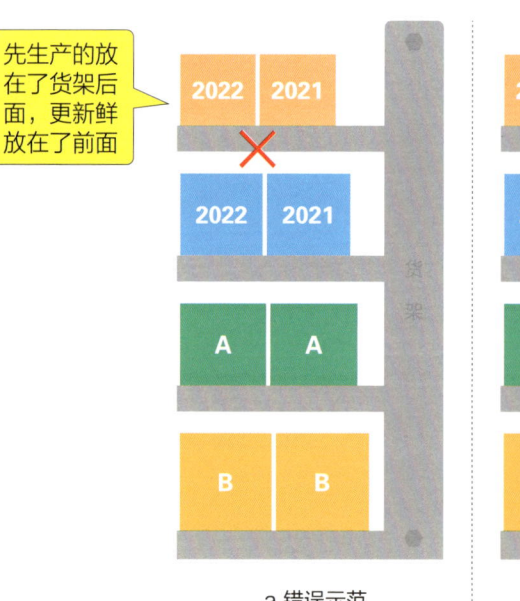

图5-7 先进先出陈列示意图

5.2.4 "易见易取"原则

> **执行要点** 商品陈列要易见、易选、易取、易补货(图5-8)。

1.正面展示

商品正面(或品名、品牌清晰的一面)朝向客户,便于商品展示和客户选择。

2.两指原则

商品顶部与上面层板应留有3~5 cm(约两指)间距,便于客户取放,也不浪费陈列空间。

3.易于拿取

商品陈列不得过分拥挤、遮挡,客户拿取商品时不易碰倒相邻商品。

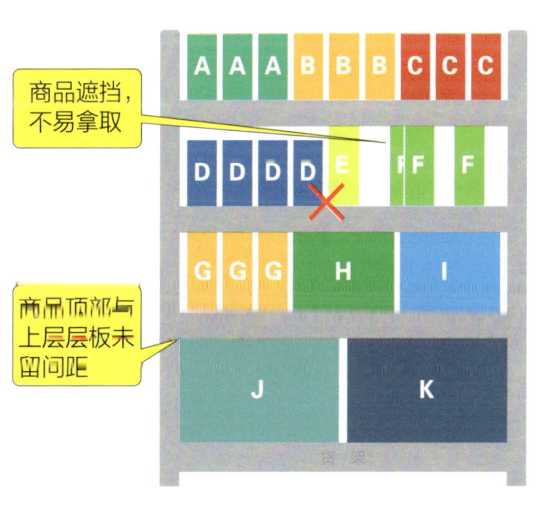
a.错误示范

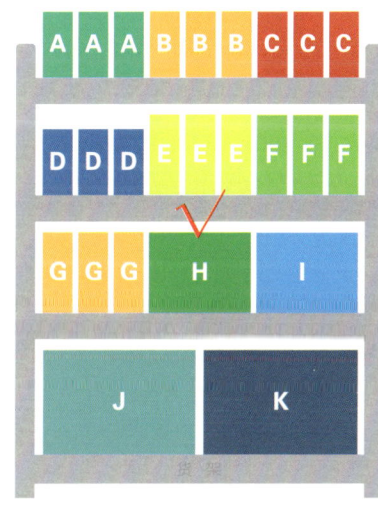
b.正确示范

图5-8 易见易取陈列示意图

5.2.5 "正立前置"原则

> **执行要点** 商品正立面紧贴层板前沿陈列，能有效保证排面整齐美观图（图5-9）。

1.正立

商品应正立陈列：能站的，别趴着。

2.前置

每层层板陈列商品正立面应向前紧贴层板前沿，可使用挡板工具来支撑商品。

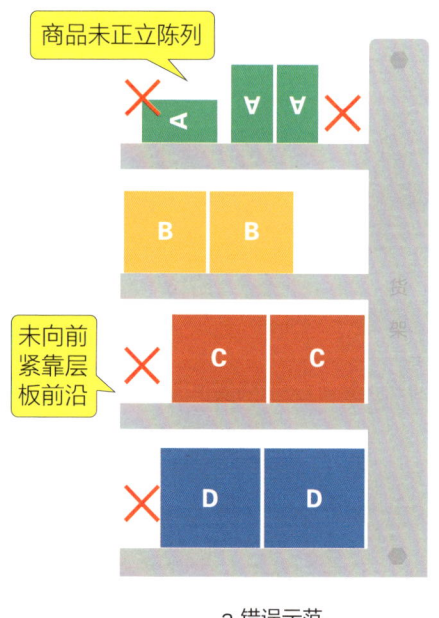
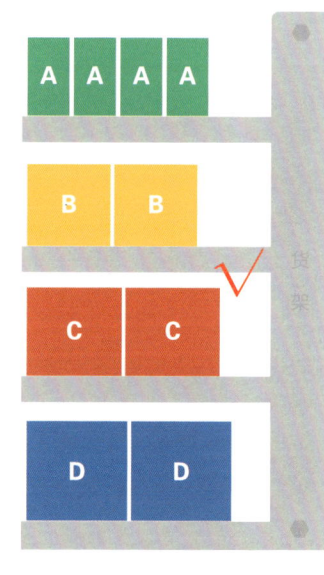

图5-9 正立前置陈列示意图

5.2.6 "分类分区"原则

执行要点：货架要按商品大类、中类划分（图5-10）。
在层板上，则按小类、品牌、规格分区集中陈列（图5-11）。

1.分类陈列

（1）非主题陈列要按照品类进行划分。

（2）同一大类、中类或关联性强的商品要位于同一货架或相邻陈列。

2.纵向陈列

每一组货架都是一个独立的陈列单位，同一商品不应横向陈列在相邻多组货架上。

3.分区定位

同一大类或中类下的小类集中在一组货架时，按小类、品牌、规格，结合价格等因素分区陈列。

商品定位陈列，便于客户选购、员工补货。

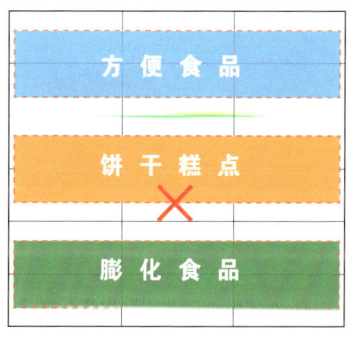
a.错误示范

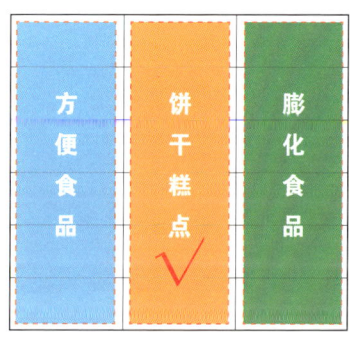
b.正确示范

图5-10 分类陈列及纵向陈列示意图

a.错误示范

b.正确示范

图5-11 分区定位陈列示意图

5.2.7 "丰满整洁"原则

执行要点：排面陈列不露底板，确保卖场整齐明亮，陈列区域不放置与陈列主题无关的物品（图5-12~图5-14）。

1.排面丰满

（1）每种单品不超过3个陈列面，做到品种丰富。促销商品可根据需要增加陈列面，突出量感。

（2）货架前排商品不留空位，同一层板陈列的商品左右紧邻，不留缝隙，不露底板。

（3）合理配置货架，不宜在常规货架上整箱陈列，不得空箱陈列。

2.整齐排列

（1）商品排列有序，首排对齐，前后成列。

（2）堆头整箱商品纵向对齐或咬脚摆放。

3.清洁明亮

（1）陈列道具和商品都符合清洁卫生标准，无灰尘、无杂物。

（2）营业时间内照明区域、设备设施灯光开启，亮度充足。

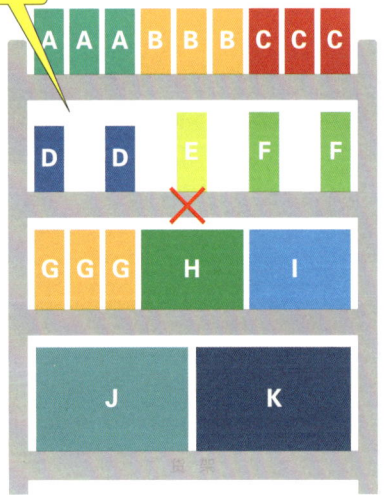

图5-12 丰满陈列示意图

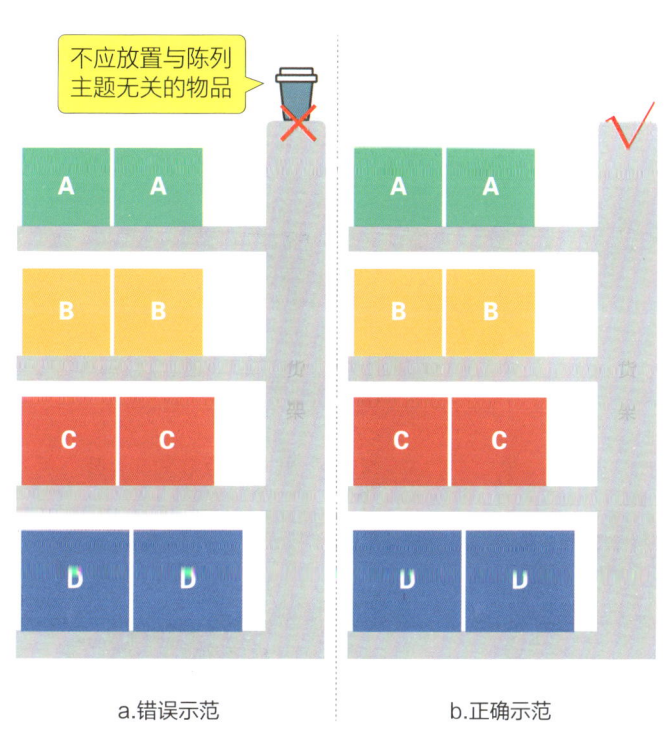

a.错误示范　　　　b.正确示范

图5-13 整齐陈列示意图

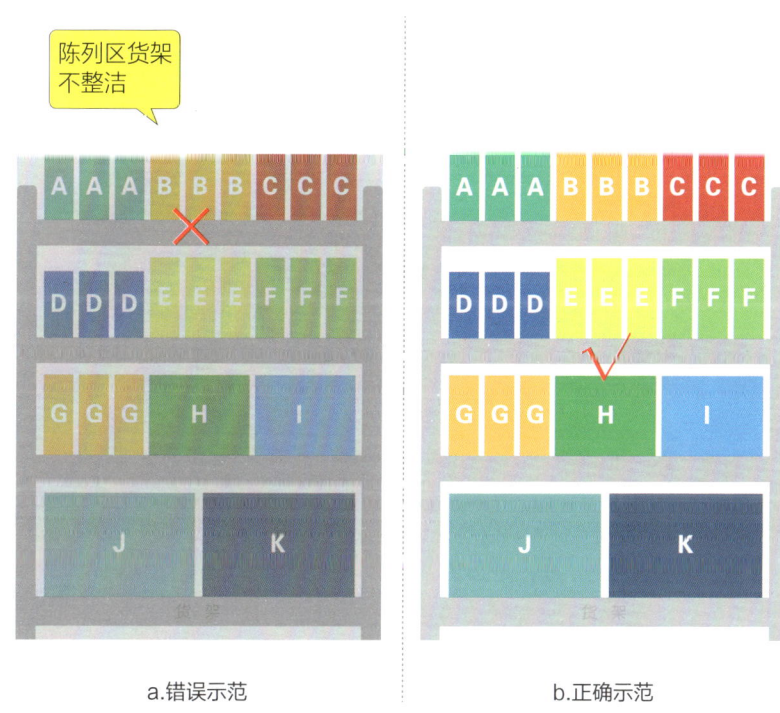

a.错误示范　　　　b.正确示范

图5-14 清洁明亮陈列示意图

5.3 陈列道具

5.3.1 收银服务区

收银服务区（图5-15）包括收银台台面、收银台台前架和收银台背柜。

图5-15 收银服务区示意图

1.收银台台面

收银台台面（图5-16）主要方便客户放置选购商品。促销台卡/立牌等宣传物料也放置在收银台台面指定位置，以此传递促销信息或宣传广告。

图5-16 收银台台面示意图

2.收银台台前架

收银台台前架（图5-17）主要用于高毛利商品和小件商品的陈列。

图5-17 收银台台前架示意图

3.收银台背柜

（1）背柜（图5-18）主要用于香烟、酒类商品的陈列。

（2）储物柜可以存储背柜商品或促销物料。

图5-18 收银台背柜示意图

5.3.2 中岛货架区

中岛货架区（图5-19）包括中岛货架和端架。

图5-19 中岛货架陈列示范

1. 中岛货架

（1）中岛货架（图5-20）是便利店常用货架。

（2）陈列方式：正反两面陈列。

（3）中岛柜主要为层板陈列，也可挂钩陈列，应根据陈列原则和商品规格调整层板高度或增加层板。

图5-20 中岛货架陈列示范

2. 端架

（1）端架（图5-21）可以放置在中岛货架两端。

（2）陈列方式：单面陈列。

图5-21 端架陈列示范

3. 组合形式

（1）可将中岛货架与端架进行组合（图5-22）。

（2）陈列方式：
①单组中岛组合；
②双组中岛组合。

图5-22 中岛货架与端架的组合陈列

5.3.3 靠墙货架区

靠墙货架区（图5-23）包括靠墙货架及其组合。

图5-23 靠墙货架陈列示范

1.靠墙货架

（1）靠墙货架（图5-24）是便利店常用货架。

（2）陈列方式：靠墙安装，单面陈列。

（3）靠墙货架可使用层板、挂钩陈列。

图5-24 靠墙货架陈列示范

2.靠墙货架混合款

常见的靠墙货架混合款为广告型靠墙货架（图5-25），即安装有广告媒体的靠墙货架。

图5-25 广告型靠墙货架陈列示范

3.靠墙货架组合

合理利用店面空间布局布置靠墙货架，可进行多款组合搭配（图5-26）。

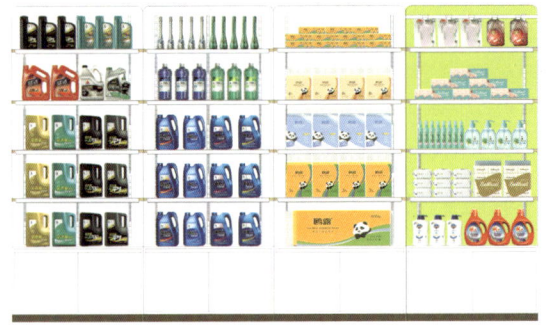

图5-26 靠墙货架组合陈列示范

5.3.4 主题促销区

主题促销区（图5-27）包括重点促销堆头及其组合。

图5-27 主题促销区陈列示范

2.促销堆头组合

便利店可以根据店型、布局等实际选配适宜款式的促销堆头组合款式（图5-29）。

图5-29 促销堆头组合示范

1.重点促销堆头

重点促销堆头（图5-28）摆放主推的促销商品、量效贡献大的商品（如粮油、礼盒等）。

放置在进门处、收银台前等顾客必经动线视线范围内。

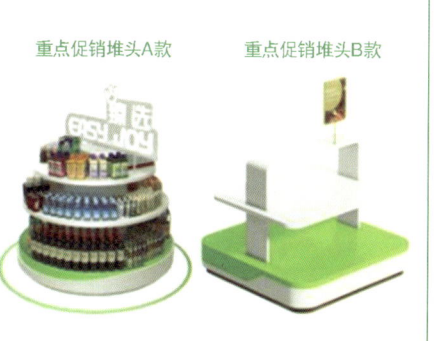

图5-28 重点促销堆头示意图

3.小陈列架

小陈列架（图5-30）放置在收银台与橱窗侧边的位置，可陈列当前促销商品或者小件商品。

图5-30 小陈列架示意图

5.3.5 冷柜区

1.冷藏饮料柜

（1）冷藏饮料柜（图5-31）用于冷藏饮料，其柜门是玻璃透明的，用于展示。

（2）有2~5门的不同型号可供选配，有冷藏保鲜功能，设定的温度一般为3℃~9℃。

（3）应该按照饮料中类进行陈列。

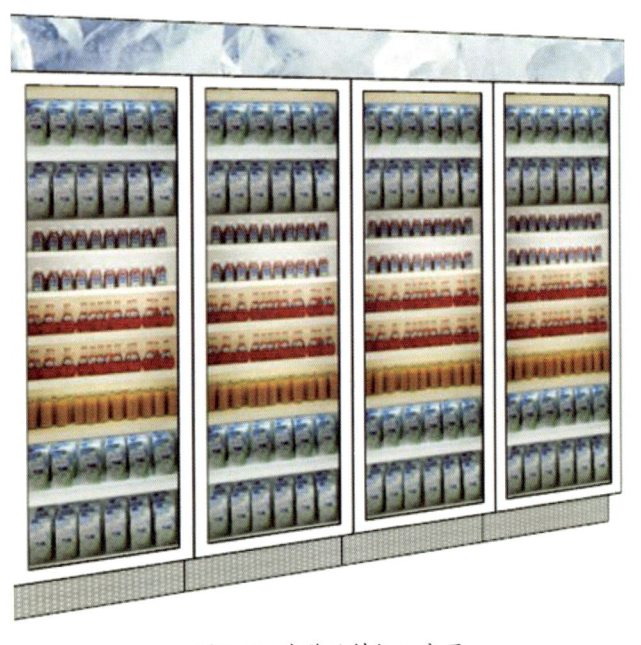

图5-31 冷藏饮料柜示意图

2.风幕柜

（1）风幕柜（图5-32）设定的温度一般为2℃~6℃。

（2）主要陈列酸奶、牛奶、熟食、水果、真空包装的肉食等保质期短、单价较高的饮料或食品，更方便顾客拿取，以促进商品周转。

（3）不适合存放无包装的散装食品。

图5-32 风幕柜示意图

3.雪糕柜

（1）雪糕柜（图5-33）正常设定的温度不高于-18℃，主要放置冷冻食品。

（2）不要用水直接冲洗冷柜表面。

（3）价签要在雪糕柜外摆放。

图5-33 雪糕柜示意图

5.4 陈列要点

5.4.1 收银服务区陈列要点

> **执行要点** 收银台陈列重点关注三个视线层面，即收银台台前架、背柜和办理业务的收银台台面（图5-34）。

图5-34 收银服务区陈列示范

收银台台面如何陈列？

（1）收银台台面应注意留出空白区域，方便客户放置选购的商品或个人物品（图5-35）。

（2）POS机双屏、A4台卡/立牌等放置在收银台台面，以此传递促销信息或宣传广告。便利店应统一将印有企业微信收款二维码、"易捷商城"小程序码的A4台卡/立牌放置在收银台台面，便于员工推广、客户扫码。

注意：收银台台面不可摆放水杯等员工私人物品。

图5-35 收银台台面陈列示范

收银台台前架如何陈列？

（1）按《便利店布局图》要求的品类进行陈列，符合"丰满整齐"陈列原则（图5-36）。

（2）如未做要求，除了陈列糖果、休闲食品等易冲动购买的商品之外，主要陈列自有品牌商品、或当期重点推荐的新品、促销商品等。

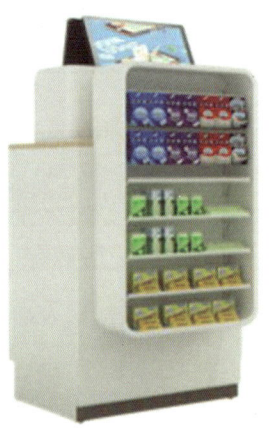

图5-36 收银台台前架陈列示范

收银台背柜如何陈列？

（1）主要陈列烟草、酒类，也可陈列其他高价值商品（图5-37）。

（2）烟柜陈列要求香烟品种丰富，价格带覆盖各层次客户；且应在烟柜或收银台区域的醒目位置张贴"禁止向未成年人销售卷烟、电子烟"的警示。

图5-37 收银台背柜陈列示范

5.4.2 端架陈列要点

除常规陈列外,端架(图5-38~图5-40)可用于陈列促销商品、畅销商品、新品、高毛利商品、季节性商品、自有品牌商品等。

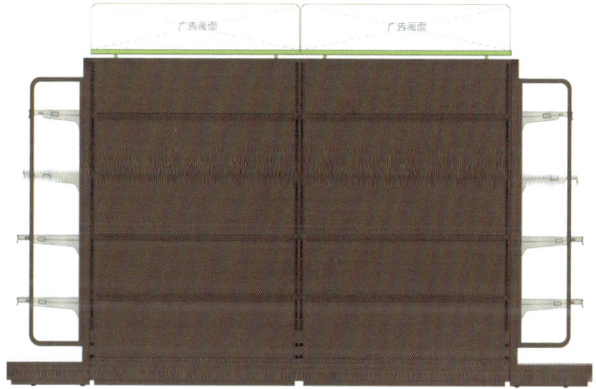

图5-38 端架示意图

图5-39 端架陈列示范(斜视)

图5-40 端架陈列示范(正视)

> **端架如何陈列?**
>
> (1)端架进行主题促销陈列时,可根据活动调整陈列单品数和品类,即一个端架可只陈列一个产品或一个系列产品。注意:食品和非食品不可陈列在同一层板上。
>
> (2)在端架两侧或顶部可通过端架侧挡或其他营销物料突出商品陈列主题。注意:跳跳卡、促销爆炸贴不要过度使用。

5.4.3 堆头陈列要点

> **执行要点** 堆头商品不能直接陈列在地面，需陈列在托盘上。商品到货、理货时，注意先进先出。

堆头包括泵岛区店外堆头（图5-41）、前庭堆头和店内堆头等。

1.泵岛区店外堆头

（1）位置：设置在泵岛间安全区域（图5-42~图5-44），不得阻碍加油通道和消防通道。

（2）堆头商品不能直接陈列在地面，需陈列在托盘（图5-45）上。包装纸箱、纸壳、纸板等不得充当托盘使用。

（3）堆头商品高度不宜超过1.2米，陈列整箱商品要与托盘"咬脚"码放。商品到货、理货时，注意先进先出。

（4）堆头陈列应饱满、价格标签醒目清晰，可制作堆头围挡，宣传促销信息。大型促销活动期间，可设置主题堆头。

（5）泵岛陈列要注意防尘防水，定时清洁商品外包装。整箱水饮料外包装破损的，应及时将商品拆零后在店内上架销售。

图5-41 泵岛区店外堆头陈列示范

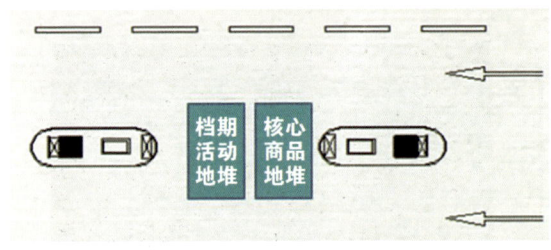

图5-42 双泵岛堆头布局示意

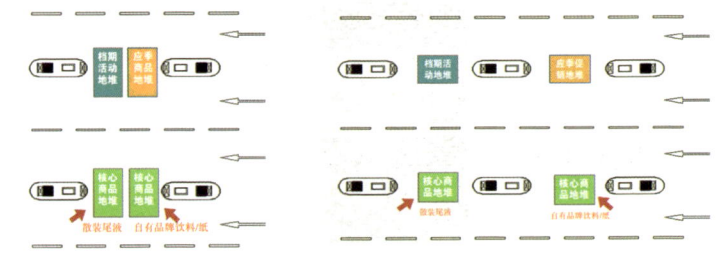

图5-43 四泵岛堆头布局示意图　　图5-44 六泵岛堆头布局示意图

图5-45 托盘（地托）

2.前庭堆头

> **执行要点**
> 前庭堆头（图5-46）每列只能陈列一种商品，海报位置、价签高度应保持一致。商品高度不超过防撞腰线。店内堆头陈列应突出主题，体现量感，商品价格及促销信息清晰醒目，方便客户拿取商品。

（1）位置：便利店橱窗前的前庭台阶区域。

（2）前庭堆头应从便利店入口处开始向两侧延伸。如入口在便利店一侧的，由入口处开始沿主通道方向延伸。

（3）商品堆码高度不可超过防撞腰线，不遮挡店内视线。

（4）堆头商品不能直接陈列在地面，需陈列在托盘上。

（5）商品到货、补货时，注意先进先出。

（6）前庭堆头每列只能陈列一种商品，海报位置、价签高度应保持一致。

图5-46 前庭堆头陈列示范

3.店内堆头

（1）位置：主题促销区域，如收银台前、进门处等客户必经动线视线范围。

（2）店内堆头陈列主题应清晰（图5-47），通常包括功能主题（如季节、节日或当期经营需求）、品类主题、品牌主题、产地主题、新品主题等，避免多个主题混合，冲淡客户感知。

（3）优先考虑客户易拿取，商品价格、促销信息等清晰醒目。

（4）商品不能直接陈列在地面，须陈列在托盘或展示台上；易碎商品陈列在堆头时，要注意安全稳固。

（5）商品到货、补货时，注意先进先出。

图5-47 店内堆头陈列示范

> **怎样做好店内堆头陈列？**

（1）量感突出。堆头通常陈列大件商品，可选择多个商品进行组合陈列，丰富饱满。

（2）主题突出。商品主题、分类要明确清晰，如按品类主题可分为粮油堆头、牛奶堆头、百货堆头，或按节日、季节促销等打造中秋节、年货节、水饮节堆头。

（3）堆头大小要适中。堆头长度和宽度原则上不宜超过1.5米。

（4）巧用物料及配饰。店内装饰物料应统一风格或材质；如使用桌布的，色调要统一；利用展示筐、POP、小道具等物料烘托活动主题，营造氛围。

5.4.4 橱窗陈列要点

> **执行要点**　橱窗（图5-48）干净明亮、视线通透。店内橱窗区可采用橱窗柜（图5-49）进行常规陈列，也可采用堆头（图5-50）进行主题陈列。

图5-48 橱窗区陈列示范

图5-49 橱窗柜陈列示范

图5-50 橱窗堆头陈列示范

橱窗区域如何陈列？

（1）便利店收银台纵向设置在营业厅两侧的，橱窗区基本处于客户进店的黄金通道，适宜陈列自有品牌、重点推荐商品、当前促销商品等，起到宣传展示的作用。

（2）橱窗应保持干净明亮、内外两面视线通透。店内橱窗区可采用橱窗柜进行常规陈列，也可采用堆头进行主题陈列。橱窗区灯光可营造店内外氛围。

（3）橱窗柜商品陈列可安装背面透明支撑架，避免商品从背面跌落。

（4）橱窗堆头商品陈列高度不宜超过防撞线；商品不能直接陈列在地面，需陈列在托盘上或展示台上；堆头商品注意先进先出。

5.4.5 价签使用要点

> **执行要点** 商品与价签需对应，价签信息与系统价格信息保持一致。

1. 标准价签

（1）标准价签（图5-51）包含商品编码、名称、条形码数字、单位、零售价等。

（2）价签信息与系统价格信息保持一致，内容清晰可见，usage机打价签。

（3）一个商品对应一个价签，使用统一印制的价签。

（4）价签放置于商品的左下角。

图5-51 标准价签样式

2. 堆头价签

泵岛堆头商品为整箱陈列的，应展示整箱价格标签（图5-52），并在左上角增加系统最小销售单位（单瓶）的标准价签。

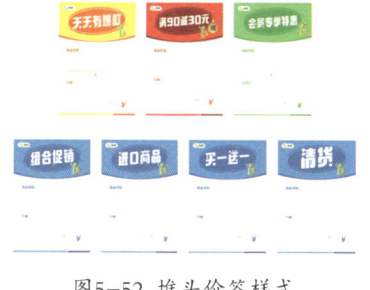

图5-52 堆头价签样式

3. 烟草价签

（1）根据当地烟草局要求陈列烟草价签（图5-53）。

（2）价签信息与系统价格信息保持一致。

图5-53 烟草价签样式

4. 雪糕柜价签

在雪糕柜上，商品价签（图5-54）可以集中展示。

图5-54 雪糕柜价签样式

5.5 陈列补货操作

微课06
便利店标准化陈列执行操作流程

5.5.1 标准化陈列执行操作流程

> **执行要点** 标准化陈列，即按"一表两图"中的便利店布局图和商品摆位图进行陈列。

1 确定位置

（1）打印便利店布局图和商品摆位图。
（2）根据便利店布局图，确定各货架的陈列品类。
（3）检查货架位置、流向、编号与便利店布局图一致。

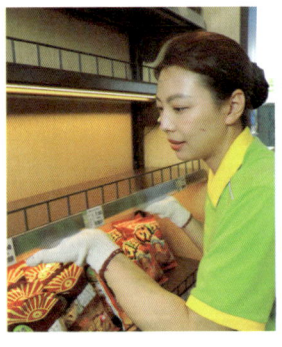

2 调整层板

根据商品摆位图层板间距要求调整陈列方式和层板高度。

3 摆放商品

（1）按照摆位图摆放商品。
（2）上架时检查商品，不陈列残损、过期的商品。

4 检查陈列

（1）陈列后再次检查商品摆位，避免陈列位置错误。
（2）对于摆位图未明确要求的自主陈列区域，要将商品按小类分类陈列到适当位置。

5 放置价签

（1）在每个商品左下方放置价签。
（2）核实价签条码与商品一致。

5.5.2 无摆位图陈列操作流程

执行要点：依据本便利店商品明细表，先确定各品类商品在便利店平面的布局，再确定每组货架每种商品的陈列位，遵循陈列六大原则调整优化，最后陈列价签。

微课07

无摆位图陈列操作流程

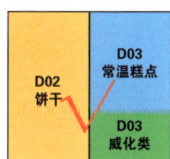

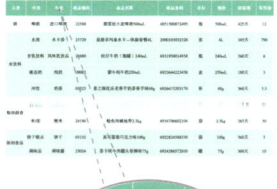

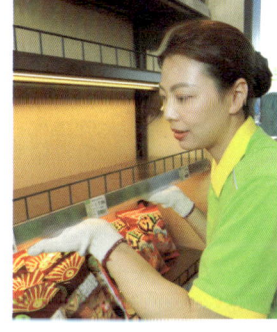

1 确定位置

（1）根据便利店布局图中的品类分布，确定待陈列商品货架。如饼干糕点应陈列在岛柜D02、D03两组货架位置。

（2）品类陈列位置应与布局图一致。

（3）按照纵向陈列要求，确定每组货架的商品小类。如：饼干糕点有3个小类，1组饼干，1组陈列威化类和常温糕点。

2 确定商品

（1）依据本类型便利店《商品明细表》和各区域货架需陈列的品类，逐个货架进行商品分类、规格确认，准备陈列。

（2）货架需要增加层板、挂钩等配件、道具的，一并提前做好准备。

3 调整层板

（1）每组货架陈列时，先陈列最底层商品。再逐层陈列。

（2）所陈列的商品顶部距离上层层板约"二指"间距。既便于取放，又不浪费陈列空间。

（3）要根据商品规格和实际情况，遵循"商品陈列六原则"进行优化、调整。

4 确定排面

（1）商品陈列面通常为1~2个。

（2）根据商品销售占比、销量大和促销中的商品，可以适当增加陈列面，陈列面不宜超过3个。

（3）陈列时要检查先进先出，做到正立前置、丰满整洁。

5 放置价签

（1）在每个商品左下角放置价签。

（2）价签摆放时，要注意价签信息与商品需对应一致，不得漏放价签。

5.5.3 补货操作要求

> **执行要点**　店员交班前应进行补货。补货、理货时，应排查商品的包装和保质期，查看有无破损、残损或变质、过期等情况。

1. 补货时间

（1）交班人员下班前补货，满货架交接（图5-55）。

（2）配送中心或供应商将商品送达并完成验收操作后可进行补货，注意先进先出。

（3）客户大宗购买后，及时补货。

（4）检查中发现缺货、商品不丰满时，及时补货。

（5）对于促销品和重点商品，应利用闲时随时补货。

图5-55　满货架交接

2. 补货要求

（1）进入库房，取出补货商品，库房商品的取货顺序遵照"先进先出"原则。

（2）货架商品补货时按照"先进先出"原则陈列。

（3）补货、理货时，应排查商品的包装和保质期（图5-56），查看有无破损、残损或变质、过期等情况。如出现此类情况，不得上架或立即下架。

（4）陈列时，若发现商品缺货，要先确认缺货原因。如果已经要货并确认会送达的，可暂时保留陈列位置，并使用缺货卡提示，直至商品到货。配送周期较长的便利店，可根据实际需要补充排面。

（5）补货时，商品不可直接放在地上，可以使用篮筐；操作时，不可挡住通道，以免影响客户购物及通行。

（6）补货产生的空纸箱，要及时拆平整理。

图5-56　排查商品包装和保质期

5.5.4 割箱陈列操作技巧

> **执行要点** 割箱陈列（图5-57）原则：简单、方便、平衡，目的是找得到、看得到、拿得到。

割箱包括斜切口式、平口式、镂空式三种样式（图5-58）。

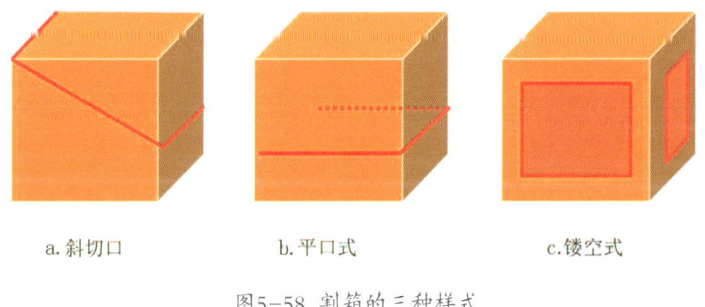

a. 斜切口　　b. 平口式　　c. 镂空式

图5-58 割箱的三种样式

为什么要使用割箱？割箱如何陈列？

（1）货架陈列空间不足以使用堆箱销售，或为了增加地堆商品的选购便利性时，可以使用割箱陈列。

（2）割箱通常为斜开式、平口式，也可采用镂空式等个性化割箱。

（3）不要把所有整箱都做成割箱，通常每列首层采取割箱。

（4）制作割箱时，可先画线、快速切割，避免层口毛糙不平造成割伤。

（5）割箱下部要留出不少于3 cm的保护层。

（6）利用墙壁、柱子、货架等物体增强整体稳定性。

（7）单个商品价格标签应清晰醒目，表明该商品可以最小单位销售。实际工作中可拿走一瓶留出空位，向客户传达该商品热销的氛围。

图5-57 割箱陈列示范

5.6 库房管理

5.6.1 库房管理要求

1.一致

存储商品账、物一致。

2.二齐

（1）商品和物料摆放整齐、库容干净整齐。

（2）通道不能随意堆放物品，不得影响通行，确保进出口通道畅通。每月至少彻底清扫一次，保持干燥和整洁。

3.三清三保

（1）**三清**：数量清、物料清、规格标识清。

（2）**三保**：保质、保量、保安全。

4.四定位

（1）按区、按排、按架、按位定位。

（2）将不同的商品分类、分区管理的原则来存放，并用货架放置。

5.五防

（1）防火、防潮、防盗、防虫、防变形。

（2）保持良好的温度、湿度、通风。

6.六注意

（1）注意上锁防盗。

（2）注意保持通道畅通。

（3）注意设有防水防火防盗等设施。

（4）注意地堆最高码放高度不超过 150 cm。

（5）注意商品不得直接落地存放。一般商品离墙存放不少于 30 cm，粮油类商品离墙存放不少于 60 cm。

（6）注意顶层商品距离照明灯不少于 50 cm。

5.6.2 库房分区管理要求

> **执行要点**　便利店库房分为正品区、退货区、残损区、赠品区、自用品区等五大区域（图5-59）。

1.正品区

（1）存放商品范围：可正常销售的商品。

（2）正品区应按商品大类分类陈列。注意良品与非良品分开存储，尤其是易串味的商品，化工类产品要分隔陈列。

2.退货区

（1）存放商品范围：不可正常销售但可退换货的商品。

（2）退货区商品要分类存放。

3.残损区

（1）存放商品范围：不可销售且不可退货的商品。

（2）残损区商品应与正品相区分。

4.赠品区

（1）存放商品范围：搭配正常商品销售、一般不允许单独销售的商品。

（2）赠品需要建立使用台账，规范出入库使用记录。

（3）系统管理库存的赠品按正品管理。

5.自用品区

存放商品范围：门店设施设备、促销物料等不能销售的经营性物品。

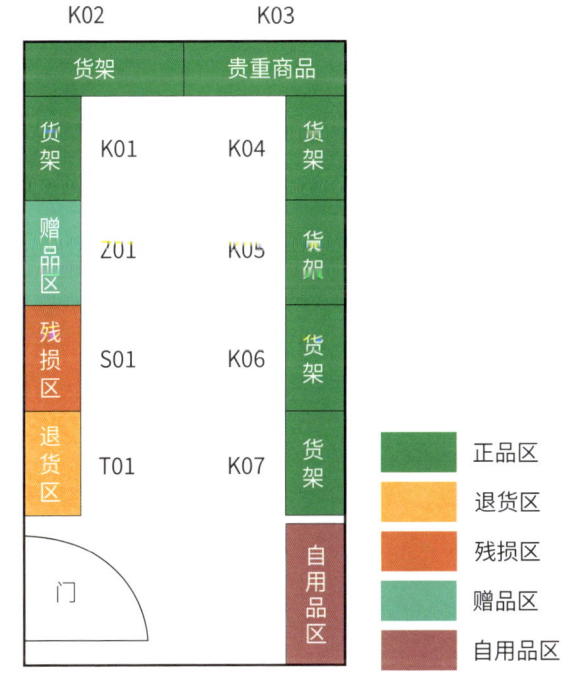

图5-59 库房分区示意图

5.6.3 库房正品区管理要求

> **执行要点**　库房正品区要分类存放、编号管理，注意将食品与非食品分开存放。

1. 食品与非食品分开存放

（1）食品应远离化工用品、汽车用品、易串味的商品（如肥皂等）储存。

（2）普通商品和贵重商品应分开存放。

（3）同类商品存放在同一货架或相邻货架（图5-60）。

图5-60 分类存放示范

2. 货架货箱编号

（1）库房货架（图5-61）可按商品大类划分，一层货架一个编号。在货架右上角贴上标签。

（2）销售占比大的商品放在离库房门口近的一面。

（3）建立《贵重商品出入库登记台账》，商品出入库时指定人员进行记录。

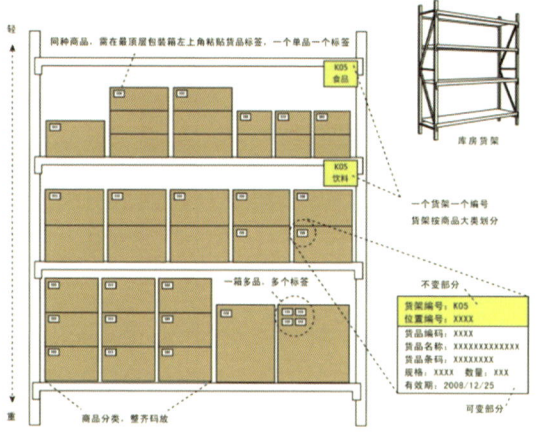

图5-61 库房货架样式

3. 规范存放

（1）整箱商品按"先进先出"原则直接摆放在库房货架上。零散可售商品尽可能摆到店面销售。

（2）储货箱（图5-62）按照商品有效期的先后，由上至下、由左至右、由外至内摆放。

（3）商品不能直接存放在地面。

（4）库房内通道畅通，不堆放物品，以免影响通行。

图5-62 储货箱摆放示范

5.6.4 商品出入库管理要求

执行要点 商品执行先进先出，贵重商品入库出库要登记台账。

1. 按序入库，分类摆放

商品入库时，应按照生产日期先后顺序，及时分类分区摆放到位（图5-63）。

图5-63 商品入库示范

2. 先进先出，注意时序

商品出库时，应按照"先进先出"原则拿取商品（图5-64）。

图5-64 商品出库示范

3. 库房检查，定期定人

（1）店长应定期对库房、商品进行安全检查（图5-65），确保库房符合安全仓储要求。

（2）店长定期与店员一起对库房商品台账进行检查、核对，尤其是贵重商品。如发现问题，及时跟进调查解决。

图5-65 库房检查示范

5.6.5 贵重商品存放管理要求

执行要点
贵重商品包含有价证券、烟、酒、礼盒等单价较高的商品。
管理要求：有台账，设锁柜、专人管。

1.专柜存放

（1）贵重商品应存放在可上锁的柜子中（图5-66）。

（2）条件允许的，可配备摄像头。

图5-66 专柜存放示范

3.交班检查

（1）便利店货架上的贵重商品必须每班盘点交接（图5-68）。

（2）交接中若发现差异，要查明原因。

图5-68 交班检查示范

2.登记台账

（1）设置《贵重商品出入库登记表》。

（2）每种商品设单独账页，对贵重商品进销存进行记录（图5-67）。

图5-67 登记台账示范

4.烟草存储

（1）烟草存放场所要干燥、防晒、防潮、防灯光长时间近距离照射（图5-69）。

（2）烟草最佳储存温度为4℃~35℃，相对湿度为60%。

图5-69 烟草存储示范

5.6.6 尾气处理液存放管理要求

> **执行要点** 小包装尾气处理液存放高度不超标,避免暴晒;散装库存要每日清点审核。

1.小包装尾气处理液存放

(1)尾气处理液应陈列在托盘(地托)上(图5-70),叠放高度不宜超过1.2 m(2层)。

(2)防止阳光直射。小包装尾气处理液适宜储存温度:-5 ℃~25 ℃。

(3)销售、补货时,注意先进先出。

(4)小包装尾气处理液应陈列在油站安全区域内,做好防尘防雨遮阳等措施。

图5-70 小包装尾气处理液

2.散装尾气处理液的存放

(1)散装尾气处理液应存放在散装尾气处理液加注机(图5-71)内。

(2)每日审核上一日的收液、量罐、抄表及散装尾气处理液的库存、盈亏等记录(图5-68)。

(3)购进、销售和实物库存数据应与系统电子台账数据一致。如有不一致,要查明原因。

图5-71 散装尾气处理液加注机

5.6.7 包装储运图示标志

国家推荐标准《包装储运图示标志》(GB/T 191—2008)根据商品怕湿、怕震、怕热等特性而确定,规定了包装储运图示标志(图5-72)的名称、图形符号、尺寸、颜色及应用方法,目的是引起作业人员的注意,在货物运输、装卸和储存过程中按图示要求进行操作。

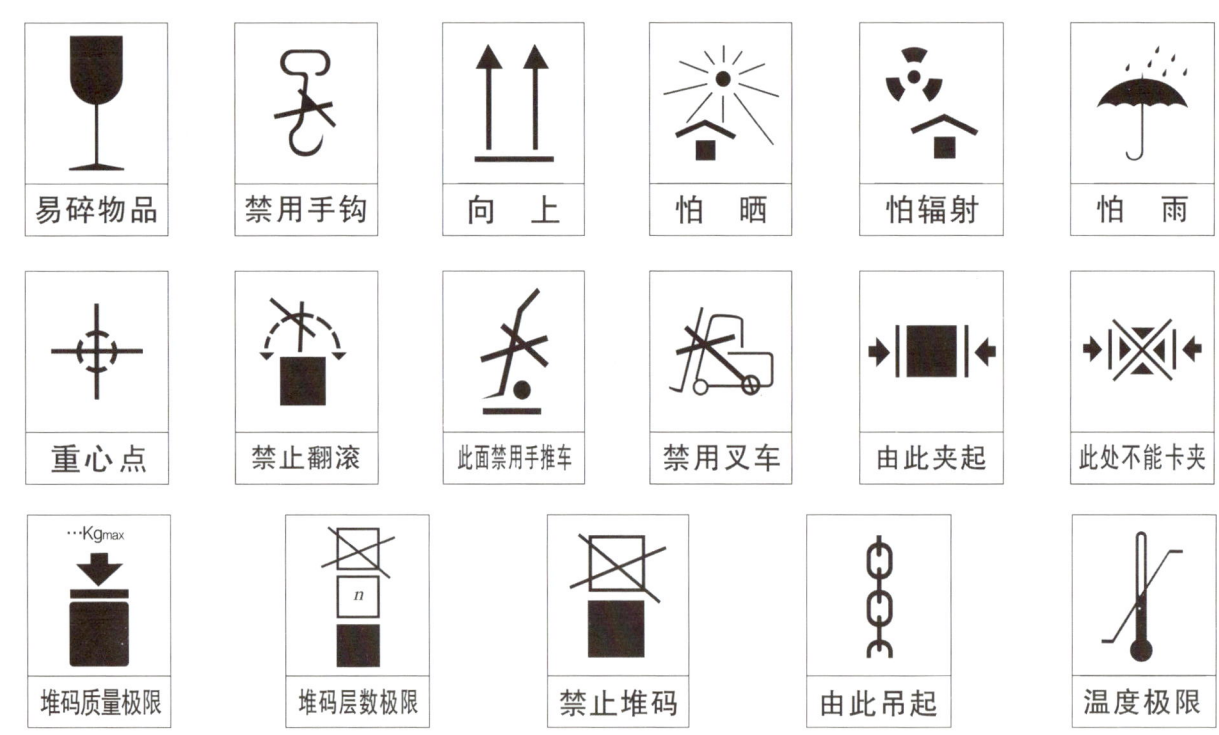

图5-72 包装储运图文示范

包装上有哪些要求?为什么要学会看商品包装储运图示标志?

(1)包装上主要有易碎物品、向上、怕晒、怕雨、允许堆码极限、堆码层数极限标志等共17种图示标志。

(2)掌握图示标志,可以了解整箱商品储运要求,保持商品安全与质量,避免损坏、变质。

5.7 卫生清洁

5.7.1 便利店卫生清洁管理要求

执行要点　店长根据岗位分工及油站排班情况制订员工卫生包干区，并根据不同区域的清洁要求，制订清洁内容、清洁频次和时间。店长或领班等定期进行卫生自查、记录，发现薄弱环节，结合油站考核制度进行考核评价。

1. 落实人员分工

店长可根据岗位分工及油站排班情况制定员工卫生包干区。

2. 明确清洁标准

确定便利店卫生清洁标准和清洁区域划分。

3. 确定清洁计划

店长结合日常排班确定各区域的清洁内容（表5-2）、清洁频次和时间，员工定期完成清洁后，做好记录（表5-3）。

4. 纳入站级考核

店长或领班等定期进行卫生自查、记录，发现薄弱环节，结合油站考核制度进行考核评价。

表5-2 每周清洁内容表（示例）

清洗内容	周一	周二	周三	周四	周五	周六	周日
检查和清洁收银机系统							
清洁地板、玻璃门窗、垃圾箱、快餐台							
检查并清洁热饮柜、冷藏饮料柜、雪糕柜							
检查和清洁店内外所有广告牌							
清洁货架、商品，保持商品美观、不缺货							
检查价格标签是否和商品对应、清晰、不沾尘							
检查灯具、室内温度							
检查堆头是否美观整洁							
清洁、整理收银台							
确保客户视线范围内均为可出售的商品							
签名							

表5-3 每日清洁计划表（示例）

对象	桶	清洁剂	消毒剂	毛巾	拖把	警示牌
玻璃门窗	√	√		√		
货架	√	√		√		
地面		√	√		√	√
卫生间		√	√		√	√
展示柜		√		√		
收银台		√		√		

5.7.2 便利店各区域卫生清洁管理要求

> **执行要点**　便利店应持续保持清洁卫生；定期清扫灰尘、污渍，及时清除垃圾，确保环境清新、门窗透亮、商品洁净；注意商品包装完好、无水迹、无尘、整洁、美观，设备整洁、干净、无水、无尘、可正常使用。

1. 收银服务区

（1）每次交接班时，均应整理收银服务区。
（2）非销售的物品（如私人物品）须清理出营业区。
（3）收银服务区的各项办公用品必须整理归位。

2. 堆头

（1）店外堆头：每天打扫除尘，保持商品干净整洁。
（2）店内堆头：保持整体美观整洁。

3. 门窗

（1）每天擦拭一次玻璃，尤其是玻璃门、门把手、橱窗、玻璃镜面等。
（2）玻璃表面必须干净透亮，无水渍、水雾、污垢、指印等。

4. 餐台

（1）餐台应随时清理，在客户使用后立即清理。
（2）餐台台面不得摆放员工私人物品。

5. 货架

（1）货架每天清洁，并及时将残损、过期商品清理至库房。
（2）每月至少完整清洁一次，移开商品，清理货架死角（如货架最高处、货架下的地面等）。
（3）清洁商品时要轻拿轻放，纸包装避免用湿布擦拭。
（4）整理价签，保持价签清晰整齐。

6. 地面

（1）每天在非繁忙时间清扫地面；需要拖地时，应先清扫地面；当有液体洒落在地上时，要使用"小心地滑"的标识提醒客户，并及时拖干，以便于行走。
（2）拖地时，应拧干拖把；清洁完毕后，桶中的脏水应及时倒掉，并将清扫工具归位，整齐放好。

7. 天花板

（1）天花板每月至少打扫一次。
（2）天花板上不能有蜘蛛网，照明灯罩及灯管上不能有积尘。
（3）促销结束后，吊旗、饰品须及时更换，无用挂钩、挂绳要清除。

5.7.3 货架商品清洁操作流程

微课08

货架商品清洁操作流程

> **执行要点**　货架清洁之前，需将商品整理至周转箱内，不得将商品直接放在地面上。清洁前，先关闭含灯带的货架电源，清洁完成30分钟后方可打开电源恢复使用。

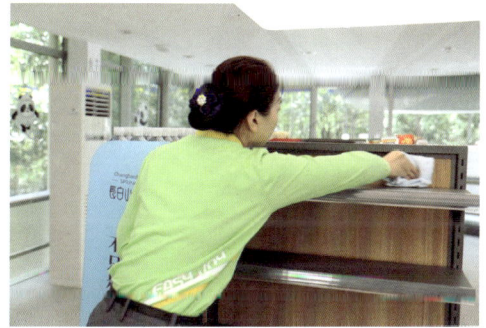

1　工具准备

（1）毛巾若干条、周转箱、水桶、除胶剂、除胶铲、扫帚、拖把各1个（把）、绝缘清洁手套各1副。
（2）关闭货架电源。

2　商品撤架

（1）将货架上的商品及物料依次撤下，放入周转箱或空包装箱内。
（2）撤下的商品及物料不得直接落地摆放。

3　货架清洁

（1）按照背板、层板、价格条、护栏的顺序，依次清洁货架的各个部位。
（2）先用湿毛巾擦拭，再用干毛巾擦干水渍，确保货架各部位干净、无污垢、无水痕。

4　商品清洁

（1）取下手套，换干净毛巾擦拭商品表面至清洁；清洁商品时轻拿轻放；对于纸盒包装，应用干毛巾擦拭，避免用湿布擦拭。

（2）清洁过程中，商品不得直接落地。清洁后，按陈列要求上架。

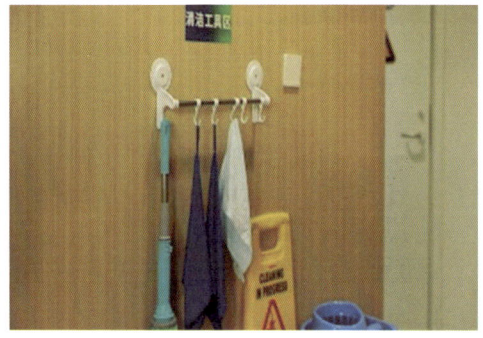

5　现场整理

（1）收好工具，清扫地面垃圾，清洁地面水渍，保证便利店内布局整齐，墙体、地面干净、整洁。

（2）清洗清洁工具，擦拭晾干后，放置于自用品清洁区。

（3）刚清洁过的地面上应放置现场警示标志。

清洁操作其他要求

（1）使用半干的湿布擦拭货架、餐台、墙壁、玻璃窗等物品，做到干净无水痕、无油污。

（2）当遇到雨雪天气、促销活动、维护保养、意外事件等情况时，便利店需要增加清洁频率。

（3）清洁人员须戴手套操作，正确使用清洁剂或消毒液，避免伤害眼睛。

5.7.4 地堆清洁操作流程

> **执行要点** 地堆底部灰尘及垃圾清扫建议在到货补货时进行。清理现场地堆前，应准备警示路锥，做好安全防护。

1 工具准备

（1）干湿毛巾各1条，水桶、扫帚、拖把、推车各1个；绝缘清洁手套1副。
（2）准备好现场场地，准备警示立牌或路锥，做好安全防护。

2 区域清洁

（1）将地堆上的商品依次拿下，放置在推车上。
（2）挪开托盘，用扫帚清扫地面灰尘和垃圾，用拖把清洁地面污渍。

3 商品清洁

（1）重点清洁商品展示面，擦拭商品和托盘表面至清洁后，将托盘和商品摆放至原位。注意先进先出。
（2）清洁过程中，商品不得直接放在地面上。

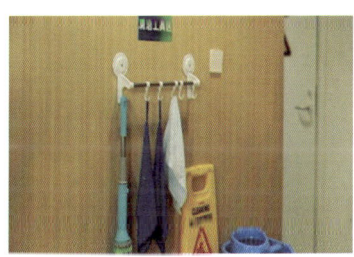

4 现场整理

清洗工具后将工具擦拭干净、晾干，放置于自用品清洁区域。

PART 06 营销执行

MARKETING EXECUTION

6.1 促销前工作

6.2 促销中工作

6.3 促销后工作

6.4 易捷营销实践

中国石化易捷便利店标准作业指导书（2022版）
EASY JOY: STANDARD OPERATION INSTRUCTIONS (2022)

6.1 促销前工作

6.1.1 促销前工作内容

执行要点：进行促销活动前，要充分了解活动方案，做好促销商品及物料的准备。

1 分解目标

（1）分解经营指标。店长对当期促销目标进行分解，要求分解到品类或商品，分解到每位员工。员工清楚奖励机制。

（2）制订促销计划。店长依据促销目标，结合当期营销政策，组织制订能够促使本站目标达成的措施及计划。

2 宣贯学习

（1）掌握营销政策。店长组织全站员工学习促销活动方案，掌握营销政策、熟知活动主题、牢记活动时间、熟悉促销商品。

（2）练习开口话术。选择重点推荐商品，掌握商品卖点和开口营销话术，通过班前会等方式进行练习。

3 促销备货

（1）选择商品。根据客户群体、促销政策，结合地理位置、商圈情况选择适销商品。

（2）预估数量。结合前期销售和当期目标，预估要货数量。

（3）发起要货。参照订货流程要货。

（4）跟进到货。跟进促销商品备货情况，确保按期到货。

营销执行
MARKETING EXECUTION

4 氛围布置

（1）确认物料信息。按上级单位要求收取各类促销物料，核对物料品种、数量是否准确。

（2）确认信息准确。核对物料商品信息、价格与当期活动是否相符，LED屏、室内外电子广告屏与当期促销活动是否相符。

（3）依规布置物料。按促销要求规范布置物料、准备价签（注意各类营销物料的布置位置）。

5 宣传预热

（1）扩大宣传。充分利用客户群、朋友圈等自媒体渠道积极对外宣传，提前告知商品信息、价格优惠政策等，扩大促销宣传覆盖面，激发潜在客户购买意愿。

（2）登门走访。及时主动走访大客户，宣传介绍活动。

（3）展示预热。爆款商品提前陈列展示，激发客户购买欲望。

常用的自媒体渠道都有哪些？

（1）综合渠道：微信公众号，微信朋友圈，微信群，微博等。

（2）自有渠道："易捷加油"App，易捷加油小程序，易捷商城小程序，易捷直播间，企业微信等。

（3）视频渠道：抖音，快手，小红书等。

（4）音频渠道：广播电台，喜马拉雅FM，荔枝FM，企鹅FM等。

6.1.2 促销陈列重点区域

执行要点　促销商品重点陈列区域为店外堆头、室内堆头（展示台）、便利店进门处端架。

1. 店外堆头（泵岛、前庭）

（1）加油站泵岛和便利店前庭主要陈列整箱、大包装促销商品（图6-1）。

（2）使用堆头装饰物料。

图6-1　店外堆头陈列示范

2.店内堆头（地堆、展示台）

（1）便利店室内堆头或展示台主要陈列促销商品组合、礼盒类商品（图6-2）。

（2）根据活动组合陈列，在同一个台面上，食品和非食品不混放。

（3）适当使用堆头装饰、跳跳卡、促销爆炸贴等物料。

图6-2 店内堆头陈列示范

3.便利店进门处端架

（1）便利店进门处端架主要陈列促销爆款商品（图6-3）。

（2）单品陈列，每层食品和非食品不混放。

（3）适当使用端架挡板、货架挡板、跳跳卡、不干胶贴等物料。

图6-3 便利店进门处端架陈列示范

6.1.3 促销物料的布置

1. 常用物料

在促销活动中，常用物料（如价签、门贴、促销手册和单页等，图6-4~图6-15）都是必不可少的。

1）堆头装饰

位置：促销地堆上或四周。

图6-4 堆头装饰样式

2）端架挡板

位置：端架上部。

图6-5 端架挡板样式

3）货架挡板

位置：中岛货架上部。

图6-6 货架挡板样式

4）吊旗

位置：悬挂于店内天花板（贴近顶部，不悬空，避免晃动，不留线头）。

图6-7 吊旗样式

5)冷藏饮料柜门贴

位置：根据柜门尺寸调整（适用于整层）。

图6-8 冷藏饮料柜门贴样式

6)门贴

位置：张贴在便利店门把手处，玻璃门张贴在防撞腰线上方。

图6-9 门贴样式

7)收银台A4立牌/台卡

位置：收银台台面（正面朝向客户）。

图6-10 收银台A4立牌/台卡样式

8)跳跳卡、不干胶贴

位置：促销端架、常规货架（避免过度使用）。

图6-11 跳跳卡、不干胶贴样式

9）价签底托

位置：促销商品价格标签卡槽内、价格标签外。

图6-12 价签底托样式

10）臂章

位置：员工上衣两臂上方，材质为魔术贴。

图6-13 臂章样式

11）促销手册

位置：收银台、休闲区。

图6-14 促销手册样式

12）促销单页

位置：收银台（结账时提示客户）。

图6-15 促销单页样式

2.海报

执行目的：促销宣传。海报（图6-16）是刺激客户产生购买兴趣、做出购买决策、发生购买行为的重要工具。

海报是促销活动中最主要的促销物料，广泛应用于加油站室内室外，可以放置在户外广告位、移动水牌、橱窗、收银台广告位等位置，小促销海报也可放在地堆、展示台上。

海报通常由上级指定活动主视觉形象，各省市单位制作下发。内容包含易捷logo、活动主题、促销内容、活动商品展示图、易捷加油小程序及活动二维码等。

1）促销海报主要内容

（1）易捷logo。

（2）活动主题口号。

（3）促销活动主要内容。

（4）活动商品展示图。

（5）"易捷商城"小程序码及活动二维码。

2）促销海报张贴操作要求

（1）按主管部门要求张贴，不得由供应商自行张贴。

（2）促销广告张贴要端正，为便于清洁，可在海报双面胶上贴一层透明胶带。

（3）促销活动期内保持海报整洁、完整，无翘边翘角，无破损。

图6-16 促销海报样式

6.1.4 促销价签的使用

1.促销价签分类及用途

促销价签可分为六大类（图6-17~图6-28），分别适用于油非互促、爆款促销、常规促销、会员专享、缺货提示、临期商品等不同用途的促销。

1）油非互促价签

（1）用途：参与油非互促的促销商品。

（2）主色调：红色。

2）爆款促销价签

（1）用途：爆款商品推荐，如"天天有爆款"。

（2）主色调：黄色。

图6-17 油非互促·货架促销价签

图6-19 爆款促销·货架促销价签

图6-18 油非互促·堆头促销价签

图6-20 爆款促销·堆头促销价签

3）常规促销价签

（1）用途：除油非互促价签、爆款促销价签、会员专享价签外的促销价签，如组合促销、进口商品，买一送一、清货、换购、海外直采、立减等。

（2）主色调：蓝色。

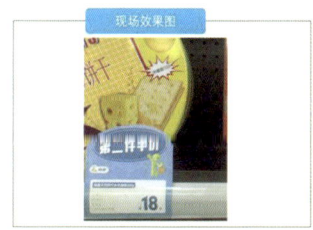

图6-21 常规促销·货架促销价签　　　　　　　　　　　图6-23 常规促销·堆头促销价签

图6-22 常规促销·货架促销价签总览　　　　　　　　　图6-24 常规促销·堆头促销价签总览

4）会员专享价签

（1）用途：享有会员专属优惠的商品。

（2）主色调：绿色。

图6-25 会员专享·货架促销价签

图6-26 会员专享·堆头促销价签

5）缺货提示价签

（1）用途：库存不足的商品。

（2）主色调：灰色。

图6-27 缺货提示价签

6）临期商品价签

（1）用途：临近保质期的商品。

（2）主色调：棕色。

图6-28 临期商品价签

2.促销价签规格分类

1）货架促销价签

（1）尺寸一：70 mm（宽）×80 mm（高）。

（2）尺寸二：100 mm（宽）×110 mm（高）。

2）堆头促销价签

（1）A3：297 mm（宽）×420 mm（高）。

（2）A4：210 mm（宽）×297 mm（高）。

3.促销价签分区及填写要求

促销价签可分为两个部分，分别是不可修改部分和按实际填报部分（图6-29，图6-30）。工作中，要按要求进行价签填写。

1）不可修改部分

（1）促销政策。

（2）易捷logo。

2）按实际填报部分

（1）商品名称。

（2）商品信息。

（3）原始价格。

（4）促销价格。

3）特殊形式

商品图片：带图片和不带图片，共两种版本。

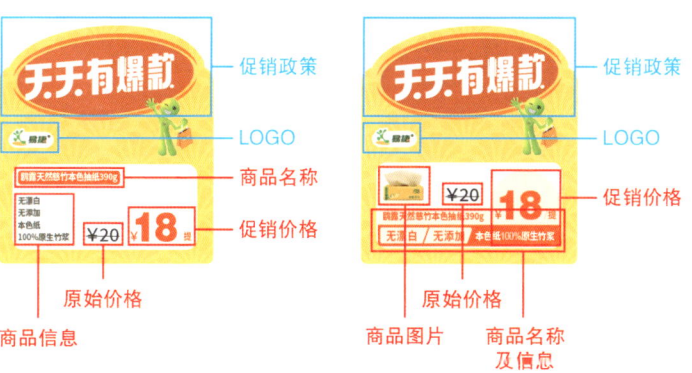

图6-29 货架促销价签分区及填写要求

图6-30 堆头促销价签分区及填写要求

促销物料使用规范

（1）促销物料上的信息原则上需要印刷或机打完成，除商品价格外，不允许手写信息。

（2）货架促销物料要位于价格标签右侧，并排放于价签条中或置于价格标签后面，原则上不得遮挡价格标签。如无价签条，可用三脚牌支撑放置。

（3）促销物料要严格按照活动周期进行使用。活动结束后，及时做好物料更新工作，避免误导客户。

6.2 促销中工作

6.2.1 促销中工作内容

执行要点：促销开始时，要核对价格；促销中，要做到开口营销，保持促销商品不缺货，同时要做好促销活动的过程监控，每天检查目标达标、商品库存情况。

1. 测试系统价格

（1）促销活动开始后，逐一测试系统中的促销价格。测试尽量在系统生效后的 00:00-08:00 期间（非高峰期）操作。

（2）价格一致：通知员工正常执行营销活动。

（3）价格不一致：及时上报异常情况，暂停销售，做好解释工作。系统价格调整正确后，恢复销售。

2. 监控促销商品库存

（1）促销活动中，每天检查库存，合理安排订货，确保促销商品不缺货。

（2）要结合促销目标、爆款销售、客户需求和反馈，及时调整要货计划。

（3）关注库存周转天数，可销天数小于7天的，应及时补货，或联系库存充足便利店进行调拨。

（4）可销天数大于30天的，或超过活动剩余日期的，要加大开口营销力度，持续关注动销情况，主动联系附近有订货需求的便利店进行调拨，及时向上级主管部门报告。

3. 调整陈列，维护物料

（1）促销活动中，交接班时，每班次都要检查促销物料张贴使用情况，及时调整物料。

（2）增加促销商品的补货频率，出现大宗购买后，及时补足。

（3）检查维护营销活动商品陈列，按活动周期调整物料。

（4）销量好的商品，应确保陈列在重点促销区。对于销售不佳的商品，应进行原因分析，及时调整陈列位置。

4.主动开口营销

（1）使用促销话术主动开口营销（图6-31），向客户介绍促销活动、推介促销商品。

（2）每班次接班前，练习开口营销。

（3）根据促销活动、销售和库存情况，动态调整推介商品话术。

（4）掌握商品特性与卖点，并根据客户特点，采取适合的销售话术进行商品推荐。

5.跟踪销售目标

（1）便利店拟订销售目标，分解到天、到人。

（2）每天通报前一日的促销销售情况，跟踪目标达成。

6.店长现场督导

（1）店长全过程监管活动落实（图6-32），激励团队促销，指导员工开口营销，做好现场管理。

（2）检查赠品台账，检查是否存在套券、套取差价等违规违纪行为。

图6-31 主动开口营销

图6-32 店长现场督导

6.2.2 开口营销话术类型

执行要点 开口营销是促销中的重要工作环节。做好单品促销，一般可使用引购促销、批量促销、向上促销、关联促销四种方式（表6-1）。

表6-1 开口营销中的单品促销方式

促销类型	促销简式	促销实质	促销手段	营销话术示例
引购促销	0→1	不买→买	试用、买赠等	赖茅系列酒，券后立减××元/瓶，还送精美酒器，非常超值。您要带一瓶吗？
批量促销	1→N	买一个→买多个	批量买赠、非线性定价等	鸥露纸现在超值促销，买3送1！您不带一组吗？
向上促销	A→A+	买差的→买好的	降价、买赠、品质宣传等	先生，很抱歉，红牛暂时缺货。不如试试我们的劲淳，口感醇厚，提神快，0蔗糖，小巧便携，您品尝一下？
关联促销	A→A+B	买单品→买组合	组合促销、加价换购等	先生，您买的方便面需要给您泡上吗？现在再加3元可获价值6元的卤鸡腿。开车辛苦，来一个给自己加点营养！

6.2.3 促销商品销售和库存监控要求

执行要点：门店要持续关注促销商品销售及库存情况（图6-33，图6-34），通过主动要货、陈列和开口营销，避免缺货和零销售的问题。经督导人员或上级部门发现问题的，要分析原因，积极整治。

缺货：补货
有销售&无库存
爆款商品等备货量不足或销售后未及时订货，应及时补充要货

正常：保持
有销售&有库存
促销商品实现销售，有一定库存量

未进货：铺货
无销售&无库存
未按促销活动备货，上级主动铺货，便利店也应及时要货或调拨

零销售：帮扶
无销售&有库存
存在滞销风险，要检查促销商品陈列到位，开展开口营销

图6-33 商品销售及库存分析图

便利店促销中如何监控商品销售和库存？

（1）开展大型促销活动时，易捷公司根据各省市活动便利店活动商品进行数据筛查，提供待整改商品明细。

（2）对于滞销或零销售（无销售、有库存）商品，便利店要及时分析原因，调整陈列，开口营销，督导人员也要现场帮扶。对于缺货（有销售、无库存）商品，要及时补货。

（3）促销活动中，应杜绝出现便利店未进货（无销售、无库存）商品，必要时由上级单位铺货。

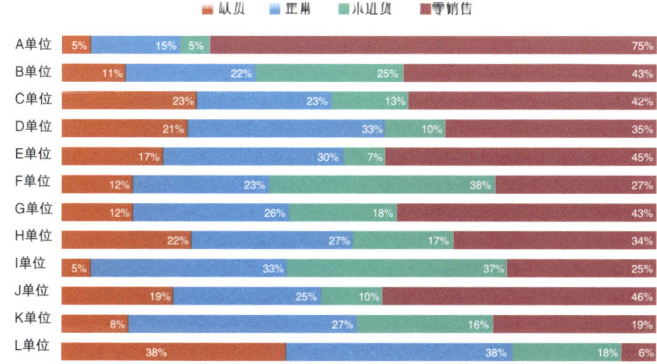

图6-34 不同单位销售及库存情况监控

6.3 促销后工作

6.3.1 促销后工作内容

执行要点：促销活动结束后，便利店需及时调整与当期营销活动不符的陈列与物料等，对参与促销活动的商品开展库存排查与处理，适当开展活动后评估工作。

1. 陈列及物料调整

1）撤换物料

撤下过期促销价签、海报、POP、宣传单、广告物料等。

2）调整陈列

将促销陈列恢复为常规陈列。

3）核对价格

（1）核对促销商品系统是否恢复原价。

（2）核对价签是否正确且一一对应。

2. 库存排查及处理

1）界定商品

（1）待处理商品：后续不再经营但有库存的商品、临期商品、过季商品。

（2）常规可经营商品：重点商品等其他可转为常规可经营的商品。

2）处理方式

（1）待处理商品：依据上级管理部门制定的库存管理办法按照相关规范要求执行。

（2）常规可经营商品：转为常规经营单品继续销售。

3. 活动后促销评估

针对促销活动效果开展评估，结合销售数据分析是否达到预期目标。若销量未达预期，需从商品备货、政策执行、营销氛围、促销推广等方面总结原因。

此外，还可对标先进，查漏补缺，为后续营销活动总结经验教训。

6.3.2 促销后效果评估

> **执行要点**：每档重大营销活动结束后，便利店应与片区督导人员针对本店促销活动效果开展评估；结合销售数据分析是否达到预期目标，重点分析存在的不足并加以改进。

1. 整体效果评估

（1）**定量评估**：对促销活动整体销量、目标完成率、客流量的增长、客单价提升、商品销售结构变化、畅销商品等情况进行定量评估（表6-2）。

表6-2 定量评估表

评价指标	本期	上期	增幅
促销商品销售额			
目标完成率			
交易笔数			
吨油销售额			
加油顾客进店消费率			
客单价			
促销商品动销率			
畅销商品占促销商品的比例			
零销售商品占比			

（2）**定性评估**：对促销商品备货、氛围效果、活动执行、宣传推广等情况进行定性评估（表6-3）。

表6-3 定性评估表

评价指标	评价	指标内容参考
商品备货		对是否存在缺货、促销结束后是否库存积压、订货是否合理等方面进行评价
氛围效果		对便利店商品陈列、宣传物料陈列进行评价
活动执行		对便利店活动过程中人员配合、营销政策落实、开口营销等执行情况进行评价
宣传推广		对宣传推广的落实情况和客户反映等方面进行评价

2. 团队执行效果评估

对站内员工在当期促销活动中的业绩目标达成情况、活动落实情况、开口营销效果等方面进行评价。

可制作评比看板，在便利店中营造"比学赶帮超"的竞赛氛围。

6.3.3 促销赠品管理要求

执行要点：赠品为促销活动中根据活动内容赠送给终端客户的商品，只能搭配正常商品销售，不得单独销售。

1. 赠品的库存管理

（1）赠品由供应商直送到站或配送中心配送到店，必须经主管部门批准，检验合格后方可进入便利店。

（2）赠品随货同行，应附带赠品验收明细单据。

（3）赠品应做系统入库管理。赠品的库存管理参照入库管理规范，并加贴"赠品"标识或统一放置，注明"赠品"。

2. 赠品的发放

（1）根据促销活动要求随同正常销售的商品将赠品赠送给客户，并在系统内捆绑录入，不得扣留，也不得随意赠送。

（2）对于未入库的赠品，应及时联系上级部门，增加库存。

（3）赠品赠完即止，便利店不得截留、挪用、倒卖、私分赠品。

（4）买赠商品发生销售退货的，必须同时退回赠品。

3. 赠品的清理

（1）活动结束后，对赠品进行清点。可进行销售的，恢复为正品销售；其他情况，待公司有下一步通知时处理。

（2）根据库存分区管理要求，剩余赠品可存放至库房赠品区。

（3）确保赠品在有效使用期限内，超过保质期的赠品需及时清理，不得赠送客户。

4. 试吃试用品的管理

（1）未在系统内入库的试吃试用品，定期对试吃试用品进行库存清点、保质期排查，不得挪用。

（2）试吃试用品应单独存放，不得与便利店正常销售商品库存相混淆。

（3）试吃试用品开封后，如无独立包装，限当天使用完毕，不得留至次日使用。

6.4 易捷营销实践

6.4.1 促销目标与设计思路

> **执行要点**：促销活动通常以增加客流量、提高客单价、提升毛利率等为目标，销售企业应根据不同的促销目标设计合适的促销活动形式。了解促销活动的目标，有利于门店更好地执行促销方案。

1. 增加客流量

（1）**关注指标**：交易笔数，进店率。

（2）**设计思路**：吸引新客户进店消费，提高老客户的重复购买频率，增强客户黏性，提升客户满意度。

（3）**促销形式**：赠品促销，降价促销，抵用券促销。

2. 提高客单价

（1）**关注指标**：客单价，会员贡献率，滞销商品排行榜。

（2）**设计思路**：增强大规格、高单价商品吸引力；提高顾客单次购买数量；引导顾客购买目标品类。

（3）**促销形式**：换购促销，第二件半价，五连包优惠。

3. 提升毛利率

（1）**关注指标**：利润，毛利率，营销收入，贡献度，绩效分析。

（2）**设计思路**：提升高毛利商品的销售份额，拉动整体毛利。

（3）**促销形式**：两件八折，买赠。

4. 增强美誉度

（1）**关注指标**：顾客满意度，品牌知名度，市场占有率。

（2）**设计思路**：以品牌宣传为主，增加品牌知名度和美誉度，培养消费市场。

（3）**促销形式**：试吃试用，公益活动，抽奖，赠品促销。

6.4.2 常用促销形式

> **执行要点**：丰富多样的促销形式能够吸引客户参与，通常采用的形式有降价促销、会员促销、游戏抽奖、抵用券促销、赠品促销和换购促销等。

1.降价促销

（1）**特点**：最普遍的促销形式。
（2）**优点**：见效快，操作方法简单。
（3）**缺点**：不利于提高客户忠诚度，影响品牌价值。
（4）**适用场景**：价格敏感商品以及需要快速消化库存时。
（5）**典型示例**：第二件半价，整箱优惠，组合促销（组合关联商品）。

2.会员促销

（1）**特点**：最能体现长期效果的促销形式。需要客户有偿或无偿加入会员，通过累积购物积分获得礼品或服务。
（2）**优点**：能提高客单价，提高客户忠诚度，实现差异化经营。
（3）**缺点**：周期较长，建立会员信息系统的成本较高。
（4）**适用场景**：防止竞争对手争夺客户资源，维系老客户。
（5）**典型示例**：会员积分换礼，会员折扣，会员印花，会员服务。

3.抽奖游戏

（1）**特点**：与客户互动或设置抽奖的促销形式。
（2）**优点**：可针对目标市场进行促销，强化现场气氛。
（3）**缺点**：不能快速体现为销售额的提高，需要较多的媒体宣传和促销人员配合。
（4）**适用场景**：配合整体促销活动时，强化产品定位与广告信息时。
（5）**典型示例**：抽奖，猜谜，转盘，比赛，参与游戏。

4.抵用券促销

（1）**特点**：凭优惠券、抵用券给予客户特别价格，客户可通过媒体网络宣传或在加油购物时获得抵用券。抵用券可以是实物形式，也可以是电子券形式。

（2）**适用场景**：油非互动时，新产品上市时。

（3）**典型示例**："购物满××元，购物抵扣10元"等。

5.赠品促销

（1）**赠品类别**：给客户免费提供试用、品尝的商品；随商品销售赠送的礼品；要用成熟商品带动的新品。

（2）**优点**：赠品来源广泛，有吸引力的赠品能大幅度提高销售。

（3）**缺点**：如果赠品品质不佳，会影响销售；如果是非捆绑性赠品，会增加成本。

（4）**适用场景**：新产品推出时，销售有显著特色的商品时，配合生动化陈列时。

（5）**典型示例**：新品试用，新茶品鉴，赠送有促销信息的纸巾等。

6.换购促销

（1）**特点**：全店促销的形式，购买一定金额的商品，可以用优惠价格换购特别的商品或礼品，礼品多为系列商品中的一款，具有一定的收集、纪念价值。

（2）**适用场景**：提升客单价，适合长期开展。

（3）**典型示例**："全场消费满12元加6元换招财猫系列玩具"。

中国石化易捷便利店标准作业指导书（2022版）
EASY JOY: STANDARD OPERATION INSTRUCTIONS (2022)

PART 06 营销执行

6.4.3 易捷营销模式

易捷创新营销模式，现已打造出"养车节""酒水节""易享节""年货节"等四大IP主题营销活动，为客户带来丰富的购物体验。

春夏秋冬 收获满满

养车节 伴春之启程

3月—4月，春暖花开，进入出游旺季，以汽车换季养护、踏青出游的汽服用品为核心，从车用品、车服务、车生活三个维度，结合食品、饮料等需求，推出养车系列营销活动。

选品策略： 润滑油、汽车养护、环保商品、出游好物、车载用品等。

易享节 集秋之收获

9月—10月，"10.10"易享节通过多种营销模式扩大品牌影响，发挥线上线下联动的渠道优势，以油品非油品互促、"加一元多一件"优惠等为主题活动，打造连锁行业第一大购物节。

选品策略： 自有品牌、生鲜果蔬、特产礼盒、粮油茶酒、团圆好物等。

酒水节 送夏之清凉

5月—8月，迎来消夏旺季，聚拢全国头部酒类品牌，引进国际知名酒类，丰富网红饮料，打造"甄酒馆"IP。

选品策略： 知名酒类、自有品牌酒、乳饮冲调、网红水饮等。

年货节 享冬之祝福

1月—2月，冬去春来，适合归家访友、员工欢聚，是置办年货的消费旺季。为客户提供地方特色商品、传统年货，实现"年货处处可买，优惠年年精彩"的消费心愿。

选品策略： 年货好物、茗茶名酒、生鲜果蔬、特色土产、预制菜、零食小吃等。

6.4.4 油非互促赠券促销

赠券（优惠券）促销是油非互促活动的主要载体，可以实现"油向非""非向油""油向油""非向非"多向互促。

按照来源，赠券可以分为客户交易类赠券和客户行为类赠券。基于石化钱包、"易捷加油"App 或小程序、加油卡、"易捷商城"小程序、易捷国际小程序等平台系统，客户通过线上线下加油、充值、便利店消费等交易，或以会员身份参与特定活动，可以获得相应渠道发送的赠券（优惠券）。

1.客户交易类赠券

1）加油

客户通过加油卡、石化钱包等途径加油，赠送优惠券。

客户类型：持卡绑卡客户；持卡未绑卡客户（基于站级一体化）；现金客户；石化钱包客户等。

2）便利店消费

方式一：客户在便利店购买商品，结账时通过前台POS识别会员身份，赠送优惠券。

方式二：客户通过"易捷到车"购买商品，完成结算后，获赠优惠券。

3）易捷加油App

客户使用"易捷加油"App 或"易捷加油"小程序加油后，赠送优惠券或换购抵用券。

4）充值

客户为石化钱包或加油卡（"易捷加油"App/掌厅/线下充值）充值时，赠送优惠券。

2.客户行为类赠券

1）会员行为

为增加用户流量，提高客户活跃度、忠诚度，根据客户行为赠送优惠券：

（1）**微信行为**：关注、注册、绑卡、领券中心以及大转盘、砸金蛋等小游戏。

（2）**掌厅行为**：会员登录、新用户下载、老用户更新、推荐、注册、绑卡、完善个人信息、填写调研问卷等。

（3）**积分商城**：积分兑券。

（4）**钱包行为**：石化钱包开户赠券。

2）第三方赠券

与第三方合作开展活动时，赠送优惠券（第三方赠券由我方制券，第三方合作商发放）。

客户使用第三方平台完成相关操作（如登录、点击链接等），获得优惠券（如与高德地图合作，客户可通过点击广告或者参与游戏而获得赠券）。

PART 07

库存管理
STOCK MANAGEMENT

7.1 临期商品管理

7.2 盘点管理

7.3 损耗管理

7.1 临期商品管理

7.1.1 临期商品的界定

执行要点：对于不同保质期的商品，需要分别界定其临期时间，以便后续及时采取处理措施。商品接近过期时，要及时下架。

1. 临期商品的定义

临期商品是指接近保质期，但没有超过保质期的产品。在适当的贮存条件下，商品可以保持原有品质并能继续销售。

为了控制并减少损耗，主管部门要对保质期剩余三分之一的商品进行监控，根据商品市场销售情况和趋势采取相应的措施，加快商品的库存消化速度，降低临期商品和过期商品的出现比例。

2. 保质期

保质期通常指预包装食品在标签注明的贮存条件下保持品质的期限。

3. 最迟下架时间

最迟下架时间是指虽然商品尚未达到保质期限，但为保障客户购买后能够在有效期内食用或使用完成而不发生食用或使用风险而在货架上陈列、销售的最迟时间（表7-1）。

表7-1 不同保质期商品具体临期时间的界定及下架时间表

保质期	临期商品界定（距到期日）	最迟下架时间
少于15天	有效销售期≤4天	当天
16–30天	有效销售期≤5天	提前1天
31–90天	有效销售期≤10天	提前1天
91–180天	有效销售期≤15天	提前1天
181–365天	有效销售期≤20天	提前1天
365天以上	有效销售期≤45天	提前1天

7.1.2 临期商品排查

执行要点：在日常补货、清洁与盘点工作中，要开展临期商品排查。如发生过期商品在架销售情形，属于违反加油站现场管理禁令的行为。

微课09
商品保质期排查操作流程

1 收货排查

（1）收货时，要检查待收货商品是否在规定的允收期内。

（2）超过允收期的商品，拒收。

2 补货排查

补货时，按照"先进先出"原则陈列，即根据生产日期的先后，先生产的商品应陈列在客户最便于拿取的位置。

3 清洁排查

整理、清洁货架和库房时，检查商品的有效期。

4 盘点排查

（1）便利店月度盘点时，将商品保质期进行全部盘查。

（2）将次月临期下架商品在《便利店商品保质期排查登记表》[①]中进行登记，包含商品信息、下架日期。按应下架日期检查是否已下架。

（3）也可以通过督导小程序自主开展"商品巡检"，建立电子档案。

---

① 详见第326页附表3。

中国石化易捷便利店标准作业指导书（2022版）
EASY JOY: STANDARD OPERATION INSTRUCTIONS (2022)

7.1.3 临期商品的处理操作流程

执行要点 临期商品促销必须设促销专柜（架），并有显著的临期商品提示牌。可退货的临期商品，应存放在库房退换货专区。

1 排查与确认

（1）根据《临期商品排查表》检查商品保质期，找到临期商品，登记下架情况。

（2）经店长现场确认后，按公司要求报上级主管部门。

2 提报申请，等待审核

（1）对于可退货的临期商品，按规定的时限要求进行提报，并将需要退货的商品存放在库房退货区。

（2）对于不可退货的临期商品，则向上级主管部门申请调拨、促销。为避免商品过期，上报、审批应及时。

3 依审核结果进行处理

主管部门审核后，临期商品处理进入下述业务流程：

（1）商品可退：按照退货流程操作。

（2）商品不可退：按公司要求执行调拨、降价促销等操作。

7.1.4 合理库存检查流程

执行要点　便利店必须要有适当的库存量才能有效支持销售：如果商品库存量太少，可能失去销售机会；如果库存量过大，会造成资金浪费和管理困难。对于库存量过大的商品，应采取合适方式进行清货处理。

```
检查商品库存SKU数量 → 检查商品动销情况 → 计算库存周转天数 → 判断库存是否合理
```

- 通过便利店盘点数据，了解商品库存情况。清点各品类库存商品的SKU数量[1]。
- 如：分类面积在60~100 m² 的4S（四星）便利店，库存SKU数量要大于800种。

- 对比库存商品SKU数量与月度销售商品SKU数量，对一个月内零销售的不动销商品进行重点排查。

- 根据盘点出来的商品实际库存，分品类计算商品库存周转天数。

- 根据总体和各品类库存周转天数，判断、总结各品类商品的库存是否合理。
- 比如，食品和饮料类商品的库存周转天数一般应控制在30~45天。

便利店通常有哪些商品要进行清货处理？

（1）销售缓慢而库存积压的商品：失误订货、爽约订单、不适销新品。
（2）过季商品：雪糕、月饼、年货等促销结束后未能消化的商品。
（3）包装严重老旧的商品：因长期陈列而使外包装变色、老化，客户不愿意购买的商品。
（4）临期商品：在便利店定期开展的食品安全排查中发现的临期商品。
（5）淘汰商品：收到的商品目录中已列明淘汰而便利店有库存的商品。

清货处理方式

（1）调拨处理：调整至畅销便利店销售。
（2）退换货处理：如属可退商品，按退换货流程操作。
（3）促销处理：加强推介销售，设置"临期特惠专区"。

---

[1] 详见第24页表2-2。

7.2 盘点管理

7.2.1 盘点原则

执行要点：根据盘点原则（图7-1），组织好便利店盘点。

1 真实准确
不作弊，不掩盖漏洞和失误；清点准确，录入准确。

2 流程完整
盘点流程要完整，各个环节都不能缺失。

3 配合协作
盘点工作量大，需要盘点人员通力合作，分工明责，相互支持。

4 定期高效
定期盘点，讲求效率，及时发现差异、处理问题，形成有效机制。

图7-1 四大盘点原则

7.2.2 盘点差异、盘点周期与第三方盘点

> **执行要点**：准确盘点后，依据盘点公式和计算逻辑，确定盘点差异。

1.盘点差异

盘点差异是指实际库存数量与账面库存数量存在的偏差。初盘出现差异时，需对差异商品进行复盘，核实、确定差异商品和数量。

盘点差异分为盘点数量差异和盘点金额差异两种。

盘点数量差异 = 实际盘点数量 − 账面数量

盘点金额差异 = ∑｛（实际盘点数量 − 账面数量）× 销售单价｝

2.盘点周期分类

（1）便利店月度盘点。便利店每月需开展商品盘点，由店长（站长）组织全站人员开展，店长、盘点人员、监盘人员等相关人员需对盘点表签字确认。盘点结束后，需将盘点结果上报至地市公司财务部门和易捷服务业务主管部门。

（2）便利店季度盘点。由地市公司财务部门、易捷服务业务主管部门组织，年度内覆盖所有便利店。盘点表应由盘点人员、监盘人员、店长等相关人员签字确认。地市公司应在盘点结束后将盘点结果上报省级公司财务部和省级易捷分公司（或省级易捷服务业务部门）。

（3）便利店年度盘点。由省级公司财务部门、省级易捷分公司（或省级易捷服务业务部门）组织。盘点表应由盘点人员、监盘人员、店长等相关人员签字确认。

（4）不定期抽盘，通常在上级主管部门对便利店库存数据进行监控和分析过程中，有针对性地对部分便利店或部分商品开展盘点。

3.第三方盘点

根据盘点人员的不同，盘点可以分为自盘和第三方盘点两种方式。

第三方盘点是指上级主管部门委托第三方盘点专业机构对便利店开展的盘点，其优点是盘点人员专业素质高，盘点数据客观真实，盘点结果准确，可以真实反映门店商品管理问题和损耗情况。第三方盘点通常不提前通知，便利店应核实人员身份，配合盘点人员开展工作，协助提供商品信息、台账单据，提供在途等信息，介绍商品存储情况。盘点后，与便利店共同确认差异。

7.2.3 盘点商品的范围

执行要点：根据《盘点商品范围表》（表7-2）确认盘点商品的范围，按真实准确的原则执行盘点。已售未提的商品，应该盘入；不可退货的残损商品、过期商品等不具备销售属性，不应盘入。

表7-2 盘点商品范围表

物品类型	录入系统实盘	存放处	备注
可退商品	是	库房退换货区	可退货的临期商品、过期商品、有质量问题的商品、有缺陷待召回商品等
临期商品	是	店面或库房退换货区	包含可退临期商品或不可退临期商品
特价商品	是	店面或库房正品区	——
正常商品	是	店面或库房正品区	——
入系统赠品	是	店面或库房正品区	系统中有库存的，按正常商品盘点
非系统赠品	否	库房赠品区	系统中无库存的，按赠品相关管理办法手工盘点
自用品	否	库房自用品区	便利店的设备设施、店员自用物品
残损商品	否	库房残损区	不可退货的残损商品、变质商品、过期商品等，不计入实盘数量

7.2.4 便利店自盘步骤

执行要点：根据盘点流程组织好月度盘点（图7-2），并对盘点差异进行分析。

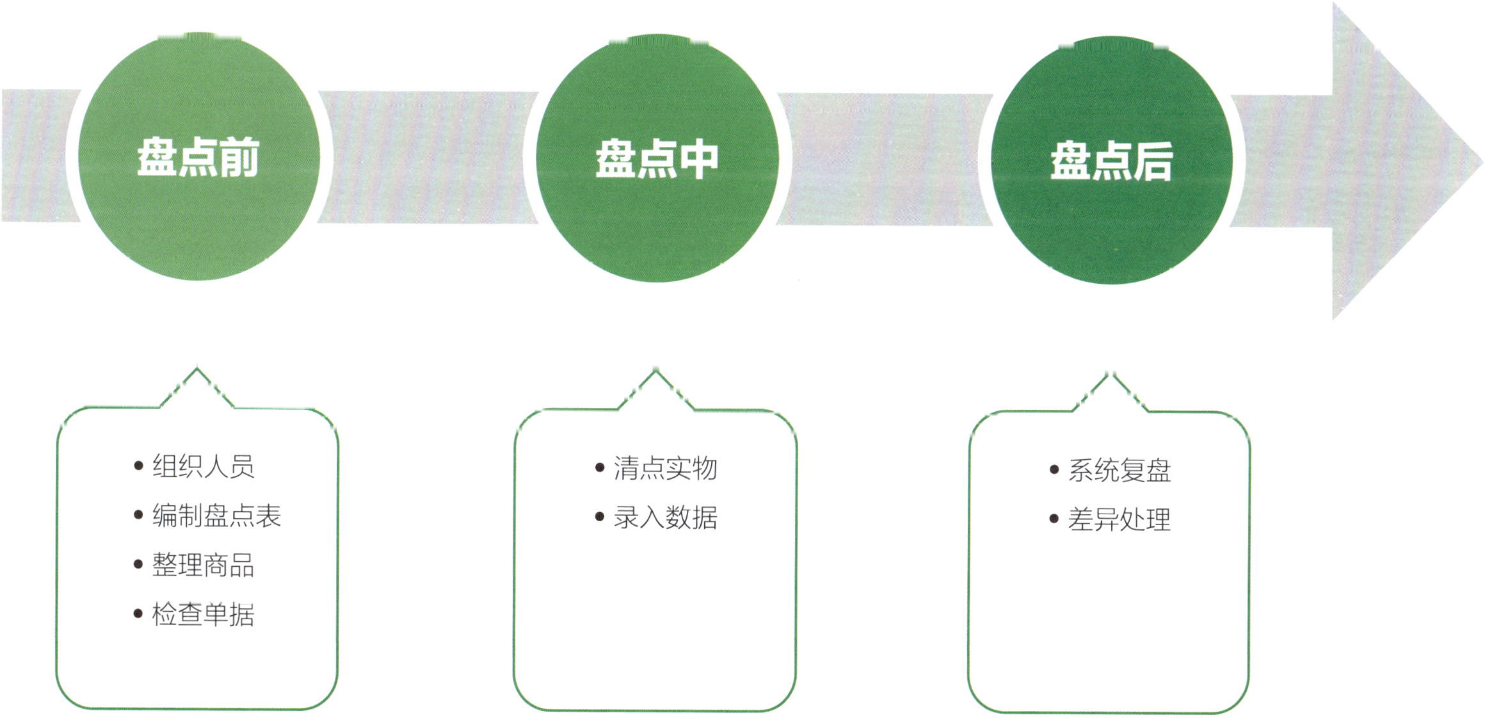

盘点前
- 组织人员
- 编制盘点表
- 整理商品
- 检查单据

盘点中
- 清点实物
- 录入数据

盘点后
- 系统复盘
- 差异处理

图7-2 月度盘点流程及主要内容

7.2.5 盘点前操作流程

执行要点　安排好参加盘点人员、组织培训，编制盘点表、整理商品、检查单据。

微课10

易捷便利店盘点前操作流程

1　组织人员

（1）由店长组织站内人员开展便利店商品盘点。

（2）明确人员分工，确定初盘、复盘、录入、复核人员职责，站内人员参与盘点。

（3）店长向盘点小组人员培训盘点工作职责、盘点流程、工作要求。

2　编制盘点表

（1）准备盘点表：按照商品陈列顺序制作盘点表，包含所有需要盘点的商品。

（2）待盘商品都要在盘点表上显示。参照便利店布局图（参见第129页图5-3）准备盘点地图，分配盘点区域，掌握盘点进度，避免重复盘点。

（3）使用盘点枪等工具的，不用编制盘点表，只需检查设备，确认商品信息。

3　整理商品

（1）库房商品尽量上架，参照商品摆位图顺序调整陈列。

（2）检查空箱情况，将空箱拆平。

（3）检查商品是否都有对应标签，标签上的名称、编码、条形码是否正确。

（4）检查整箱商品是否包装完好。

4　检查单据

（1）核实便利店收货、退货、调拨等单据是否已准确录入系统。

（2）确认是否有配送在途商品。

7.2.6 盘点中操作流程

 执行要点：如实清点、如实录入，完成后及时恢复销售。

微课11
易捷便利店盘点中操作流程

微课12
易捷便利店盘点中交叉清点操作流程

1 清点实物

（1）盘点开始后，进行实物盘点，凡货架柜、非原包装商品，均须打开清点。

（2）盘点中，不要随意移动商品，以免误盘。

（3）清点后，在盘点表上填写实盘数量。每组货架盘完后，均须在地图上做标记。

（4）在盘点表内进行数据修改时，在原数据上画一横线，将新数据写在原数据上方。

（5）有条件的门店，也可组织交叉清点。

（6）使用督导系统的库存巡检功能进行商品实物清点，后台导出盘点明细。

2 录入数据

（1）使用盘点工具的，可在清点实物环节同步录入数据。

（2）盘点人员在系统中录入实盘数：一人录入，一人复核。

（3）按盘点表商品编码和数量，逐一录入数据。

（4）录入结束后，点击进行记账。

（5）补录盘点期间的销售数据（注意：补录数量只能累加，不能冲减）。

（6）盘点表应由盘点人、录入人、复核人、便利店负责人等相关人员签字确认。

7.2.7 盘点后操作流程

执行要点　根据上级反馈进行复盘，分析盘点及其他差异原因，并做相应处理。

微课13

易捷便利店盘点后操作流程

1 系统复盘

（1）后台管理人员接收数据后进行汇总审核，反馈便利店盘点账实差异情况。

（2）便利店按反馈情况进行复盘，核实账面与实盘的差异，如实上报实盘数量。

（3）后台管理人员确认复盘数量后，系统记账结束盘点，生成盈亏单。

（4）盘点盈亏单下发便利店后，处理盘点差异。

2 差异处理

（1）查找盘点差异原因（表7-3），逐个对商品进行分析、填报（一个单品存在多个差异的，要分别说明原因）。

（2）按差异原因进行处理、调整，对于调拨、验收等业务差错，要进行修正。

（3）进行责任认定处理。

表7-3 盘点差异常见原因

差异原因	具体表现	处理方法
商品丢失	日常陈列、销售过程中由于商品失窃造成盘亏	报损或赔偿
销售原因	（1）未及时扫码过机或者多次扫码过机销售，造成差异 （2）扫码过机时错扫码，导致销售串码	还原处理，盈亏相抵后盘亏赔偿，加强日常管理
在途商品	商品已出库，记账后增加了库存，但盘点时未送达，造成盘亏	按配送单全单商品品种和数量还原处理
业务操作	验收、退货返仓、调拨等业务操作不及时或错误	按实际数量还原
团购原因	已售未提（客户委托代保管）、已提未售（未及时体现销售）	核实客户如实调整，人员追责
残损商品	存在不可退货的包装损坏、变质、过期商品	报损或赔偿
历史差异	前期未处理差异，影响当次盘点	核实后，及时调整

7.3 损耗管理

7.3.1 损耗及损耗率

> **执行要点**：严格执行损耗额度管理，按品类进行分类管理。

1.损耗

便利店损耗是指在便利店经营过程中，因管理不当或疏忽造成的损失。

便利店损耗通常是指因过期、破损、胀袋、变质等原因而不能正常销售的商品。

原则上，要杜绝商品过期造成的损耗。

2.损耗率

损耗率与损耗数量、该商品不含税库存结存单价和当期便利店累计不含税销售成本有关。根据公式，可以计算出便利店商品损耗率。易捷便利店主要品类损耗执行标准（2021版）如表7-4所示。

$$损耗率 = \frac{\Sigma（损耗数量 \times 该商品不含税库存结存单价）}{当期便利店累计不含税销售成本} \times 1000‰$$

便利店商品损耗率总体不得超过4‰。

表7-4 主要品类损耗执行标准（2021版）

品类	损耗率
烟草、酒类	1‰
饮料	4‰
日货	4‰
食品	8‰
现场加工食品、烘焙食品	10‰
生鲜水果	15‰
服务类	零损耗
贵重商品（价值1000元及以上）	零损耗

7.3.2 商品报损操作流程

> **执行要点** 原则上，要杜绝商品过期造成的损耗。

1.坏品检查

（1）日常理货和盘点时，检查坏品。
（2）检查范围包括便利店在售和库房在库的所有商品。

2.现场确认

（1）店长现场确认后，提出处理意见，上报主管部门。
（2）因人为因素形成的损耗，由相关责任人赔偿。
（3）因客观原因造成的损耗，每月提报报损申请。
（4）因自然灾害和事故造成的损耗，加油站整体损失超过50万元的，对于该项便利店损失，可一并申请安保基金赔偿款。

3.申请审批

（1）**定额内损耗**：由地市公司非油品和财务部门审核，经地市公司分管经理审批后核销。
（2）**超额损耗**：按照销售企业规定的非油品、财务等部门审核，经省市公司分管领导审批后核销。
（3）**大额报损**：便利店要书面说明具体原因。

4.分区存放

（1）坏品存放在库房的残损区，并贴上标识。
（2）坏品不与正常销售的商品混放。
（3）贵重商品需装箱上锁存放，确保商品不丢失。
（4）所有坏品必须详细登记，以便追踪与核对。

5.坏品处理

（1）经主管部门审核确认后，便利店可按要求及时对坏品进行处理。
（2）便利店损耗按月处理，需在次月之前完成上月损耗账务处理。
（3）每年12月的损耗应在当月处理完毕。

> **坏品及过期商品销毁方法**
> 销毁坏品及过期商品时要将内容物倒掉，对原有包装进行破袋、破盒处置：可压碎的，进行压碎处置；不可压碎的，要刀割损坏处置。注意：严格管控过期商品流入市场，避免造成环境污染。

PART 08

质量安全
QUALITY SAFETY

8.1 安全培训及会议

8.2 安全作业

8.3 应急处置

8.4 设备使用及维护

8.5 环保安全管理

8.1 安全培训及会议

8.1.1 安全培训

1.新员工入职培训

（1）新员工在入职前需参加 HSE 上岗培训，培训由上级单位统一组织。

（2）新员工入职便利店时，由店长再次培训现场安全。

（3）确定授课人员、培训人员和培训课程安排。

（4）培训内容包括理论知识和实际操作：

①理论知识：包括公司规章制度、岗位职责、HSE 应知应会、应急处置（火灾、水灾、防盗抢、自然灾害、公共安全等）、保命法则、"十大禁令"及其他注意事项；

②实际操作：包括灭火器及防暴设备的应用、应急预案现场模拟操作等。

（5）培训结束后，进行理论考试和实操考核，考试、考核合格后上岗。

（6）新员工上岗前要签订《安全承诺书》。

（7）考试、考核结束后，将员工培训及考核结果归档。

2.第三方人员培训

（1）第三方人员（促销人员、外派人员、施工人员、"店中店"外部员工）进入便利店或其他易捷服务经营场所工作前，由店长对其进行安全培训和教育。

（2）培训内容主要包括加油站安全事项、HSE 应知应会、应急处置、便利店安全、食品安全要求等。

（3）对于施工人员，需进行现场安全作业知识培训。

（4）第三方人员在学习相关内容后，店长对其进行理论考试和实操考核，考试、考核合格后上岗或作业。

（5）培训记录和考核结果存档备查。

3.月度安全会议

（1）每月组织一次安全会议。

（2）根据实际或工作计划情况，可按周开展安全会议。

（3）店长组织全站人员参会，参会人员包括在同一场所工作的洗车、餐饮等业务合作商员工、第三方人员。

（4）传达上级会议精神及相关工作要求。

（5）学习相关文件及安全事故（事件）案例。

（6）通报月度 HSE 及相关检查情况。

（7）制定下一步工作计划。

（8）在加油站 HSE 管理综合记录本上记录会议内容。

（9）所有参会人员在 HSE 管理综合记录本上签字确认。

8.1.2 “五懂五会五能”和“一书两卡”

五懂

（1）懂工艺技术。
（2）懂危险特性。
（3）懂设备原理。
（4）懂法规标准。
（5）懂制度要求。

五会

（1）会生产操作。
（2）会异常分析。
（3）会设备巡检。
（4）会风险辨识。
（5）会应急处置。

五能

（1）能遵守工艺纪律。
（2）能遵守安全纪律。
（3）能遵守劳动纪律。
（4）能制止他人违章。
（5）能抵制违章指挥。

一书两卡

（1）作业指导书（图 8–1）。
（2）风险识别卡（图 8–2）。
（3）HSE 观察卡（图 8–3）。

图8–1 作业指导书

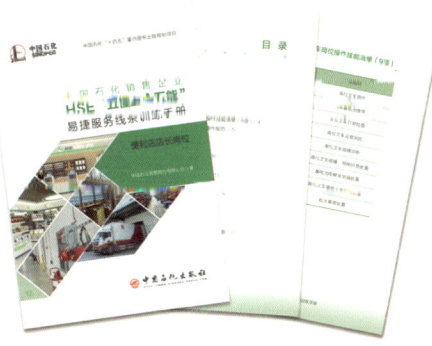

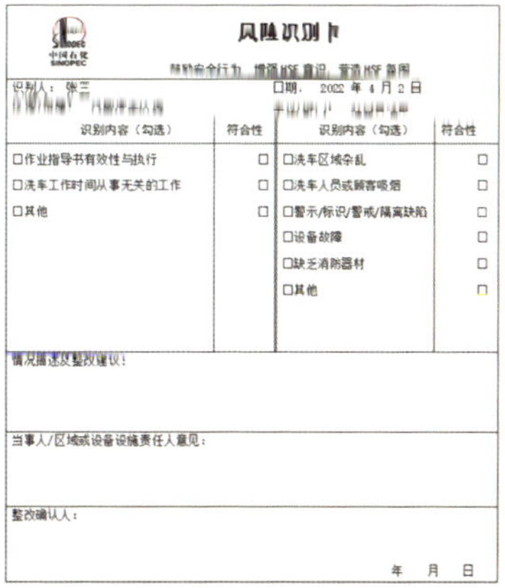

风险识别卡

识别人：张三　　日期：2022 年 4 月 2 日

识别内容（勾选）	符合性	识别内容（勾选）	符合性
□作业指导书有效性与执行	□	□洗车区域杂乱	□
□洗车工作时间从事无关的工作	□	□洗车人员或顾客吸烟	□
□其他	□	□警示/标识/警戒/隔离缺陷	□
		□设备故障	□
		□缺乏消防器材	□
		□其他	□

情况描述及整改建议：

当事人/区域或设备设施责任人意见：

整改确认人：

年　月　日

图8–2 风险识别卡

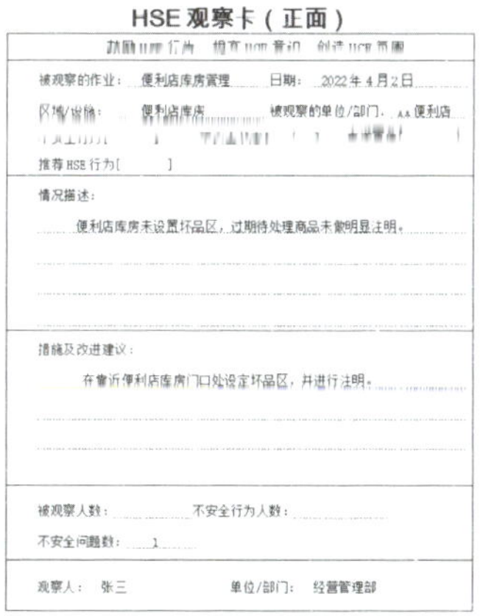

HSE 观察卡（正面）

被观察的作业：便利店库房管理　日期：2022 年 4 月 2 日

区域/设施：便利店库房　被观察的单位/部门：AA 便利店

推荐 HSE 行为[　　]

情况描述：

便利店库房未设置坏品区，过期待处理商品未做明显注明。

措施及改进建议：

在靠近便利店库房门口处设定坏品区，并进行注明。

被观察人数：　不安全行为人数：

不安全问题数：1

观察人：张三　单位/部门：经营管理部

图8–3 HSE观察卡

8.2 安全作业

8.2.1 日常作业安全

执行要点　在日常作业流程中应注意安全，避免滑倒、跌倒、摔伤、刮伤、烫伤、触电等。

搬运、陈列商品	（1）雨雪天或清洁地面时，防止滑倒和跌倒。 （2）搬运重物时，避免跌倒、砸伤。 （3）用刀划开整件商品或接触尖锐的边角时，避免割伤。 （4）搬运货架高处的商品时，使用安全梯等工具。
清理、清扫卫生	（1）不使用腐蚀性强的洗涤用品，避免损伤皮肤。 （2）进行堆头清洁时，注意脚下安全；搬动商品时，避免扭伤。 （3）登高清扫时，注意高空作业安全。超过2米的，需要开具高空作业票，监护、协助人员必须到位。 （4）清理带电设备时，必须断电，避免触电。
加热食品	（1）佩戴防烫手套，避免烫伤。 （2）使用符合国家安全标准的设备对食品进行加热，避免因设备不合格造成伤害。

8.2.2 加油站洗车现场安全环保管理

> **执行要点** 洗车现场必须遵守加油站现场安全环保规定。

1.严禁吸烟

严禁在汽服营业厅、加油站洗车机及其附属配件附近吸烟、使用明火或者使用电烤炉等大功率电器。

2.整洁有序

（1）维护洗车现场秩序，做好日常卫生，确保洗车现场干净整洁，地面无积水。

（2）车辆有序洗车，不得拥堵，不得阻碍加油站正常经营。

（3）严禁在洗车场地放置杂物。

（4）洗车场地不结冰。

3.每日巡检

（1）巡查现场无异常现象，使用环境符合2℃~45℃的要求，噪声符合规定。

（2）检查设备，一旦发现设备故障、隐患应立即停止洗车，及时联系专业运维人员检修。解除紧急停止操作，需要现场操作人员确认消除隐患后复位，在确认无安全问题后方能重启设备。

（3）洗车现场安装摄像头4个以上，检查并确认视频监控摄像头运行完好、监控位置准确。

4."四定"管理

定点放置消防器材，定时检查消防器材，定人养护消防器材，定时为消防器材换药。

洗车控制柜、配电箱中各配备不少于一个干粉灭火球（图8-4），规格≥0.5 kg。

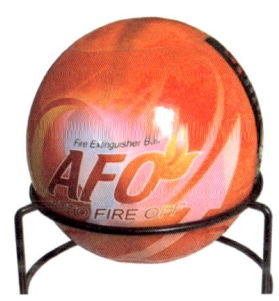

图8-4 干粉灭火球

5.专人维护

（1）洗车机运维人员定期对洗车机巡查、保养时，应先告知店长，并且遵守中国石化检/维修施工相关规定。

（2）填写巡查记录，店长签字、留存，发现问题及时解决。

6.噪声

洗车机的噪声应不大于昼间80 dB（A），夜间65 dB（A），风机启动时噪声不大于89 dB（A）。其中"昼间"是指每天6:00至22:00，"夜间"是指22:00至次日6:00。

8.2.3 便利店安全巡查

1.店长安全巡查内容

1）经营场所环境巡查

（1）检查便利店货架、收银台等区域有无客户遗留的不明物品。

（2）检查便利店周边有无异常火源、烟雾。

（3）关注极端天气情况。

2）设备设施巡查

（1）检查保险柜、收银机钱箱是否可以正常使用。

（2）检查带电设备设施运行是否正常。一旦出现冒烟、冒火星等异常情况，立即断电、停用。

（3）发现设备设施出现故障时，及时报修。

（4）检查营业厅、库房、汽服洗车等区域，按要求配备足量消防器材，确认消防器材合格。

3）商品巡查

（1）检查泵岛商品堆头码放是否超过1.2米的安全高度，避免坠落。

（2）检查商品是否在保质期内，外包装有无破损、胀包等情况。

（3）检查商品有无对应的价签。

（4）检查贵重商品是否按要求存放。

4）资金巡查

（1）检查现金、票据等是否按要求保管、存放。

（2）落实资金"三核对"工作，即核对实际销售金额、账表金额以及上缴金额是否一致。

5）库房巡查

（1）检查商品是否已分区分类摆放。

（2）检查商品是否未直接落地陈列。

（3）检查安全设施（挡鼠板、消防器材等）是否已配备到位。

6）员工防护巡查

（1）检查员工是否已按要求穿戴工作服、工作鞋。

（2）检查员工是否存在不安全的行为。

（3）疫情期间,检查员工是否已佩戴好口罩,定期测量体温。

7）外来人员巡查

检查进入便利店区域的外来人员是否存在不安全行为、异常行为等。

8）残损、固废处置

（1）检查坏品是否已统一放置在库房残损区。

（2）检查固废物（废包装物、废纸、废机油桶等）是否已放置在指定存放点和收集容器中。

2.店员安全巡查内容

1）接班现场巡查

（1）接班人员要对现场进行巡检（图8-5）。

（2）重点检查项目：贵重商品保管、资金、货品陈列、设备运行等。

2）设备设施巡查

（1）检查便利店经营场所的设备、设施的运行、维护、保养情况。

（2）如发现设备异常，及时上报。

3）商品巡查

（1）对便利店商品进行质量巡检，主要检查商品保质期、破损、变质等情况。

（2）配合店长进行日常货品的清点和临/过期商品的处置。

（3）如发现问题商品，及时下架。

4）资金巡查

（1）交接班时，应对资金、商品、单据、系统日结等进行核对。

（2）交接人员要共同确认。

5）库房巡查

（1）检查库房内商品有无过期、变质、破损等，是否直接落地摆放。

（2）检查贵重商品是否已单独上锁存放，是否已填写贵重商品进出库台账。

（3）检查库房通道是否畅通，消防器材是否配备到位。

6）不安全行为巡查

上岗期间，有义务及时提示、制止其他员工、外来人员、客户的不安全行为。

7）第三方巡查

（1）协助店长做好每门合作商的安全经营、人员管理、安全环保等方面的安全巡检、监督。

（2）做好问题清单登记。

图8-5 店员安全巡查

8.2.4 风险识别表

> **执行要点**：店长根据上级发布的风险清单制作本店《风险识别表》（表8-1），以便进行自查。

风险识别是对可能造成人员伤害、财产损失、环境破坏和社会声誉影响事故事件的识别，包括原因、后果和现有安全措施，识别范围应当涵盖总图布置、业务流程、设备设施、物流运输、应急系统、业务操作、工程施工和检维修作业、特殊作业、有人值守建筑物、自然灾害和外部影响等全业务、全流程中存在的风险。

基层单位应当按照属地化原则对管理的对象和业务逐区域、逐装置、逐业务、逐岗位进行风险识别，做到所有危险源、作业活动和相关的设备、设施全覆盖，形成基层单位风险清单。

基层岗位应当在基层单位管理人员的指导下对本岗位的作业活动和涉及的设备、设施等开展风险识别，建立岗位危险事件清单。

地市公司负责指导基层单位开展风险识别，应当对基层单位上报的风险分专业进行审核，并组织相关管理人员开展分管业务范围内的风险识别。

每年至少开展一次全面风险识别，建立风险识别清单。在加能站，常用《工作安全分析（JSA）记录表》（表8-2）和《作业危害分析（JHA）记录表》（表8-3）事先或定期对某项工作进行安全分析，识别危害因素，评价风险，并根据评价结果制定和实施相应的控制措施，达到最大限度消除或控制风险的目的。

表8-1 风险识别表

风险分类	风险环节	风险描述	风险	可能性（L）	发生频率（E）	严重程度（C）	风险值（D）	风险等级	控制措施
安全教育	安全培训	未参加新员工安全培训上岗操作	安全事故、人员伤害						新员工必须参加HSE培训，考核合格后方可上岗
应急处置	应急处置	未参加应急预案演练，不会灭火器的操作	安全事故、人员伤害						定期参加公司及门店组织的应急预案演练，熟练掌握应急处置流程和灭火器操作
现场作业	验收操作	未严格执行验收制度，验收质量不合格商品或未按允收期标准收货	食品安全、人员伤害						拒收不符合质量要求的问题商品，不接受超允期商品
现场作业	保质期检查	未建立临/过期商品排查制度；未定期对货架商品保质期进行排查，可存在因商品过期或顾客食用、使用而导致事故或食品安全风险	顾客投诉、人员伤害						建立商品质量排查机制，对商品质量进行检查
现场作业	商品销售	过期、变质、破损商品上架陈列，销售过期商品给顾客	顾客投诉、人员伤害						加强商品保质期检查，及时清理存在质量问题的商品
现场作业	商品销售	未严格执行验收制度，"三无"商品上架销售	顾客投诉、人员伤害						严格商品验收制度，拒收"三无"商品，开展日常检查，及时清理存在质量问题的商品

注：风险值（D）＝可能性（L）×发生频率（E）×严重程度（C）。

表8-2 工作安全分析（JSA）记录表

工作安全分析（JSA）记录表

记录编号：　　　　　　　　　　　　　　　　　　　　　　　　　　　　　　　　　日　　期：

单位：	JSA组长：				分析人员：	
工作任务简述：						
□ 新工作任务　□ 现有的作业　□ 交叉作业　□ 承包商作业　□ 相关操作规程　□ 直接作业环节证　□ 检维修等变更作业						
工作步骤	危害因素描述	可能造成的后果及影响	风险评价				现有控制措施	建议改正/控制措施
			可能性（L）	暴露频率（E）	严重度（C）	风险度（D）		

图8-3 作业危害分析（JHA）记录表

作业危害分析（JHA）记录表

工作/任务：　　　　　　　　　　　　　　　　　　　　　　　　　　　　　　　　区域作业活动：
分析人员：　　　　　　　　　　　　　　　　　　　　　　　　　　　　　　　　日　　期：

序号	工作步骤	危害	主要后果	现有安全控制措施	可能性（L）	严重性（S）	风险度（R）	建议改正/控制措施

注：风险度（R）=可能性（L）×严重性（S）。

8.2.5 疫情防护

1.个人防护

1）个人防护检查

员工上班前要进行个人防护检查，勤洗手，检查佩戴口罩情况和体温情况。检查记录应留档备查。

2）测量体温

每天上班前应测量体温并做好记录。超过正常体温的，及时向有关部门报备，并按照当地防疫要求进行管控。

—— 七步洗手法 ——

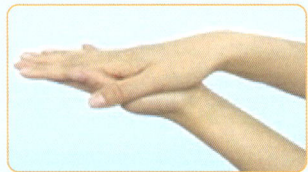

① 内：洗手掌

掌心相对，手指并拢，互相揉搓。

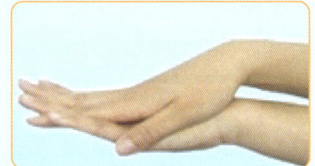

② 外：洗背侧指缝

手心对手背，沿指缝相互揉搓，交替进行。

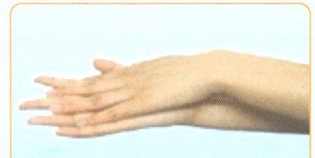

③ 夹：洗掌侧指缝

掌心相对，双手交叉，沿指缝相互揉搓。

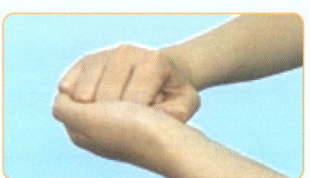

④ 弓：洗指背

弯曲手指关节，在另一手掌心旋转揉搓，交替进行。

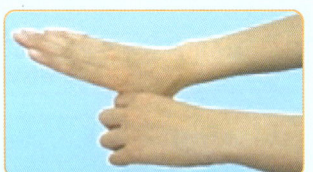

⑤ 大：洗拇指

一手握住另一手的大拇指，于掌心旋转揉搓，交替进行。

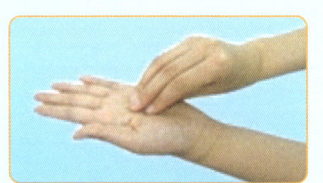

⑥ 立：洗指尖

五指尖并拢，在另一手掌心旋转揉搓，交替进行。

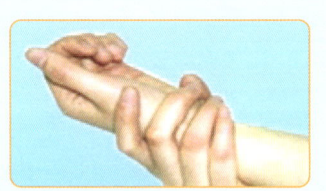

⑦ 腕：洗手腕、手背

一手握住另一手腕，旋转揉搓，交替进行。

洗手注意事项

- 使用流水、清水洗手。每个步骤至少搓擦5次，双手搓擦不少于10~15秒钟。
- 双手稍低些，流水由手腕、手掌至指尖依次冲洗，然后擦干。
- 擦手毛巾应做好消毒、清洗。
- 使用专用抑菌洗手液。

口罩佩戴方法

①双手拿住口罩耳带，佩戴口罩。　②佩戴时，深色褶皱面朝外。　③指尖按住鼻夹，使之与鼻根贴合。　④下拉褶皱，使口罩贴合面部。

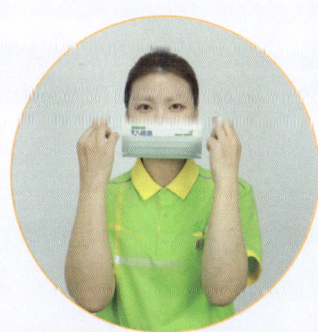 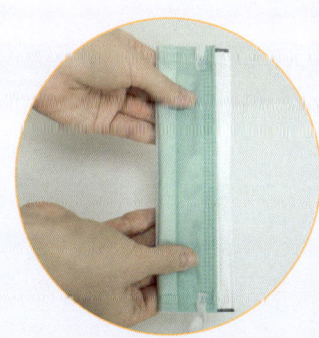 

⑤取下口罩时，双手捏住口罩耳带，轻轻摘下。　⑥剪破或折叠废弃口罩。　⑦丢进口罩专用回收箱。

2.营业场所防护

执行要点：加强便利店疫情防控措施，并对营业便利店定时消毒，做好消毒记录。

便利店营业厅消毒重点区域
（1）门把手。　　（3）自助设备。
（2）收银台、货架。　（4）地面。

1 扫码测温

进店客户要佩戴口罩，对客户进行扫码测温，并查验体温、健康码、行程码是否正常。

2 进店登记

进店客户要扫描"场所码"或者手工登记记录。

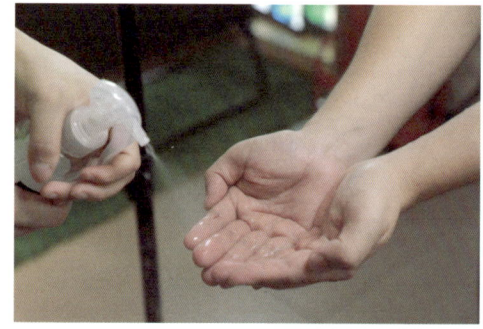

3 保持距离

员工与客户交流时，声音要洪亮，并保持1米以上安全距离，避免飞沫传播和感染。

8.3 应急处置

8.3.1 应急处置"135原则"

> **执行要点** 按照"135原则"（图8-6），做好突发事件初期应急处置。

1分钟内 应急响应 → **3分钟内** 退守稳态 → **5分钟内** 消/气防联动

- 及时采取能量隔离、切断物料等关键操作动作，确保事态不扩大
- 由便利店店长研判并下达指令，在岗员工3分钟内实施退守稳态操作
- 消/气防救援力量于5分钟内到达现场，与属地单位配合开展应急处置工作

图8-6 应急处置"135原则"

8.3.2 食品安全应急处置

1. 一般食品安全应急处置

1）一般食品安全事故的情形

发生以下情况，事发单位应在事发1小时内上报地市公司及非油品相关责任部门：

（1）发生食品过期、变质等情况，消费者购买后未食用，返回现场进行退货和投诉，有进一步扩散趋势的。

（2）发生食品质量、过期事件（事故），未造成人身危害，客户提出一定金额索赔要求的。

（3）在地市级食品安全执法部门或新闻媒体组织的食品质量监督抽检中，对便利店食品安全提出异议的。

2）一般食品安全事故处置流程

> **执行要点**：确认客户的购买凭证与问题商品相符；辨别食品存在的问题，确认存在一般食品安全事故定义的情况；优先进行退换货处理。

（1）确认核实：
①确认客户的购买凭证与问题商品相符；
②辨别食品存在的问题；
③向客户表示歉意。

（2）退换货处理：
①如客户在现场吵闹，及时将客户引导至办公区，解释原因，安抚情绪。同时，及时报告店长；
②如客户同意退换货，执行退换货流程；
③如客户出现非理性行为，店长应向有关执法部门报告，同时立即上报主管部门。

（3）下架商品：
①及时登记问题食品退换货处理结果；
②下架问题食品，并将其存放于库房指定位置；
③保留处理证据。

（4）上报备案。

事故处理完毕后，事故单位（便利店）应形成一般食品安全事故处理报告，上报地市公司备案。

注意事项

在地市级食品安全执法部门或新闻媒体组织的食品质量监督抽检中，对便利店食品安全提出异议的，店长在了解相关情况后，需上报上级业务部门。

2.较大食品安全应急处置

1）较大食品安全事故的情形

发生以下情况，地市公司非油品责任部门在事发2小时内，向省级易捷公司（非油品部门）报告：

（1）食品过期、变质，食品包装内或食品内有异物，包装损坏，包装上无生产厂家或生产日期，食品属于国家已公示的不合格产品。

（2）客户食用后出现身体不适或造成5人以下食物中毒现象，并返回现场进行索赔和投诉，对企业形象造成一定影响的事故。

（3）省级食品安全执法部门或新闻媒体在明察暗访过程中对便利店食品安全提出警告，发现便利店存在食品安全威胁，或在每年例行的在营食品常规检测中检测出便利店在营食品存在质量问题。

2）较大食品安全事故处置流程

> **执行要点**：遵守"先行救治"原则。

（1）组织救治：
①立即报告便利店店长；
②迅速展开救治；
③上报上级管理部门。

（2）保护问题食品，留存凭证：
①采取措施，保护好问题食品及客户购买凭证；
②所属公司相关责任部门需立即派专人到客户所在救治医院和加油站事发现场进行处理，并进行取证，以证实事故是否确为便利店销售的食品所致。

（3）下架商品：
①及时登记问题食品退换货处理结果；
②下架问题食品，并将其存放于库房指定位置；
③保留处理证据。

（4）上报备案。

事故处理完毕后，事故单位（便利店）应形成较大食品安全事故处理报告，上报地市公司备案。

注意事项

省级食品安全执法部门或新闻媒体对便利店进行明察暗访时，如发现便利店存在明显的食品安全风险，对便利店食品安全提出警告的，或在每年例行的在营食品常规检测中检测出便利店在营食品存在质量问题的，便利店店长要立即上报上级业务部门。

3. 重大食品安全应急处置

1）重大食品安全事故的情形

发生以下情况，事发省级易捷分公司（非油品部门）在事发3小时内上报至中石化易捷销售有限公司：

（1）食品过期、变质，食品内存在异物，食品中含有致病细菌，食品属于国家已公示的不合格产品等。

（2）客户食用后出现5人（含）以上食物中毒或1人（含）以上死亡的，或被国家级媒体曝光，严重影响中国石化及易捷品牌形象的事件（事故）。

（3）国家级食品安全执法部门或新闻媒体在明察暗访中发现便利店存在明显的食品安全威胁，或现场勒令便利店停业整顿的情况。

2）重大食品安全事故处置流程

执行要点：遵守"先行救治"原则；如果发生因食品死亡事件，要配合家属善后。

（1）组织救治：
① 立即报告便利店店长；
② 迅速开展救治；
③ 上报上级管理部门。

（2）保护问题食品，留存凭证：
① 采取措施，保护好问题食品及客户购买凭证；
② 所属公司相关责任部门需立即派专人到客户所在救治医院和加油站事发现场进行处理，并进行取证，以证实事故是否确为便利店销售的食品所致。

（3）下架商品：
① 及时登记问题食品退换货处理结果；
② 下架问题食品，并将其存放于库房指定位置；
③ 保留处理证据。

（4）上报备案。

事故处理完毕后，事故单位（便利店）应形成重大食品安全事故处理报告，上报地市公司备案。

注意事项

国家级食品安全执法部门或新闻媒体明察便利店时，如发现便利店存在明显的食品安全风险，或食品安全执法部门现场勒令便利店停业整顿的，便利店店长要立即上报上级公司非油品业务部门。

8.3.3 商品召回与商品撤回

1.商品召回

商品召回（图8-7）是生产商将已经送到批发商、零售商或最终用户手上的产品收回的行为。

当发现可能或已发生的具有严重危害的不安全产品流入市场时，能够立即以最快的速度将不安全批次的最终产品全部召回，从而将可能发生的危害和损失控制在最低限度。

便利店执行商品召回操作可分为三步：

下架召回商品
收到商品召回通知后，根据商品清单汇总商品，并做下架处理。

移至库房退货区
核验商品，将下架商品放入库房退货区，分品类封存摆放。

按程序销毁或退回
按照销毁和退回程序进行操作，将商品销毁或退回，完善相应手续。

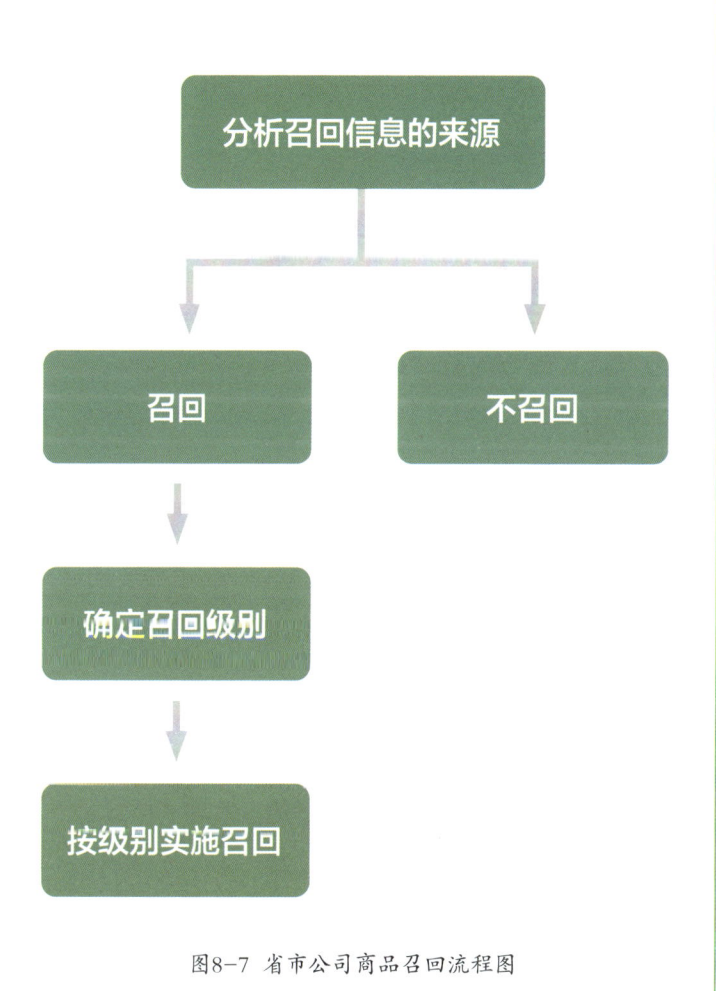

图8-7 省市公司商品召回流程图

2.商品撤回

商品撤回（图8-8）是公司自主进行或在协商部门要求下进行的撤回产品的行为，指从市场或各分销商手中撤回大量不合格或存在安全隐患产品的有效措施。

便利店执行商品撤回操作可分为三步：

下架撤回商品
收到商品撤回通知后，立即停止销售并将相关商品下架。

移至库房退货区
将下架商品放入库房退货区，分品类封存摆放。

标记同批次商品
停止销售同批次商品，并做好标记。

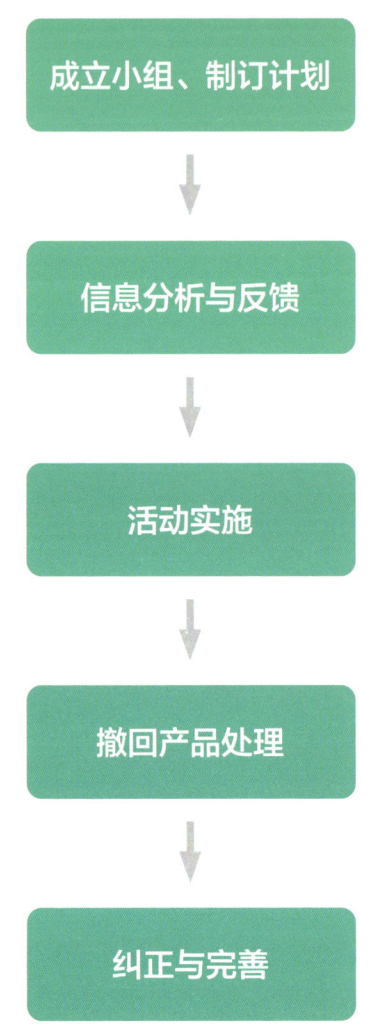

图8-8 省市公司商品撤回流程图

8.3.4 自然灾害应急处置

1.火灾的应急处置

1）分组工作

（1）立即启动紧急火灾处理流程。

（2）指挥组向上级汇报，同时立即拨打消防电话119。

（3）抢险组马上携带灭火器材和消防栓冲向起火地点。

（4）后勤组人员立即停止手上一切工作，疏散人员离开危险区域。

2）人员救护

（1）采取正确的救助方式，将伤者转移至安全区域，进行简单救护处理。

（2）第一时间联系医疗机构对受伤人员开展医疗救治。

3）风险源控制

（1）要对火场现场进行风险源控制，以达到灭火条件。

（2）店内设备设施引发的火灾，立即关闭电源。

4）火灾扑救

发生火灾后，要按照规范步骤（图8-9）使用灭火器进行扑救：

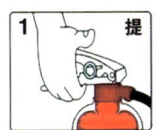  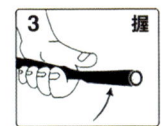 

图8-9 灭火器使用步骤示意图

（1）固体、液体、气体或设备起火，可使用干粉灭火器（图8-10）灭掉初期火灾，步骤：

①提：提取灭火器，上下颠倒两次让干粉松动。

②拔：去掉铅封，拔掉保险销。

③握：一手握着喷管前端，一手提着压把，在距火焰2m的地方，站在上风口或侧风方向，喷嘴对准火焰根部。

④压：用力压下压把，由近及远，左右横扫，向前推进，不让火焰回窜，直到火焰被扑灭。

（2）配电房或电器起火，使用二氧化碳灭火器（图8-11）灭掉初起火灾，步骤：

①提：发现电器起火，立马戴好防冻手套并提起就近二氧化碳灭火器。

②拔：去掉铅封，拔掉保险销。

③握：一手抓住灭火器喇叭筒的根部，另一只手放在压把处，在距火焰2 m的地方，站在上风口或侧风方向，将喇

 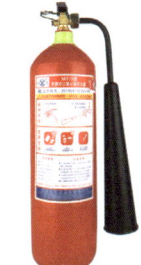

图8-10 手提式干粉灭火器　　图8-11 手提式二氧化碳灭火器

叭筒向上扳 70°~90°，喷嘴对准火焰根部。

④压：用力压下压把，由近及远向火焰扫射，当火灾面积较大时，要横向摆动喷嘴逐步逼近扫射。

（3）当火情有扩散迹象，立刻使用消防栓灭火。

迅速打开或击碎箱门，展开消防水带，接通消防水枪，打开消防栓上的水阀开关，对准火源根部进行灭火，避免火情扩散到店外加油区和油库区。

5）后续处理

（1）火势被扑救后，要继续实施冷却保护，并做好现场观察，防止复燃。

（2）清点人员、车辆及器材，撤除警戒，做好移交，安全撤离。

（3）对灭火后的残留物料和消防废水立即采取回收、引流等处理措施；对污水总排放口加强监测，确保不发生次生灾害。

（4）清点货品损失，上报上级非油品和安全管理部门。

2.水灾的应急处置

1）准备工作

（1）检查加油站雨落水管、排水设施通畅，关闭门窗。

（2）准备足量的防汛物资，如雨衣、铁锹、沙及沙袋等。

（3）准备充足的食品、饮用水，备用电源和常用的药品。

（4）将在售商品和重要设备转移到安全区域。

2）处置过程

（1）及时向公司报告，停止作业行为，疏散店内人员。

（2）除保留必要的照明电源外，关闭一切动力电源。

（3）用沙袋在便利店门前筑坝封堵，防止洪水进入。

（4）迅速整理货款和重要票证，封箱后转移至安全区域，做好监护。

（5）密切关注洪水水位变化，如果继续上涨，安排人员迅速拆除中控、管控及办公电脑，及时转移至高处。

（6）如果发现短时间水位迅速上涨，迅速组织员工转移至安全区域。

（7）靠山附近的门店，人员不要待在山脚附近的房间里，防止山体滑坡、滚石、泥石流的伤害。

（8）被洪水围困，拨打119、110报警电话，或者报告公司，寻求救援。

（9）一旦被卷入洪水中，抓住固定的或能漂浮的东西，寻找机会逃生。

（10）洪水急流时，海（水）上加油船员工不得乘坐交通艇。

3）事后处理

（1）检查、清点店内人员，对因灾受伤或染病的员工及时送医院救治。

（2）检查电脑、收银等设备，如果被水淹过，必须经公司抢维修检查确认无危险后才能通电使用，清点损失。

（3）检查商品质量。被洪水浸泡、污染的商品与正常销售商品分隔存放，严禁上架销售，统一上报管理部门做报损处理。

（4）清理现场，做好场地消毒，整理货架，陈列商品，恢复营业。

3.台风的应急处置

1）准备工作

（1）**关注天气**：收听、收看媒体报道或通过气象咨询电话、气象网站等密切掌握台风的动向及危害性。

（2）**分工部署**：所有员工回站（门店）；开展防台风专题工作会议，做好人员分工。

（3）**备足应急物资**：准备充足食物、饮用水、药品等应急物资；准备足量的防汛物资，如雨衣、雨布、铁锹及沙袋等。

（4）**加固设备设施**：检查室外灯箱广告等设备设施是否稳固。可以加固的室外设施，使用沙袋、绑绳等进行加固；无法加固的，需全部撤回到室内。

（5）**转移商品**：将室外（泵岛、前庭）商品转移到室内或其他安全地区；无法转移的，需使用防水布整体打包，避免雨水侵入。临近门窗商品、贵重商品转移到库房等安全区域。

（6）**疏通排水**：检查、清理加油站排水系统、排污系统。

2）处置过程

（1）现场停止作业，台风期间确保人员安全。

（2）现场人员全部进入便利店，室内人员不能靠近门窗。

（3）切断灯箱广告、收银POS机电源，仅保留照明、雪糕柜、风幕柜、冷藏饮料柜电源。

（4）**关注地面水位变化**：发生水灾时，按照水灾应急处置流程实施救援。

3）后续处理

（1）逐一检查商品、设备实施完好性。

（2）统计台风对商品、设备设施造成的损坏情况，将损坏商品转移到指定区域，上报上级主管部门。

（3）清理现场，为受污染场地消毒，整理货架，陈列商品，恢复营业。

4.地震的应急处置

1）处置过程

（1）**切断电源**：发生地震时，停止使用电气设备，断开配电柜总电源闸。

（2）**报警求助**：及时与当地消防队（119）、医院（120）、公安（110）和上级部门取得联系汇报，视灾情申报救援帮助。

（3）**疏散躲避**：组织人员迅速撤离屋内或建筑物下，转移至平地安全地带；夜间突发地震来不及撤离时，迅速转移至床铺下、桌下，身体卧倒或者蹲下，身体高度低于掩体，以保护身体被砸；双手抱头，以保护好头部和眼睛。

（4）**财产转移**：将贵重商品、现金支票、重要账簿、技术资料等转移到安全地区。

2）后续处理

（1）**地震后处置**：地震过后，如发生坍塌，在坍塌区域、进出站口设置警戒线，禁止车辆、人员进站。已坍塌设备设施不得擅自处理，防止发生次生事故。

（2）**损失上报**：清点震灾对便利店造成的损失，按照事件上报制度上报主管部门。

（3）清理现场，整理货架，陈列商品，恢复营业。

气象灾害小知识

执行要点：强化气象灾害防御意识，筑牢防灾减灾第一道防线；及时了解气象灾害预警级别，以便及时采取应对措施。

1）气象灾害预警信号级别

依据气象灾害可能造成的危害程度、紧急程度和发展态势，可以将气象灾害划分为四级：

Ⅳ级（一般）：用蓝色表示。

Ⅲ级（较重）：用黄色表示。

Ⅱ级（严重）：用橙色表示。

Ⅰ级（特别严重）：用红色表示。

2）气象灾害预警信号分类

气象灾害预警信号可分为台风、暴雨、强对流、寒潮、沙尘暴、高温、大雾等（图8-12）。

图8-12 各类气象灾害预警级别

8.3.5 公共安全应急处置

1. 媒体曝光、商品质量问题

1）确认问题
（1）确认、核实顾客购买凭证与问题商品是否相吻合。
（2）了解顾客是否食用问题商品，预估事件可能造成的后果。

2）上报事件
（1）上报上级主管部门。
（2）上报内容包括曝光媒体单位、到店人员数量、引发媒体曝光事件的原因、目前造成的结果。

3）接待记者
（1）礼貌接待记者，维持好现场的秩序，不与媒体记者发生冲突。
（2）员工不对曝光事件发表任何言论及意见，等待上级主管部门的处理和指示。

4）处置过程
（1）上级主管部门到达现场，根据上级部门反馈意见处理。
（2）登记曝光事件处理结果，留存处理证据。
（3）将问题商品下架，存放于库房指定位置。
（4）登记下架商品。

2. 防盗抢

1）确保人身安全
（1）便利店当班员工首先要保护人身安全，避免与匪徒发生正面冲突，冷静应对。适当主动配合，减少损失。
（2）员工在抢劫过程中不要进行反抗，以免造成人身伤害，增加损失。

2）记录经过及特征
暗自观察记录经过及匪徒特征，例如匪徒的面貌、身高、年纪、体态、肤色、穿着、发型及腔调等。

3）报警并报告上级
（1）注意歹徒特征及逃走方向，作案人员离开时立刻拨打110报警。
（2）上报上级主管部门。
（3）配合上级部门安排的专人到达便利店调查具体情况。

4）保留现场证据
保持现场完整，暂停营业。

5）清点损失
店长及时组织当事员工清点损失。

6）事后处理
（1）做好事件资料的存档。
（2）配合警务部门完成相关后续处理工作，尽力挽回损失。
（3）分析事件发生原因，采取必要措施，避免再次发生。
（4）对当班员工进行心理疏导。

3.疫情防控

1）确认问题

了解病例属于疫情确诊病例、密接病例或疑似病例，并分清是员工还是客户，查实涉及人员及范围。

2）上报疫情

（1）逐级上报上级主管部门。

（2）上级主管部门及时报告加油站所属街道办或卫生防疫部门。

3）疫情处置

（1）加油站内全员静止，问题人员如在站，需独自隔离等待。

（2）现场封控。加油站现场暂时停止经营，实行封控管理。

（3）等待防疫卫生部门到站。

（4）协助做好人员转运工作。

4）后续处理

（1）根据上级主管部门要求，确定复营时间。

（2）在防疫部门指导下，做好清洁、消杀工作（图8-13，图8-14）。

图8-13 防疫消杀作业（加油机）

图8-14 防疫消杀作业（地面）

8.4 设备使用及维护

8.4.1 洗车机

1. 洗车机的类型[1]

1）龙门往复式洗车机

龙门往复式洗车机（图8-15）是指可沿轨道前后往返移动，按预设程序自动运行，对汽车外部表面及轮毂进行清洗、吹干的自动设备。该类型洗车机可分为标准版和旗舰版两种。

图8-15 龙门往复式洗车机

2）隧道式洗车机

隧道式洗车机（图8-16）是指内置各种清洗、喷水装置，由输送装置拖动被清洗车辆依次通过隧道并对车辆外部表面进行清洗操作的设备。该类型洗车机可分为有人值守版和无人值守版两种。相对于龙门往复式洗车机，隧道式洗车机更加常见。

图8-16 隧道式洗车机

---

[1] 资料来源：中国石化销售股份有限公司标准XS0001.6—2022。

2. 洗车机操作流程

1）引车入位

（1）引导客户控制车辆时速不超过 5 km/h，缓慢行驶。

（2）确认车辆停在指定位置，提示客户执行关雨刮、收天线、收后视镜、关车窗、关后备箱等操作，确保车辆及人身安全。

（3）使用龙门往复式洗车机洗车时，还应提示客户拉手刹，挂 P 挡。

2）启动洗车机

（1）引导客户根据洗车机对应的支付方式（扫码、现金、卡券）下单。

（2）确认客户已下单后，在确保车辆及人身安全的情况下，启动洗车机。

3）洗车作业

（1）启动洗车机自动冲洗车身，喷洗车助剂，刷洗车身，吹干表面。

（2）设备发生紧急停止操作时，需要现场操作人员在确认消除隐患后复位。

4）送别离站

（1）洗车机发出"洗车完成，请驶离"提示或驶出指示灯变绿之后，指挥客户驶出洗车机。

（2）引导客户控制车辆时速不超过 5 km/h，缓慢驶离。

3. 洗车机的日常巡检

（1）检查洗车机周围有无障碍物，有无安全警示牌。

（2）重点检查轨道链条上有无杂物（针对全自动隧道式洗车）。

（3）检查显示灯供电是否正常。

（4）检查洗车机电源线、各部件无破损、无异味。

（5）确保所有控制箱门板上锁关好。

（6）检查洗车平台是否有淤泥、积水或结冰现象，是否有青苔。

（7）检查安全警示标识是否齐全，有无缺失，确保警示标识完整。

4. 洗车机的维护保养

（1）日常巡检包括对设备内外部所有部件及场地的检查、清洁、清洗。

（2）第三方（维保或供应商）定期维护保养。

（3）维护保养包含且不限于以下内容：

①定期清洗过滤器；

②定期放空循环水；

③定期清理污水池泥沙；

④定期补充清洁剂等耗材；

⑤定期对电机及机械传动机构进行润滑；

⑥定期更换刷子；定期进行电气设备检测。

须明确周期间隔的标准。

8.4.2 尾气处理液加注机

1.尾气处理液加注机操作流程

尾气处理液加注机（图8-17）的操作过程分为4步：

图8-17 尾气处理加注机

第一步	第二步	第三步	第四步
插入加油IC卡	加注确认	提枪加注	加注完毕退卡

- ◇ 员工和客户分别正确插卡，输密码。
- ◇ 验证成功后，员工卡显示卡余额，用户卡显示其应用余额。

- ◇ 根据客户需求，可选择直接加注、定量加注、定额加注。

- ◇ 提枪加注时，显示屏动态显示当前加注信息。

- ◇ 加注完成，放回加注枪后，显示屏显示加注结束信息。
- ◇ 提示客户收好用户卡。

2.尾气处理液加注机补液操作流程

1）准备
高低液位小于100 L、指示灯亮起报警时,准备补液。

2）开门
用专用钥匙打开补液门。

3）接管
(1) 将补液软管一端的快换接头与吨桶接泄口相连接,另一端与备用补液桶相连接。
(2) 关闭补液加注球阀。

4）补液
打开补液开关,开始补液。

5）完成
高低液位报警指示灯再次亮起,达到1000 L时,提示补液操作完成。

6）收尾
(1) 关闭补液开关,脱开补液快速接头。
(2) 打开补液加注球阀,关闭补液门。

3.尾气处理液加注机的日常巡检

(1) 系统稳定无异常。
(2) 小票打印机正常工作。
(3) 设备无跑冒滴漏。
(4) 设备正常运行。
(5) 铅封、强检标识等清晰、齐全。

4.尾气处理液加注机的维护保养

(1) 保持清洁,清除尘土和水汽,防止外壳锈蚀。
(2) 定期检查加注机各部件,及时处理故障。
(3) 加注机定期精度检测,定期接受强检。
(4) 做好日常清洁工作,使用湿润的软布擦拭分体式吨桶。
(5) 定期检查泵的运转是否正常,防止影响使用寿命。
(6) 补液结束后,关闭设备(图8-18)。分体式吨桶停机后,方可离开。
(7) 严禁敲击设备或打开分体式吨桶、泵等进行私自检修,以免引发故障或危险。

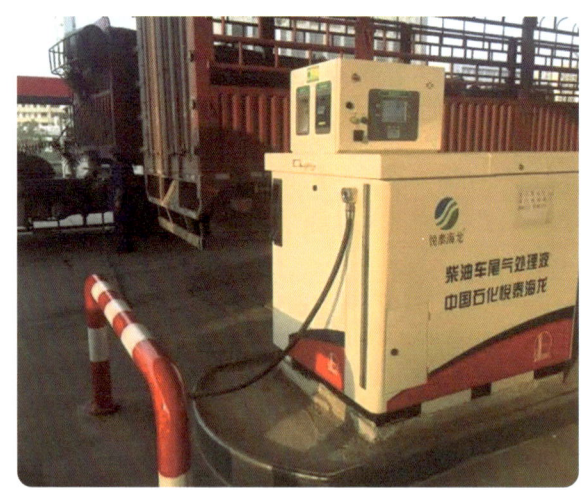

图8-18 柴油车尾气处理液加注机

8.4.3 冷藏饮料柜

执行要点：遵循安全、节能原则，定期维护冷藏饮料柜并保持清洁。

1.冷藏饮料柜的使用方法

（1）员工需熟知储藏温度，按主管部门要求设定冷藏饮料柜（图8-19）温度。带温控器的饮料展示柜需根据季节、环境温度、使用情况来适当进行调整，一般设定的温度为3℃~9℃。

（2）饮料展示柜内的照明光管需保持开启状态，光管无闪烁。

（3）冷藏饮料柜只用于陈列饮料或冰品，严禁存放私人物品。陈列量不能超过最大限度。

（4）将易破损商品、散包商品放入冷藏饮料柜前，须做防漏、防散处理，确保柜体内无异味。

图8-19 冷藏饮料柜

2.冷藏饮料柜的维护保养

（1）每天至少清洁冷藏饮料柜外表一次，设备要注意防尘、防水、防油。清洁冷藏饮料柜时，先切断电源，用水轻轻擦洗并排干积水，使用干燥的毛刷清理散热格栅中的积尘。

（2）不能用漂白剂清洗冷藏饮料柜。

（3）检查冷藏饮料柜柜门：能够自动回弹关闭，封条完好，门把手紧固，各部位无锈蚀、松动。

（4）检查制冷风扇：无杂音，通风口无遮挡。

（5）检查柜内出风口下方商品：摆放不过量，避免冷气输送受阻。

（6）检查冷凝水储水盒，确认无积水溢出。

8.4.4 雪糕柜

执行要点：遵循安全、节能原则，定期维护雪糕柜并保持清洁。玻璃柜门应注意实时清洁，适时除霜。

1.雪糕柜使用前的安全检查

（1）关机后，拔出电源插头，确认电源线无磨损、插头无油污、水渍等导电物质。

（2）冷柜外壳无凹陷、变形、破损，否则必须停用并报修。

（3）冷柜前后左右均预留有10 cm及以上空间。

2.雪糕柜的柜内检查

（1）打开柜门，确认柜门密封完好、无变形、破损，柜内无异味。

（2）柜内无员工私人物品，陈列量未超限。

（3）温度必须达到 –18 ℃以下。

3.雪糕柜的柜体清洁

（1）关机后，拔出电源插头。

（2）轻推柜体，确认脚轮是否转动正常。

（3）用干燥毛刷清理格栅中的灰尘。

4.雪糕柜的除霜操作

（1）柜内结霜厚度约1 cm时，安排除霜。

（2）除霜时应先关机，拔下电源，并将柜内商品移出柜外妥善存放。

（3）除霜后通电，启动冷柜，空机运转1小时后，将商品放回柜内（图8-20）。

（4）除霜流程：

①使用冰箱配备的除冰铲轻轻铲除冰霜；

②用干净的软毛巾擦拭除霜部位；

③清除积水、碎冰，把水擦干。

图8-20 雪糕柜

8.4.5 热饮柜

> **执行要点** 遵循安全、节能原则,定期维护热饮柜并保持清洁;尤其要注意商品保质期管理。

1.热饮柜使用前的安全检查

(1)确定电源线无磨损、破皮;插头无油渍、水渍等导电物质。

(2)外壳无凹陷、变形、破损;柜门及门封完好、无变形(图8-21),否则必须停用并报修。

(3)柜门干净、整洁、无异味(如有异味,应按柜体清洁步骤进行处理)。

(4)热饮柜前后左右预留空间均大于10 cm,上方预留空间大于30 cm。

图8-21 热饮柜

2.热饮柜的柜内检查

(1)确认热饮柜柜内进风口和出风口无堵塞,保持进出口封口畅通,确保制热性能。

(2)食品放置不要超出搁架,食品放置时应隔开2~3 cm。

(3)加热温度不宜超过50 ℃。

(4)确保每瓶饮料放入时,在商品底部标明放入日期与时间,存放天数应控制在一周内,最长不得超过14天。放入热饮柜的饮料,不得常温销售。

(5)加热过的饮料拿出后,不可再次放入热饮柜或常温销售。

3.热饮柜的柜体清洁

(1)关闭热饮柜,拔出电源插头。

(2)待柜内温度降低至常温后,戴上绝缘清洁手套,用柔软的洗碗布对柜体进行擦拭。

> **如何做好热饮柜商品管理?**
>
> (1)由于在热饮柜中加热过的饮料类商品保质期缩短,故应在14天内尽快销售。同时,需依据销售节奏控制好商品陈列数量。
>
> (2)严禁将商品瓶身标明"本品不宜加热"的商品放入热饮柜。

8.4.6 收银POS机

> **执行要点**：遵循安全、节能原则，定期维护收银POS机并保持清洁。收银机附近严禁摆放盛水的水杯或容易漏液的物品。收银POS机钱箱钥匙不得插在钱箱上。

图8-22 收银POS机

1. 收银POS机使用前的安全检查

（1）收银POS机（图8-22）各部位电源及数据连接线连接正确、插接紧固。

（2）接地线连接是否紧固。

2. 收银POS机显示屏检查

（1）**检查显示屏**：前后外壳无变形、破损。

（2）**检查双向显示屏**：显示正常，屏幕无闪烁。

3. 收银POS机开关机检查

（1）**开机检查**：检查主机、网络线路适配器、UPS及电源插座无异味。

（2）**关机检查**：先退出系统，依次关闭收银POS机、网络线路适配器、不间断电源。

4. 收银POS机钱箱检查

（1）**检查抽屉**：打开钱箱，检查抽屉，确保无杂物。钱箱内不应存放票据、办公用品、钥匙和私人物品等。

（2）**检查钱箱底部**：拿出抽屉，检查钱箱底部无杂物。

（3）**检查钥匙**：钥匙不得插在钱箱上。

5. 收银POS机功能检查

（1）退出收银界面，依次点按键盘键，确认按"有效"后，返回收银。

（2）检查扫码设备、钱箱弹出及复位情况、小票打印功能，确保打印纸张充足。

6. 整理桌面

收银POS机附近不要放盛水的水杯或容易漏液的容器。

7. 收银POS机的清洁维护

（1）清洁前，先关机，并断开电源。

（2）使用干毛刷对键盘按键进行除尘。

（3）使用干抹布擦拭主机箱及显示屏表面的灰尘和污渍。

8.4.7 广告设备

> **执行要点**　维护广告设备，每日对加油站及便利店广告媒体进行巡检。

1. 电子屏广告设备每日巡检

加油站及便利店电子屏广告设备（图8-23）包括加油机电子屏、便利店外墙电子屏、收银POS机双屏等。

要关注加油站营业期间，电子屏保持通电点亮状态。

日常巡检时，若发现电子屏广告媒体出现花屏、黑屏、断电等异常情况时，需立即（故障发生当日内）向上级主管部门报告。

图8-23　电子屏广告

2. 传统媒体广告设备每日巡检

传统媒体广告设备（图8-24）包括加油站及便利店灯箱、看板等，加油站围墙、立柱、便利店镶裙等位置的灯箱和看板。

传统广告位应无破损、整洁、不空刊（有宣传画面）。

按要求检查广告媒体（广告牌）、广告画面，如有破损或其他异常，需立即（故障发生当日内）向上级报告。

协助上级主管部门做好广告画面上刊、下刊核验工作。

图8-24　传统媒体广告

8.5 环保安全管理

8.5.1 固体废物处置

执行要点：谁产生谁负责，谁管业务谁负责。

1. 固体废物的分类

固体废物指在工业生产过程中产生的且不属于危险废物的工业固体废物，主要包括建筑垃圾和生活垃圾。

1）建筑垃圾

建筑垃圾是指新建、改建、扩建、拆除以及装修便利店时所产生的弃土、弃料和其他经检验、鉴定不属于危险废物的固体废物。

2）生活垃圾

生活垃圾是指在日常生活或者为日常生活提供服务的过程中产生的固体废物，以及法律、行政法规规定视为生活垃圾的固体废物。

便利店可能产生的固体废物主要包括废包装物、废纸、废笔芯、废墨盒、废硒鼓、废手套、废机油桶、废燃油宝瓶、废尾气处理液桶和建筑垃圾等。

2. 固体废物的处置操作流程

1）建立台账

根据便利店产生的废物种类，建立收集台账与出入台账。

2）收集分类

（1）收集废物时要戴手套，必要时佩戴口罩。

（2）将废物按可回收和不可回收进行分类。

3）储存

（1）设置存放点和收集容器。

（2）按照废物的类型，分别以不同的标识做标记。

4）转运处理

（1）委托具有服务许可证的单位处置固体废物；对于化学品、危化品，应聘请专业服务公司进行处置。

（2）不得随意倾倒、抛撒、丢弃、掩埋、堆放或者焚烧固体废物。

垃圾分类小知识

> **执行要点** 认清垃圾分类回收标识（图8-25），配置分类垃圾桶，严格执行垃圾分类投放[1]。

1）可回收物

可回收物，是指在日常生活中或者为日常生活提供服务的活动中产生的，已经失去原有全部或者部分使用价值，回收后经过再加工可以成为生产原料或者经过整理可以再利用的物品，主要包括废纸类、塑料类、玻璃类、金属类、电子废弃物类、纺织物类等。

2）厨余垃圾

厨余垃圾也称为湿垃圾，是指家庭中产生的菜帮菜叶、瓜果皮核、剩菜剩饭、废弃食物等易腐性垃圾；从事餐饮经营活动的企业和机关、部队、学校、企业事业等单位集体食堂在食品加工、饮食服务、单位供餐等活动中产生的食物残渣、食品加工废料和废弃食用油脂；以及农贸市场、农产品批发市场产生的蔬菜瓜果垃圾、腐肉、肉碎骨、水产品、畜禽内脏等。其中，废弃食用油脂是指不可再食用的动植物油脂和油水混合物。

3）其他垃圾

其他垃圾也称为干垃圾，是指除厨余垃圾、可回收物、有害垃圾之外的生活垃圾，以及难以辨识类别的生活垃圾。

4）有害垃圾

有害垃圾，是指生活垃圾中的有毒有害物质，主要包括废电池（镉镍电池、氧化汞电池、铅蓄电池等），废荧光灯管（日光灯管、节能灯等），废温度计，废血压计，废药品及其包装物，废油漆、溶剂及其包装物，废杀虫剂、消毒剂及其包装物，废胶片及废相纸等。

图8-25 垃圾分类回收标识

---

[1] 资料来源：《北京市生活垃圾管理条例》（2012年3月1日起施行，2020年9月25日修正）。其他省市有相关规定的，依照当地管理规定执行。

8.5.2 洗车排污管理

> **执行要点** 加油站洗车运营商需根据法律法规及地方政府的规定配置污水处理设备，保证设备的正常运行。

1.排污许可管理条例

为了加强排污许可管理，规范企业事业单位和其他生产经营者排污行为，控制污染物排放，保护和改善生态环境，根据《中华人民共和国环境保护法》等有关法律制定《排污许可管理条例》（国令第736号，2021年1月29日发布，自2021年3月1日起施行）。

2.排污许可证制度

（1）排污单位应当向其生产经营场所所在地设区的市级以上地方人民政府生态环境主管部门（以下称审批部门）申请取得排污许可证（图8-26）。

（2）排污单位有两个以上生产经营场所排放污染物的，应当按照生产经营场所分别申请取得排污许可证。

（3）排污许可证有效期为5年。

图8-26 排污许可证样式

3.洗车污水成分

（1）洗车污水中主要含有清洁剂。清洁剂一般都是中性的，不会伤手、伤漆面，并含有天然车蜡及驱除车体静电的成分。

（2）洗车污水中还含有洗车时冲刷下的油脂、粉尘、泥沙以及随废水流至地面的有机物及地面污物。

（3）洗车污水中一般含有大量细菌，时间长了还会有异味。

4.洗车污水处理工艺

（1）目前所采用的洗车废水处理工艺主要有常规过滤工艺、膜过滤工艺及生物处理工艺或这几种工艺的组合工艺，如废水过滤系统、废水循环系统、生物反应器以及洗车废水初沉—混凝—超滤装置等。

（2）加油站洗车运营商需根据法律法规及地方政府的规定配置污水处理设备，保证设备的正常运行。

PART 09 督导管理
SUPERVISION MANAGEMENT

9.1 督导制度

9.2 督导系统

9.1 督导制度

9.1.1 督导整体要求

工作目的 2020年12月31日，下发《中石化易捷销售有限公司运营督导管理办法（试行）》（易捷销售〔2020〕130号，下称《办法》）。督导巡店工作的目的是帮扶、提质、增效。

1.督导原则

分级管理，规范标准，严格督导，落实整改，培训指导，专业服务，客观公正。

2.督导管理体系

建立健全"易捷公司、省（自治区、直辖市）、地市、县/片区"四级督导管理体系，各层级根据归属关系分级管理。

3.督导配置

1）地市公司

（1）便利店数量在50个以下的，配备不少于1名专（兼）职督导人员。

（2）便利店数量在50个到150个之间的，配备不少于2名专（兼）职督导人员。

（3）便利店数量在150个以上的，配备不少于3名专（兼）职督导人员。

2）县/片区公司

每名县/片区督导管理专（兼）职人员负责8~10家便利店（随着督导体系的优化进行动态调整，不多于15家），并按此标准进行县/片区督导管理人员的配置。确保每家店都有督导人员指导。

4.督导工作纪律

督导人员必须遵章守纪，秉公办事，严禁以权谋私。

凡有下列行为之一者，一经发现或查实，立即取消督导员资格，并给予严肃处理：

（1）督导前通风报信，督导过程中徇私情，瞒报查出的违规违纪行为。

（2）私自更改处罚意见。

（3）向受检单位索要财物，收受贿赂，或变相谋求私利。

9.1.2 督导管理人员的职责

上岗条件　专职督导管理人员必须是了解、掌握便利店整体经营业务运营工作的在职业务骨干。
兼职督导管理人员应从事过便利店督导工作，熟悉便利店整体经营业务。

1. 地市公司督导管理人员的职责

（1）负责组建地市公司专（兼）职督导队伍。

（2）负责参考全省（自治区、直辖市）督导工作任务计划制定所辖区内督导计划。

（3）负责参考全省（自治区、直辖市）督导标准，制定所辖区内便利店督导标准，定期发布至省（市）公司并更新，督促各片区参照执行。

（4）负责按计划组织完成督导工作，对所辖区内便利店进行抽样督导，对便利店存在的问题予以帮助、解决，对违规的便利店予以上报处罚。

（5）负责联合职能部门开展便利店专项督导，核查重要的举报和投诉事件等。

（6）负责督促现场问题的整改，将各项督导问题及建议反馈给上级领导及相关部门。

（7）负责每月对所辖区内便利店运营数据进行分析并提出改进建议，形成书面报告，并经系统上报至省（市）公司。

（8）负责参与组织省（市）公司及所辖区内便利店督导会议，对督导工作的优化提出改进建议，形成《改进建议报告》并发送至各相关单位，组织各相关单位学习并落地执行。

（9）负责定期对督导人员组织辅导培训，制定培训要求及规划。

（10）负责对县/片区督导工作进行考核，依照《办法》规定，定期形成评估结果，对业绩突出或问题较多的县/片区相关人员提出调整或任免建议。

2.县/片区公司督导管理人员的职责

（1）设定县/片区专（兼）职督导岗位。

（2）负责参照直属上级安排的督导计划及县/片区工作需要，制定县/片区日常督导计划。

（3）负责做好辖区内的便利店督导计划的执行落地，对便利店存在的问题予以帮助、解决，对违规的便利店予以上报。

（4）负责配合实施完成专项督导工作。

（5）负责每月对辖区内的便利店经营数据进行分析，形成书面报告，并经系统上报至地市公司，协助便利店提升经营业绩。

（6）负责协助便利店落实上级督导组提出的整改意见。

（7）负责组织片区督导交流会，参加地市督导交流会，对督导工作的优化提出改进建议，形成《改进建议报告》并发送至各相关单位，组织各相关单位学习并落地执行。

（8）负责开展辖区内便利店经营水平提升工作的相关培训。

（9）负责对便利店督导工作进行考核，形成便利店督导评价结果，提报省市相关管理部门。对业绩突出或问题较多的便利店相关人员提出调整或任免建议。

如何登录易捷督导系统

◇ 微信小程序登录：用户通过手机扫小程序码（图9-1）登录。

◇ 后台登录：打开浏览器，输入 https://sop.ejoy365.com/，回车，进入后台（图9-2）。

◇ 用户账号为手机号，可以在"基础管理"－"用户管理"中修改密码。

图9-1　易捷督导系统小程序码

图9-2　易捷督导系统登录界面

9.1.3 常见督导方式

常规督导	依据既定的年度、季度、月度督导计划定期开展的督导工作
专项督导	针对某项业务不定期开展的督导工作： （1）根据上级工作安排，开展专项督导检查。 （2）对问题频发、多发及严重违规的部分便利店予以重点关注，增加检查频次。 （3）根据内部员工举报情况，对举报的严重问题进行现场督导检查。
交叉督导	各省（自治区、直辖市）公司、地市公司、县/片区公司之间定期、不定期开展督导检查
抽查明访	由易捷销售公司督导人员、省（市）公司督导人员组织，采取"四不两直"的方式对便利店开展督导检查
远程监控督导	各级督导人员通过远程信息手段（视频随机督导）对便利店经营现场进行线上督导检查
神秘客户暗访	通过神秘客户到店实际购物体验，对便利店经营现状进行暗访检查
第三方盘点机构巡检	在第三方盘点机构对便利店开展盘点的同时，进行便利店经营现状巡检

9.1.4 督导内容分类

完整的督导检查包含否决项、店面形象检查和规范服务检查等，并需要与店长进行沟通访谈。

完整的督导检查包含但不限于下列检查项目：

检查项目	检查内容
否决项	私自进货、套现等严重违规违纪问题
店面形象检查	现场环境、销售氛围、促销宣传物料及商品陈列整体情况等
规范服务检查	仪容仪表、收银规范、开口营销
新品上架与下架检查	新品商情、库存，下架商品管理
陈列检查	按"两图"标准化陈列货架检查（包含泵岛、前庭和店内）
缺货检查	检查及时补货情况，分析缺货原因
价格检查	价签规范使用，促销价签准确
营销检查	主题活动营销物料、氛围呈现
保质期检查	先进先出，临期排查
系统检查	对销售、库存、订货、调拨、退货等进行检查
人员安全管理检查	内外部人员安全管理
店长沟通访谈	了解营销落地情况，历史问题跟踪

9.1.5 督导时间与频次

使用督导系统小程序（图9-3）对便利店进行督导。

1.督导时间

（1）每次到站督导时间不少于1小时。

（2）提前将督导内容及标准要求形成计划，明确重点督导事项，提高督导效率。

2.督导频次

1）地市公司

（1）每季度须完成对辖区内所有便利店的督导，每家店的督导次数不少于1次。

（2）每半年至少组织1次各县/片区分公司之间的非油品基础管理交叉检查。

（3）如有特殊情况（如便利店装修改造、节假日、大型营销活动），督导员要增加巡店频率，不定期开展专项督导工作。

2）县/片区公司

（1）每月对辖区内的便利店开展全覆盖督导，每家店的督导次数不少于2次（督导时间需兼顾便利店的早、中、夜班）。

（2）如有特殊情况（如便利店装修改造、节假日、大型营销活动），督导员要增加巡店频率。

（3）根据省（市）公司的工作安排，不定期对辖区内便利店开展专项督导巡查。

图9-3 督导系统小程序主页

中国石化易捷便利店标准作业指导书（2022版）
EASY JOY: STANDARD OPERATION INSTRUCTIONS (2022)

9.1.6 便利店现场督导

执行要点 现场督导时，指导便利店现场整改。

1 现场签到

到店后，打开定位系统进行线上签到。

2 亮明身份

明确督导人员身份（亮出工作卡）。

3 督导检查

根据既定的督导内容，与便利店当班负责人开展现场督导。

督导管理
SUPERVISION MANAGEMENT
PART 09

4 现场指导

（1）检查后，与当班负责人逐项交流问题。便利店现场反馈。

（2）重点强调营销活动、通知公告。形成沟通记录。

（3）对店员进行现场培训和指导，并形成培训指导记录。

5 要求整改

（1）可现场整改的问题，现场整改。

（2）不能现场整改的问题，形成整改方案（包含原因及措施）。

6 提交报告

（1）通过督导系统填写督导报告。

（2）使用纸制督导检查表的，一式两份，双方签字确认后方可完成督导工作。

（3）督导结束后，现场填写督导记录表单。

9.1.7 督导报告

1.督导报告的主要内容

执行要点：督导报告（图9-4）要求结构完整、表达明晰、有理有据、针对性强，实事求是、解决问题，促进便利店经营业绩提升。

1）背景介绍

开头部分，介绍组织开展督导工作的目的、督导主题，以及督导时间、实施督导的人员等。

2）整体情况

（1）介绍督导加油站及便利店的基本情况，加油站的人员配置、油品结构、客户类型、周边商圈和竞争对手等。

（2）介绍非油品经营数据、品类结构、商品配置、便利店布局、设备设施配置、配送周期等。

3）工作亮点

挖掘便利店经营或管理方面的工作经验，形成正向激励。

4）存在问题

（1）概括问题总数和分类型问题比例。列出重点问题和具体问题，问题描述清晰、准确，配以照片进行说明。

（2）多店督导时，要先介绍共性问题，再介绍个性问题。

5）原因分析

（1）结合问题，帮助便利店分析原因，使原因与存在的问题一一对应、紧密结合。

（2）原因分析与"整体情况"中的数据应前后结合、互相呼应。

6）改善措施

（1）针对存在的问题及原因分析，提出整改或改善措施，限定整改期限，提出长效机制建议意见。

（2）针对当前上级部门的工作重点，提出下一步的工作要求及工作建议。

图9-4 督导报告目录样式

2.督导报告的要求

> **执行要点**　重视督导前的经营数据分析以及督导后提出改善措施及建议的环节。

主要工作内容：分析经营数据

（1）现场督导前，查阅系统数据，分析便利店经营情况，明确要重点进行现场检查核实的问题。

（2）数据分析包含月度和年度分品类销售额及同/环比、销售指标达成、库存分品类周转天数、SKU及动销数。

（3）数据分析或结论不能存在错误或脱节；现场应针对分析结果进行重点检查。

（4）现场进行前台销售和库存数据检查，核实要货、调拨、验收、退货等系统业务操作检查。

主要工作内容：提出改善措施及建议

（1）改善措施应具有可操作性，标签化、具体、见具体动作，以免造成便利店执行困难。

（2）整改措施与原因分析应具有关联度。

（3）由便利店现场整改的内容应阐述明确，并确定整改时间和后续跟踪反馈机制。

（4）对于非便利店层面的问题，向管理部门提出出台帮扶与改进措施的建议。

（5）改进措施要具有可操作性。

9.2 督导系统

9.2.1 督导系统的主要功能

执行要点 运营督导系统是由易捷总部开发，可以通过微信小程序实现全国一体化督导管理的应用工具，其主要功能包括通知公告、巡店任务、下达整改任务、便利店自检、培训学习、案例分享等。

1.通知公告

上级组织通过后台或手机小程序下发通知，触达便利店店长和店员手机端。

2.巡店任务

（1）上级组织通过后台或手机小程序下发督导巡店任务。
（2）片区督导员接收到巡店任务，到达待巡查便利店打卡巡店，并通过小程序提交督导情况。
（3）对于督导中的不合格项，生成整改项。

3.下达整改任务

（1）上级组织通过后台或手机小程序给指定便利店下达整改任务。
（2）便利店店长或店员通过小程序接收整改任务，并在执行整改后提报整改结果。

4.便利店自检

（1）上级组织通过后台或手机小程序给指定便利店下达便利店自检任务。
（2）便利店店长或店员通过小程序接收便利店自检任务，并在执行任务后提报自检结果。

5.培训学习

（1）上级组织通过后台下发培训学习材料，员工可通过手机小程序端或 PC 端进行阅读、学习。
（2）系统自动统计学习时长。

6.案例分享

（1）各层级用户均可通过小程序提报便利店优秀案例。
（2）上级组织需对优秀案例进行审核，审核通过后，可按审核人员的岗位扩大分享范围，供其他用户学习。

9.2.2 新增用户岗位配置权限

> **执行要点** 每个片区至少指定1名督导管理岗人员。

运营督导系统的督导管理体系共分五级：易捷总部、省（自治区、直辖市）公司、地市公司、片区、加油站便利店。

运营督导系统共分三类岗位：督导类、管理类、站级类，由省（市）公司设置用户权限（图9-5）。

1.扫描二维码新增用户

（1）新增用户扫描同一组织人员的邀请二维码（图9-6），输入个人信息，提交系统审核。

（2）有审核权限的人员在后台或者使用小程序进行审批并分配岗位、分配权限。

【注意】配置岗位时，仅可配置审核人员的下级岗位。

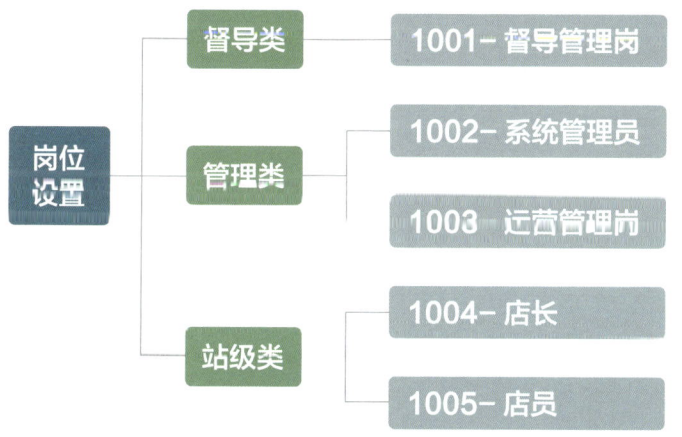

图9-5 督导管理系统的岗位设置

图9-6 新增用户界面

2. 片区督导管理岗的配置

（1）通过后台"基础管理"—"用户管理"页面配置岗位（图9-7），并按照用户组织层级选择相应的岗位。

（2）每个片区至少指定1名督导管理岗人员。

（3）通过后台"基础管理"—"督导范围"页面，配置片区的督导管理岗所管辖的便利店。如未配置，则无法下达任务。

图9-7 岗位配置界面

3. 岗位权限配置

（1）通过后台"基础管理"—"岗位管理"—"功能开通"页面，在分配菜单里选择需要开通的功能（图9-8）。

（2）也可勾选"同步分配至同类型岗位"，批量处理同类型的岗位（图9-9）。

图9-8 岗位权限配置界面

图9-9 同类型岗位的批量处理

9.2.3 督导系统任务和巡店子任务

执行要点　按照下达对象，督导系统任务分为督导经理执行的"巡店任务"和便利店店长或店员执行的"自检任务"。巡店子任务分别为标准化巡店、库存巡检、商品巡检和设备巡检。

微课14　督导小程序库存盘点操作流程

微课15　督导小程序商品巡检操作流程

1.标准化巡店

（1）在标准化巡店中，由总部设置检查项（图9-10），各级组织根据检查项制作《标准化巡店清单》。

（2）督导人员执行统一督导标准。

图9-10　标准化巡店界面

2.库存巡检

（1）库存巡检的主要工作内容是库存盘点。库存盘点分为全盘和抽盘两种模式。抽盘时，可指定商品（图9-11）。

（2）盘点过程中如果不显示账面库存，盘点后可查看盈亏。

（3）"指定盘点数量（随机）"不必填。

图9-11　库存盘点界面

3.商品巡检

（1）商品巡检分为临期建档和质量问题两种情况（图9-12）。

（2）根据保质期（天）、生产日期和到期日期中的任意两个数值，即可计算出另一个数值。

（3）临期建档商品，进行下架闭环管理。

图9-12　商品巡检界面

4.设备巡检

设备巡检的步骤如下：

（1）后台指定设备类型（图9-13）。

（2）输入设备名称、品牌、型号以及数量。

（3）设备状态分为"闲置中""故障中"。在"故障中"状态下，可选择是否"已报修"。

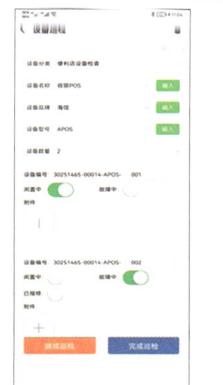

图9-13　设备巡检界面

9.2.4 片区督导员巡店

微课16
片区督导员巡店
操作流程

执行要点 由上级通过督导系统下达巡店任务，执行人为片区督导。督导人员到店要签到，离店要签退。

1.制作表单

（1）由易捷公司总部拟定检查项（图9-14）。

（2）各级组织制作标准化督导表。

图9-14 督导检查项界面

2.下达任务

（1）下达督导系统任务（图9-15）。

（2）总部每月下发统一任务。

图9-15 督导任务信息界面

3.到店签到

（1）督导人员到店后，进行签到（图9-16）。

（2）位置不符的，由站内进行校准。

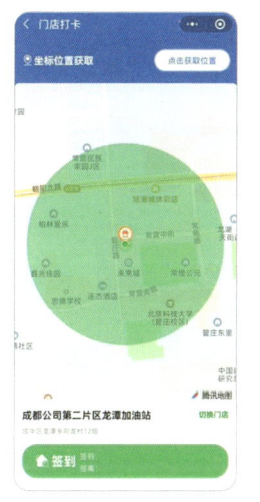

图9-16 督导人员签到界面

5.生成整改任务

（1）如果有"不通过"项，生成整改任务（图9-18）。

（2）督导人员确定整改时间，正式生成整改任务。

图9-18 生成整改任务界面

4.任务执行

（1）按上级任务到店督导（图9-17）。

（2）任务执行完成后，在督导系统中提报。

（3）如果没有"不通过"项，则督导任务完成。

图9-17 督导任务执行界面

6.离店签退

督导人员离店时，进行签退（图9-19）。

图9-19 离店签退界面

9.2.5 自检任务

> **执行要点**　自检任务是由上级组织下达的，执行人为店长或店员。在自检任务执行过程中，如果有"不合格"项，也会生成整改任务，审批人为店长。巡店任务中使用的检查项和子任务同样适用于自检任务。

1. 表单制作

（1）由易捷公司总部拟定检查项（图9-20）。

（2）各级组织制作标准化督导表。

图9-20　检查项列表

2. 任务下发

（1）各级组织下达督导系统自检任务（图9-21）。

（2）任务类型包含标准化巡店、库存巡检、商品巡检和设备巡检4个子任务。

（3）执行人可选择店长或店员，也可同时选择。

图9-21　督导系统自检任务

3. 任务执行

（1）执行人（店长或店员）接收任务（图9-22）。

（2）任务执行完成后，在督导系统中提报。

（3）如没有"不通过"项，则任务完成。

图9-22　待完成任务

4. 整改执行

（1）如有"不通过"项，则自动生成整改任务。

（2）店员或店长完成整改任务，逐项回复后点击"提交审批"。

（3）整改任务由店长负责审批，审批通过后完成（图9-23）。

（4）已完成的整改任务，可以在整改列表的"已完成"列查询。

图9-23　督导整改操作流程

9.2.6 整改任务

> **执行要点** 整改任务分为自动生成和上级下达两种方式。片区督导巡店任务或店长店员自检任务执行时，如果有"不通过"项，会自动生成整改任务。

1. 下发整改任务

1）后台下发

（1）在后台创建整改任务，逐项设置整改内容（图9-24）。

（2）指定审批流程（可以从审批模板中选择）。

2）小程序下发

（1）在小程序"整改下发"中填写标题、截止日期、紧急程度、接收岗位、整改便利店，逐项添加整改项（图9-25）。

（2）选择审核模板，点击"创建并发布"，完成任务发布。

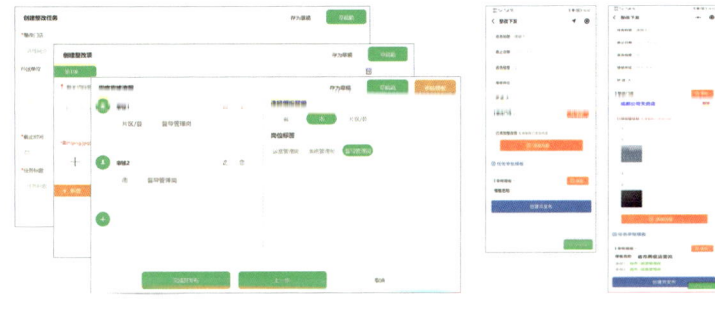

图9-24 后台下发整改任务　　图9-25 小程序下发整改任务

2. 执行整改任务

1）整改列表

（1）小程序整改列表分为三类任务："待回复""待审核"和"已完成"（图9-26）。

（2）在"待回复"中，找到需要执行的任务。

2）整改执行

（1）选择"去回复"，选择类型。

（2）逐项回复后，"提交审批"按钮变成蓝色，可提交。

（3）如果审核不通过，任务驳回到便利店，继续整改。

图9-26 执行整改任务

3.整改审批查询

方式一：后台整改审批

（1）点击"整改任务"，进入"我的审批"。

（2）查看并回复审批，逐项审核；审核不通过的，需填写意见（图9-27）。

（3）完成后，点击"流转"或"全部通过"，进入下一个审批流程。

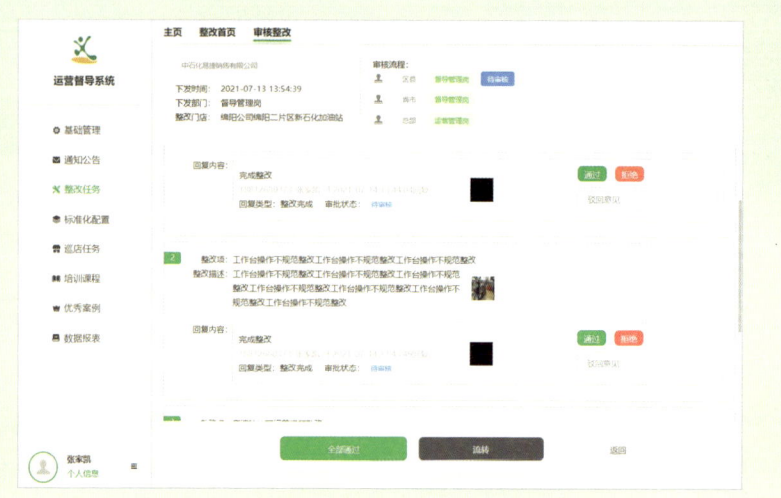

图9-27 后台整改审批界面

方式二：小程序整改审批

（1）选择"待审核""去审核"，逐项审核；审核不通过的，需填写意见（图9-28）。

（2）完成后，点击"流转"或"全部通过"。

（3）整改列表显示"已完成"后，可以查看整改详情。

图9-28 小程序整改审批界面

9.2.7 自主巡检

> **执行要点** 自主巡检不由上级下达，各级督导人员、店长或店员都可以发起。通过自主商品巡检，可以进行保质期排查登记。

1. 进入自主巡检

（1）巡检人员通过小程序首页进入自主巡检（包含标准化巡店、商品巡检、库存巡检和设备巡检4个子任务，图9-29）。

（2）自检任务只能通过小程序新增，后台无需下达或审批。

图9-29 自主巡检界面

2. 选择任务类型

（1）先进行便利店打卡，然后进行新增。

（2）选择任务类型，进入任务列表，点击"新增巡检"（图9-30）。新增过程中，需要确认巡检的便利店无误。

图9-30 新增巡检界面

3. 任务执行

按所选择的子任务进行巡检（图9-31），操作方法与上级下达任务一致。

图9-31 任务执行界面

4. 查看结果

（1）已完成的自主巡检任务，可通过后台的自主巡检模块查看，操作"点击查看"，可查看任务详情。

（2）在小程序首页选择需要查看的子任务，进入巡检列表后，筛选已完成的任务，点击进入，即可查看详情（图9-32）。

图9-32 查看自主巡检任务

中国石化易捷便利店标准作业指导书（2022版）
EASY JOY: STANDARD OPERATION INSTRUCTIONS (2022)

9.2.8 便利店位置校准

微课17
督导小程序位置校准操作流程

执行要点：督导人员到店签到后，如果便利店位置不准确，要由店长现场进行位置校准。

便利店店长拥有督导小程序"位置校准"的操作权限。

督导人员到店签到后，如果便利店位置不准确，要由店长现场进行位置校准。位置更新准确后，督导人员方可执行巡店任务。

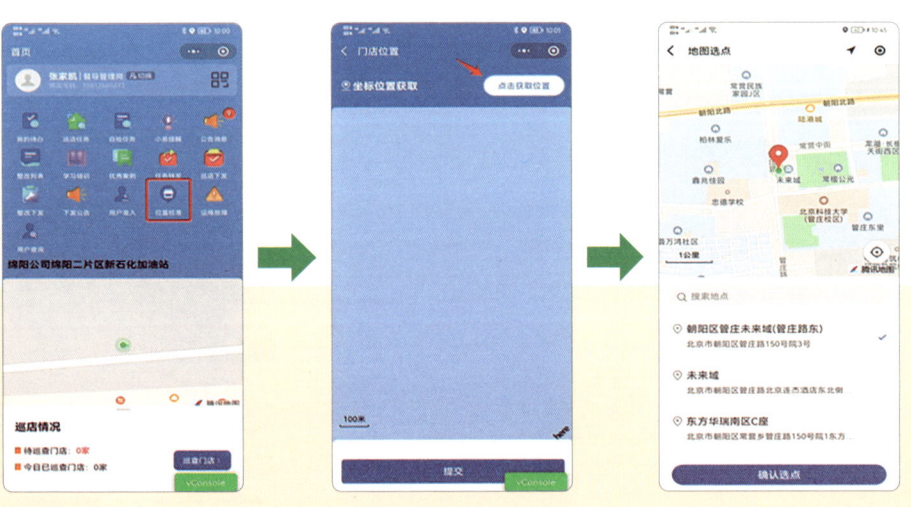

图9-33 便利店位置校准操作流程

店长进入小程序"位置校准"模块，点击"获取位置"，选择地图上的点位，确认选点后提交，即可更新位置（图9-33）。

PART 10 法律法规
LAWS AND REGULATIONS

10.1　实体经营相关法律法规

10.2　食品安全相关法律法规

10.3　烟草销售相关法律法规

10.4　数据保护与消费者权益保护

10.5　网络销售风险

10.1 实体经营相关法律法规

10.1.1 经营主体

法律依据：《中华人民共和国市场主体登记管理条例》（2022年3月1日起施行）

1.经营资质

（1）市场主体应当依照本条例办理登记。未经登记，不得以市场主体名义从事经营活动。

（2）市场主体变更经营范围，属于依法须经批准的项目的，应当自批准之日起30日内申请变更登记。

（3）（市场主体）未经设立登记从事经营活动的，由登记机关责令改正，没收违法所得；拒不改正的，处1万元以上10万元以下的罚款；情节严重的，依法责令关闭停业，并处10万元以上50万元以下的罚款。

（4）市场主体未依照本条例办理变更登记的，由登记机关责令改正；拒不改正的，处1万元以上10万元以下的罚款；情节严重的，吊销营业执照。

2.风险描述

（1）新开设加油站及便利店后，未办理加油站营业执照即进行经营，或在加油站以外的地点开设便利店而未办理营业执照的，属于无照经营。

（2）便利店经营属于依法须经批准的项目的，应当自批准之日起30日内申请变更登记。

相关案例

2009年3月，某保险公司业务经理联系到A石油公司加油站便利店店长，希望借助便利店优势在车险业务推广方面开展合作。为扩大非油品销售额，店长表示同意。双方商谈后，确定由某保险公司在加油站便利店现场预放若干保险单，由加油员或便利店店员在客户加油或购买商品时向车主推介。若车主同意投保，则现场填单，由加油站代收保险费，按投保额度获得保险公司返利。

2009年3月，当地工商局和原保监会（现银保监会）的联合执法人员以A石油公司加油站超经营范围非法从事保险代理业务为由，对该加油站给予行政处罚，取缔其保险代理业务，没收违法所得3000元，并处罚款5万元。

10.1.2 不正当价格行为

法律依据
（1）《中华人民共和国价格法》（1998年5月1日起施行）
（2）《价格违法行为行政处罚规定》（1999年8月1日起施行，2010年12月4日修正）
（3）《明码标价和禁止价格欺诈规定》（2022年7月1日起施行）
（4）《规范促销行为暂行规定》（2020年7月1日起施行）

1.定价行为

（1）商品价格和服务价格，除依照《中华人民共和国价格法》第十八条规定适用政府指导价或者政府定价外，实行市场调节价，由经营者依照本法自主制定。

（2）下列商品和服务价格，政府在必要时可以实行政府指导价或者政府定价：
①与国民经济发展和人民生活关系重大的极少数商品价格；
②资源稀缺的少数商品价格；
③自然垄断经营的商品价格；
④重要的公用事业价格；
⑤重要的公益性服务价格。

2.不正当价格行为

经营者不得有下列不正当价格行为：

（1）相互串通，操纵市场价格，损害其他经营者或者消费者的合法权益。

（2）在依法降价处理鲜活商品、季节性商品、积压商品等商品外，为了排挤竞争对手或者独占市场，以低于成本的价格倾销，扰乱正常的生产经营秩序，损害国家利益或者其他经营者的合法权益。

（3）捏造、散布涨价信息，哄抬价格，推动商品价格过高上涨的。

（4）利用虚假的或者使人误解的价格手段，诱骗消费者或者其他经营者与其进行交易。

（5）提供相同商品或者服务，对具有同等交易条件的其他经营者实行价格歧视。

（6）采取抬高等级或者压低等级等手段收购、销售商品或者提供服务，变相提高或者压低价格。

（7）违反法律、法规的规定牟取暴利。

（8）法律、行政法规禁止的其他不正当价格行为。

3.未明码标价

（1）商品或服务应当标明价格，经营者明码标价，应当明确所标示的价格对应的商品或者服务。商品或者服务的价格发生变动时，应当及时调整相对应的标价。

（2）经营者违反明码标价规定，有下列行为之一的，责令改正，没收违法所得，可以并处5000元以下的罚款：

①不标明价格的；

②不按照规定的内容和方式明码标价的；

③在标价之外加价出售商品或者收取未标明的费用的；

④违反明码标价规定的其他行为。

（3）经营者在销售商品或者提供服务时，不得在标价之外加价出售商品或者提供服务，不得收取任何未予标明的费用。

（4）经营者违反本规定有关明码标价规定的，由县级以上市场监督管理部门依照《中华人民共和国价格法》《价格违法行为行政处罚规定》有关规定进行处罚。

4.价格欺诈

（1）价格欺诈，是指经营者利用虚假的或者使人误解的价格手段，诱骗消费者或者其他经营者与其进行交易的行为。

（2）经营者不得实施下列价格欺诈行为：

①谎称商品和服务价格为政府定价或者政府指导价；

②以低价诱骗消费者或者其他经营者，以高价进行结算；

③通过虚假折价、减价或者价格比较等方式销售商品或者提供服务；

④销售商品或者提供服务时,使用欺骗性、误导性的语言、文字、数字、图片或者视频等标示价格以及其他价格信息；

⑤无正当理由拒绝履行或者不完全履行价格承诺；

⑥不标示或者显著弱化标示对消费者或者其他经营者不利的价格条件，诱骗消费者或者其他经营者与其进行交易；

⑦通过积分、礼券、兑换券、代金券等折抵价款时，拒不按约定折抵价款；

⑧其他价格欺诈行为。

（3）经营者违反规定实施价格欺诈的，由县级以上市场监督管理部门依照《中华人民共和国价格法》《价格违法行为行政处罚规定》有关规定进行处罚。

5.价格促销活动中的其他注意事项

（1）经营者开展价格促销活动有附加条件的，应当显著标明条件。经营者开展限时减价、折价等价格促销活动的，应当显著标明期限。

（2）经营者折价、减价，应当标明或者通过其他方便消费者认知的方式表明折价、减价的基准。未标明或者表明基准的，其折价、减价应当以同一经营者在同一经营场所内，在本次促销活动前七日内最低成交价格为基准。如果前七日内没有交易的，折价、减价应当以本次促销活动前最后一次交易价格为基准。

（3）经营者通过积分、礼券、兑换券、代金券等折抵价款的，应当以显著方式标明或者通过店堂告示等方式公开折价计算的具体办法。未标明或者公开折价计算具体办法的，应当以经营者接受兑换时的标价作为折价计算基准。

（4）经营者违反价格促销行为规范，构成价格违法行为的，由市场监督管理部门依据价格监管法律法规进行处罚。

10.1.3 广告宣传

> **法律依据**　《中华人民共和国广告法》（2015年9月1日起施行，2021年4月29日修正）

在中华人民共和国境内，商品经营者或者服务提供者通过一定的媒介和形式直接或者间接地介绍自己所推销的商品或者服务的商业广告活动适用《中华人民共和国广告法》规定。

广告应当具有可识别性，能够使消费者辨明其为广告。

1.广告禁用语

广告不得有下列情形：

（1）使用或者变相使用中华人民共和国的国旗、国歌、国徽、军旗、军歌、军徽。

（2）使用或者变相使用国家机关、国家机关工作人员的名义或者形象。

（3）使用"国家级""最高级""最佳"等用语。

（4）损害国家的尊严或者利益，泄露国家秘密。

（5）妨碍社会安定，损害社会公共利益。

（6）危害人身、财产安全，泄露个人隐私。

（7）妨碍社会公共秩序或者违背社会良好风尚。

（8）含有淫秽、色情、赌博、迷信、恐怖、暴力的内容。

（9）含有民族、种族、宗教、性别歧视的内容。

（10）妨碍环境、自然资源或者文化遗产保护。

（11）法律、行政法规规定禁止的其他情形。

2.表达不清风险

（1）广告中对商品的性能、功能、产地、用途、质量、成分、价格、生产者、有效期限、允诺等或者对服务的内容、提供者、形式、质量、价格、允诺等有表示的，应当准确、清楚、明白。

（2）广告中表明推销的商品或者服务附带赠送的，应当明示所附带赠送商品或者服务的品种、规格、数量、期限和方式。

3.虚假广告

广告以虚假或者引人误解的内容欺骗、误导消费者的，构成虚假广告。

广告有下列情形之一的，为虚假广告：

（1）商品或者服务不存在的。

（2）商品的性能、功能、产地、用途、质量、规格、成分、价格、生产者、有效期限、销售状况、曾获荣誉等信息，或者服务的内容、提供者、形式、质量、价格、销售状况、曾获荣誉等信息，以及与商品或者服务有关的允诺等信息与实际情况不符，对购买行为有实质性影响的。

(3)使用虚构、伪造或者无法验证的科研成果、统计资料、调查结果、文摘、引用语等信息作证明材料的。

(4)虚构使用商品或者接受服务的效果的。

(5)以虚假或者引人误解的内容欺骗、误导消费者的其他情形。

4.违规宣传类

1)酒类广告

酒类广告不得含有下列内容：

(1)诱导、怂恿饮酒或者宣传无节制饮酒。

(2)出现饮酒的动作。

(3)表现驾驶车、船、飞机等活动。

(4)明示或者暗示饮酒有消除紧张和焦虑、增加体力等功效。

2)烟草广告

(1)禁止在大众传播媒介或者公共场所、公共交通工具、户外发布烟草广告。禁止向未成年人发送任何形式的烟草广告。

(2)禁止利用其他商品或者服务的广告、公益广告，宣传烟草制品名称、商标、包装、装潢以及类似内容。

(3)烟草制品生产者或者销售者发布的迁址、更名、招聘等启事中，不得含有烟草制品名称、商标、包装、装潢以及类似内容。

5.涉及专利的广告

(1)广告中涉及专利产品或者专利方法的，应当标明专利号和专利种类。

(2)未取得专利权的，不得在广告中谎称取得专利权。

(3)禁止使用未授予专利权的专利申请和已经终止、撤销、无效的专利作广告。

6.户外广告

有下列情形之一的，不得设置户外广告：

(1)利用交通安全设施、交通标志的。

(2)影响市政公共设施、交通安全设施、交通标志、消防设施、消防安全标志使用的。

(3)妨碍生产或者人民生活，损害市容市貌的。

(4)在国家机关、文物保护单位、风景名胜区等的建筑控制地带，或者县级以上地方人民政府禁止设置户外广告的区域设置的。

7.互联网广告

(1)利用互联网从事广告活动，适用《中华人民共和国广告法》的各项规定。

(2)利用互联网发布、发送广告，不得影响用户正常使用网络。在互联网页面以弹出等形式发布的广告，应当显著标明关闭标志，确保一键关闭。

10.1.4 侵犯知识产权风险

法律依据
（1）《中华人民共和国著作权法》（1991年6月1日起施行，2020年11月11日修正）
（2）《中华人民共和国商标法》（1983年3月1日起施行，2019年4月23日修正）
（3）《中华人民共和国专利法》（1985年4月1日起施行，2020年10月17日修正）

1.侵犯著作权

为保护著作权和与著作权有关的权利，权利人可以采取技术措施。未经权利人许可，任何组织或者个人不得故意避开或者破坏技术措施。

上述技术措施，是指用于防止、限制未经权利人许可浏览、欣赏作品、表演、录音录像制品或者通过信息网络向公众提供作品、表演、录音录像制品的有效技术、装置或者部件。

2.侵犯注册商标专用权

有下列行为之一的，均属侵犯注册商标专用权：
（1）未经商标注册人的许可，在同一种商品上使用与其注册商标相同的商标的。
（2）未经商标注册人的许可，在同一种商品上使用与其注册商标近似的商标，或者在类似商品上使用与其注册商标相同或者近似的商标，容易导致混淆的。
（3）销售侵犯注册商标专用权的商品的。
（4）伪造、擅自制造他人注册商标标识或者销售伪造、擅自制造的注册商标标识的。
（5）未经商标注册人同意，更换其注册商标并将该更换商标的商品又投入市场的。
（6）故意为侵犯他人商标专用权行为提供便利条件，帮助他人实施侵犯商标专用权行为的。
（7）给他人的注册商标专用权造成其他损害的。

3.侵犯专利权

未经专利权人许可，实施其专利，即侵犯其专利权，引起纠纷的，由当事人协商解决；不愿协商或者协商不成的，专利权人或者利害关系人可以向人民法院起诉，也可以请求管理专利工作的部门处理。

4.防范建议

（1）在产品包装、商标、标识及相关宣传内容上，尽量选择免费可商用字体。
（2）使用付费商用字体，应取得字库企业的许可，购买正版字体。
（3）委托第三方设计公司设计、使用字体。

10.1.5 不正当竞争风险

法律依据
（1）《中华人民共和国反不正当竞争法》（2018年1月1日起施行，2019年4月23日修正）
（2）《最高人民法院关于适用<中华人民共和国反不正当竞争法>若干问题的解释》（2022年3月20日起施行）

不正当竞争行为，是指经营者在生产经营活动中违反法律规定，扰乱市场竞争秩序，损害其他经营者或消费者合法权益的行为。

1. 经营者不得实施的混淆行为

经营者不得实施下列混淆行为，引人误认为是他人商品或者与他人存在特定联系：

（1）擅自使用与他人有一定影响的商品名称、包装、装潢等相同或者近似的标识。

（2）擅自使用他人有一定影响的企业名称（包括简称、字号等）、社会组织名称（包括简称等）、姓名（包括笔名、艺名、译名等）。

（3）擅自使用他人有一定影响的域名主体部分、网站名称、网页等。

（4）其他足以引人误认为是他人商品或者与他人存在特定联系的混淆行为。

2. 混淆行为具象化

（1）具有一定的市场知名度并具有区别商品来源的显著特征的标识，人民法院可以认定为反不正当竞争法第六条规定的"有一定影响的"标识。

（2）人民法院认定反不正当竞争法第六条规定的标识是否具有一定的市场知名度，应当综合考虑中国境内相关公众的知悉程度，商品销售的时间、区域、数额和对象，宣传的持续时间、程度和地域范围，标识受保护的情况等因素。

（3）由经营者营业场所的装饰、营业用具的式样、营业人员的服饰等构成的具有独特风格的整体营业形象，人民法院可以认定为反不正当竞争法第六条第一项规定的"装潢"。

3. 不正当有奖销售行为

（1）所设奖的种类、兑奖条件、奖金金额或者奖品等有奖销售信息不明确，影响兑奖。

（2）采用谎称有奖或者故意让内定人员中奖的欺骗方式进行有奖销售。

（3）抽奖式的有奖销售，最高奖的金额超过5万元。

4. 虚假宣传行为

经营者不得对其商品的性能、功能、质量、销售状况、用户评价、曾获荣誉等作虚假或者引人误解的虚假宣传，欺骗、误导消费者。

10.2 食品安全相关法律法规

10.2.1 食品销售资质

法律依据：《中华人民共和国食品安全法》（2015年10月1日起施行，2021年4月29日修正）

1. 食品经营许可证

（1）国家对食品生产经营实行许可制度。从事食品生产、食品销售、餐饮服务，应当依法取得许可。但是，销售食用农产品和仅销售预包装食品的，不需要取得许可。

（2）仅销售预包装食品的，应当报所在地县级以上地方人民政府食品安全监督管理部门备案。

2. 风险描述

（1）未获得行政许可而从事食品生产经营活动。

（2）未经许可，擅自改变许可事项。

（3）伪造、涂改、倒卖、出租、出借《食品经营许可证》，或者以其他形式非法转让《食品经营许可证》。

（4）隐瞒真实情况或者提交虚假材料申请取得食品经营许可。

（5）以欺骗、贿赂等不正当手段取得食品经营许可的。

3. 防范建议

（1）除仅销售预包装食品外，应及时办理并取得《食品经营许可证》（有效期5年）。

（2）开展电子商务、网上销售业务涉及食品经营的，也必须取得《食品经营许可证》。

（3）《食品经营许可证》期满30个工作日前，及时申请延续。

（4）妥善保存《食品经营许可证》，禁止出租、出借。

相关案例

某便利店自2018年11月23日起，在未取得食品经营许可的情况下，擅自从事简单加热的现制现售食品的生产经营。

处罚结论：责令改正，没收违法所得15.70元，罚款5000元。

10.2.2 食品销售风险

法律依据
（1）《中华人民共和国食品安全法》（2015年10月1日起施行，2021年4月29日修正）
（2）《食品召回管理办法》（2015年9月1日起施行，2020年10月23日修订）

1.食品进货查验制度

（1）食品经营者采购食品，应当查验供货者的许可证和食品出厂检验合格证或者其他合格证明。

（2）食品经营企业应当建立食品进货查验记录制度，如实记录食品的名称、规格、数量、生产日期或者生产批号、保质期、进货日期以及供货者名称、地址、联系方式等内容，并保存相关凭证。

（3）违反《中华人民共和国食品安全法》规定，有下列情形之一的，由县级以上人民政府食品安全监督管理部门责令改正，给予警告；拒不改正的，处5000元以上5万元以下罚款；情节严重的，责令停产停业，直至吊销许可证：

①食品、食品添加剂生产者未按规定对采购的食品原料和生产的食品、食品添加剂进行检验；

②食品生产经营企业未按规定建立食品安全管理制度，或者未按规定配备或者培训、考核食品安全管理人员；

③食品、食品添加剂生产经营者进货时未查验许可证和相关证明文件，或者未按规定建立并遵守进货查验记录、出厂检验记录和销售记录制度。

2.未按规定贮存、清理食品

（1）食品经营者应当按照保证食品安全的要求贮存食品，定期检查库存食品，及时清理变质或者超过保质期的食品。

（2）违反《中华人民共和国食品安全法》规定，未按要求进行食品贮存、运输和装卸的，由县级以上人民政府食品安全监督管理等部门按照各自职责分工责令改正，给予警告；拒不改正的，责令停产停业，并处1万元以上5万元以下罚款；情节严重的，吊销许可证。

3.销售的食品不符合法律规定

违反《中华人民共和国食品安全法》规定，有下列情形之一，尚不构成犯罪的，由县级以上人民政府食品安全监督管理部门没收违法所得和违法生产经营的食品、食品添加剂，并可以没收用于违法生产经营的工具、设备、原料等物品；违法生产经营的食品、食品添加剂货值金额不足1万元的，并处5万元以上10万元以下罚款；货值金额1万元以上的，并处货值金额10倍以上20倍以下罚款；情节严重的，吊销许可证：

（1）生产经营致病性微生物，农药残留、兽药残留、生物毒素、重金属等污染物质以及其他危害人体健康的物质含量超过食品安全标准限量的食品、食品添加剂。

（2）用超过保质期的食品原料、食品添加剂生产食品、食品添加剂，或者经营上述食品、食品添加剂。

（3）生产经营超范围、超限量使用食品添加剂的食品。

（4）生产经营腐败变质、油脂酸败、霉变生虫、污秽不洁、混有异物、掺假掺杂或者感官性状异常的食品、食品添加剂。

（5）生产经营标注虚假生产日期、保质期或者超过保质期的食品、食品添加剂。

（6）生产经营未按规定注册的保健食品、特殊医学用途配方食品、婴幼儿配方乳粉，或者未按注册的产品配方、生产工艺等技术要求组织生产。

（7）以分装方式生产婴幼儿配方乳粉，或者同一企业以同一配方生产不同品牌的婴幼儿配方乳粉。

（8）利用新的食品原料生产食品，或者生产食品添加剂新品种，未通过安全性评估。

（9）食品生产经营者在食品安全监督管理部门责令其召回或者停止经营后，仍拒不召回或者停止经营。

4.未停止销售不符合食品安全标准的食品

（1）国家建立食品召回制度。食品召回，是指食品生产者按照规定程序，对由其生产原因造成的某一批次或者类别的不安全食品，通过换货、退货、补充或修正消费说明等方式，及时消除或减少食品安全危害的活动。

（2）食品生产经营者发现其生产经营的食品属于不安全食品的，应当立即停止生产经营，采取通知或者公告的方式告知相关食品生产经营者停止生产经营、消费者停止食用，并采取必要的措施防控食品安全风险。

（3）食品生产经营者未依法停止生产经营不安全食品的，县级以上市场监督管理部门可以责令其停止生产经营不安全食品。

（4）县级以上地方市场监督管理部门将不安全食品停止生产经营、召回和处置情况记入食品生产经营者信用档案。

（5）食品生产经营者违反《食品召回管理办法》规定，不立即停止生产经营、不主动召回、不按规定时限启动召回、不按照召回计划召回不安全食品或者不按照规定处置不安全食品的，由市场监督管理部门给予警告，并处罚款。

5.未取得健康证明的人员从事食品经营

（1）食品生产经营者应当建立并执行从业人员健康管理制度。患有国务院卫生行政部门规定的有碍食品安全疾病（如痢疾、伤寒、病毒性肝炎等消化道传染病，以及患有活动性肺结核，化脓性或者渗出性皮肤病等有碍食品安全的疾病）的人员，不得从事接触直接入口食品的工作。

（2）从事接触直接入口食品工作的食品生产经营人员应当每年进行健康检查，取得健康证明后方可上岗工作。否则，由县级以上人民政府食品安全监督管理部门责令改正，给予警告；拒不改正的，处5000元以上5万元以下罚款；情节严重的，责令停产停业，直至吊销许可证。

10.3 烟草销售相关法律法规

10.3.1 烟草销售许可

法律依据
（1）《中华人民共和国烟草专卖法》（1992年1月1日起施行，2015年4月24日修正）
（2）《中华人民共和国烟草专卖法实施条例》(1997年7月3日起施行，2021年11月10日修订)

1.烟草专卖品

（1）烟草专卖品，是指卷烟、雪茄烟、烟丝、复烤烟叶、烟叶、卷烟纸、滤嘴棒、烟用丝束、烟草专用机械。
卷烟、雪茄烟、烟丝、复烤烟叶统称烟草制品。
（2）国家对烟草专卖品的生产、销售、进出口依法实行专卖管理，并实行烟草专卖许可证制度。

2.烟草专卖许可证

（1）从事烟草专卖品的生产、批发、零售业务，以及经营烟草专卖品进出口业务和经营外国烟草制品购销业务的，必须依照相关法律的规定，申请领取烟草专卖许可证。
（2）烟草专卖许可证分为三种，分别是：
①烟草专卖生产企业许可证；
②烟草专卖批发企业许可证；
③烟草专卖零售许可证。

3.禁止非法经营烟草制品

（1）任何单位或者个人不得销售非法生产的烟草制品。
（2）烟草专卖许可证的发证机关可以定期或者不定期地对取得烟草专卖许可证的企业、个人进行检查。经检查不符合相关法律规定条件的，烟草专卖许可证的发证机关可以责令暂停烟草专卖业务、进行整顿，直至取消其从事烟草专卖业务的资格。
（3）无烟草专卖批发企业许可证经营烟草制品批发业务的，由烟草专卖行政主管部门责令关闭或者停止经营烟草制品批发业务，没收违法所得，处以违法批发的烟草制品价值50%以上1倍以下的罚款。

4.其他相关规定

在中国境内销售的卷烟、雪茄烟，应当在小包、条包上标注焦油含量级和"吸烟有害健康"的中文字样。

10.3.2 烟草销售风险

1.随意选择进货渠道，跨地区销售

（1）取得烟草专卖批发企业许可证的企业，应当在许可证规定的经营范围和地域范围内，从事烟草制品的批发业务。

（2）取得烟草专卖零售许可证的企业或者个人，应当在当地的烟草专卖批发企业进货，并接受烟草专卖许可证发证机关的监督管理。

（3）各便利店必须从当地烟草批发企业进货，处在不同区域的便利店之间不得随意调换卷烟品种。需要注意的是，无论是委托他人还是自己在公司内部转运烟草，均需要申办准运证，否则也属违法行为。

2.定价违规、促销活动不规范

根据国家烟草专卖局《关于进一步加强卷烟价格管理的通知》（国烟计〔2000〕17号）的要求，烟草经营者规范经营行为，不得以折扣、补贴、按销售量计发奖金、多发货少开票或不开票等办法变相降价，使实际销售价格低于进货价格，出现倒挂。

根据国家烟草专卖局《关于规范卷烟促销活动暂行规定》（国烟法〔2003〕17号）的规定，从事促销活动只能通过取得烟草专卖批发企业许可证、烟草专卖零售许可证的卷烟经营商在中国烟草总公司的卷烟销售网络进行，所需卷烟必须从促销活动所在地烟草公司购入，并不得以促销名义开展卷烟经营活动。促销活动地点必须明显张挂"吸烟有害健康"字样，并不得以中小学生为促销对象。

3.一次销售卷烟50条以上

无烟草专卖批发企业许可证的单位或者个人，一次销售卷烟、雪茄烟50条以上的，视为无烟草专卖批发企业许可证从事烟草制品批发业务。

> **相关案例**
>
> 在未取得烟草专卖许可证的情况下，梁某为牟取私利，从烟台市福山区、经济技术开发区的商店里以400元/条的价格大量收购中华牌香烟，然后通过快递将所收购的香烟发至浙江省温岭市箬横镇，由江某将所收购的中华牌香烟予以销售，从中赚取差价。截至案发时，其非法销售额共计613900元。案发后，梁某被刑事拘留，江某主动投案。
>
> 处罚结论：经烟台市福山区人民法院判决，梁某犯非法经营罪，判处有期徒刑6年，并处罚金人民币3万元。江某犯非法经营罪，判有期徒刑1年，缓刑2年，并处罚金人民币2万元。

10.4 数据保护与消费者权益保护

10.4.1 数据保护

法律依据
（1）《中华人民共和国数据安全法》（2021年9月1日起施行）
（2）《中华人民共和国个人信息保护法》（2021年11月1日起施行）
（3）《中华人民共和国网络安全法》（2017年6月1日起施行）

1.数据安全

（1）违反国家核心数据管理制度，危害国家主权、安全和发展利益的，由有关主管部门处200万元以上1000万元以下罚款，并根据情况责令暂停相关业务、停业整顿、吊销相关业务许可证或者吊销营业执照；构成犯罪的，依法追究刑事责任。

（2）违反《中华人民共和国数据安全法》第三十一条规定，向境外提供重要数据的，由有关主管部门责令改正，给予警告，可以并处10万元以上100万元以下罚款，对直接负责的主管人员和其他直接责任人员可以处1万元以上10万元以下罚款；情节严重的，处100万元以上1000万元以下罚款，并可以责令暂停相关业务、停业整顿、吊销相关业务许可证或者吊销营业执照，对直接负责的主管人员和其他直接责任人员处10万元以上100万元以下罚款。

2.个人信息保护

（1）违反《中华人民共和国个人信息保护法》规定处理个人信息，或者处理个人信息未履行本法规定的个人信息保护义务的，由履行个人信息保护职责的部门责令改正，给予警告，没收违法所得，对违法处理个人信息的应用程序，责令暂停或者终止提供服务；拒不改正的，并处100万元以下罚款；对直接负责的主管人员和其他直接责任人员处1万元以上10万元以下罚款。

（2）有前款规定的违法行为，情节严重的，由省级以上履行个人信息保护职责的部门责令改正，没收违法所得，并处5000万元以下或者上一年度营业额5%以下罚款，并可以责令暂停相关业务或者停业整顿、通报有关主管部门吊销相关业务许可或者吊销营业执照；对直接负责的主管人员和其他直接责任人员处10万元以上100万元以下罚款，并可以决定禁止其在一定期限内担任相关企业的董事、监事、高级管理人员和个人信息保护负责人。

3.网络安全

（1）网络运营者应当对其收集的用户信息严格保密，并建立健全用户信息保护制度。

（2）网络运营者收集、使用个人信息，应当遵循合法、正当、必要的原则，公开收集、使用规则，明示收集、使用信息的目的、方式和范围，并经被收集者同意。

（3）网络运营者不得收集与其提供的服务无关的个人信息，不得违反法律、行政法规的规定和双方的约定收集、使用个人信息，并应当依照法律、行政法规的规定和与用户的约定，处理其保存的个人信息。

（4）任何个人和组织不得从事非法侵入他人网络、干扰他人网络正常功能、窃取网络数据等危害网络安全的活动；不得提供专门用于从事侵入网络、干扰网络正常功能及防护措施、窃取网络数据等危害网络安全活动的程序、工具；明知他人从事危害网络安全的活动的，不得为其提供技术支持、广告推广、支付结算等帮助。

（5）网络运营者不得泄露、篡改、毁损其收集的个人信息；未经被收集者同意，不得向他人提供个人信息。但是，经过处理无法识别特定个人且不能复原的除外。

（6）任何个人和组织应当对其使用网络的行为负责，不得设立用于实施诈骗，传授犯罪方法，制作或者销售违禁物品、管制物品等违法犯罪活动的网站、通讯群组，不得利用网络发布涉及实施诈骗，制作或者销售违禁物品、管制物品以及其他违法犯罪活动的信息。

《中华人民共和国数据安全法》（节选）

第三十一条 关键信息基础设施的运营者在中华人民共和国境内运营中收集和产生的重要数据的出境安全管理，适用《中华人民共和国网络安全法》的规定；其他数据处理者在中华人民共和国境内运营中收集和产生的重要数据的出境安全管理办法，由国家网信部门会同国务院有关部门制定。

《中华人民共和国个人信息保护法》（节选）

第五十五条 有下列情形之一的，个人信息处理者应当事前进行个人信息保护影响评估，并对处理情况进行记录：

（一）处理敏感个人信息；
（二）利用个人信息进行自动化决策；
（三）委托处理个人信息、向其他个人信息处理者提供个人信息、公开个人信息；
（四）向境外提供个人信息；
（五）其他对个人权益有重大影响的个人信息处理活动。

《中华人民共和国网络安全法》（节选）

第七十六条 （五）个人信息，是指以电子或者其他方式记录的能够单独或者与其他信息结合识别自然人个人身份的各种信息，包括但不限于自然人的姓名、出生日期、身份证件号码、个人生物识别信息、住址、电话号码等。

10.4.2 消费者权益保护

法律依据：《中华人民共和国消费者权益保护法》（1994年1月1日起施行，2013年10月25日修正）

1.充分履行对消费者的安全保障义务

（1）消费者在购买、使用商品和接受服务时享有人身、财产安全不受损害的权利。消费者有权要求经营者提供的商品和服务符合保障人身、财产安全的要求。即使顾客并未购买商品或接受服务（如在加油站不加油也不购物），也不影响其享受安全受到保障的权利。

（2）消费者因购买、使用商品或者接受服务受到人身、财产损害的，享有依法获得赔偿的权利。

（3）消费者的安全保障权包括人身安全权和财产安全权。

①对消费者人身安全的保障既包括商品购买过程中（如顾客在便利店内购物时摔伤），也包括商品使用中（因购买的商品存在缺陷致使在使用过程中造成人身伤害）。

②财产既包括购买的商品本身，也包括消费者的其他财产，如顾客购买的压力容器因质量不合格发生爆炸而造成的其他财物损坏。

③如果顾客的人身、财产安全在销售者的经营场所或者因其所经营的产品受到侵害，销售者需要根据过错程度承担医疗费、护理费、误工费、交通费、伤残赔偿金、死亡赔偿金及相应财产损失等。

2.消费者的知情权

（1）消费者享有知悉其购买、使用的商品或者接受的服务的真实情况的权利。消费者有权根据商品或者服务的不同情况，要求经营者提供商品的价格、产地、生产者、用途、性能、规格、等级、主要成分、生产日期、有效期限、检验合格证明、使用方法说明书、售后服务，或者服务的内容、规格、费用等有关情况。

（2）经营者向消费者提供有关商品或者服务的质量、性能、用途、有效期限等信息，应当真实、全面，不得作虚假或者引人误解的宣传。

（3）经营者对消费者就其提供的商品或者服务的质量和使用方法等问题提出的询问，应当作出真实、明确的答复。因此，消费者如需询问和了解商品或服务的有关情况，如果销售者不予解答，则有可能侵犯消费者的知情权。

（4）经营者提供商品或者服务应当明码标价。

（5）在销售商品或提供服务过程中，对顾客的询问要耐心细致地回答，不要隐瞒所售商品的真实信息。

（6）在日常管理中，应定期检查商品的包装、标签是否符合法律规定，确保消费者知情权的实现。

3.消费者的自主选择权

（1）消费者享有自主选择商品或者服务的权利。消费者有权自主选择提供商品或者服务的经营者，自主选择商品品种或者服务方式，自主决定购买或者不购买任何一种商品、接受或者不接受任何一项服务。消费者在自主选择商品或者服务时，有权进行比较、鉴别和挑选。

（2）侵犯消费者自主选择权的行为包括但不限于以下三种：

①设置"最低消费"；
②要求消费者购买"指定商品"；
③要求品尝、试穿、试用后必须购买。

（3）销售者可以主动向顾客介绍商品和服务的相关知识和内容，但这种介绍、推荐不能代替消费者的意志，更不得违背消费者的主观意愿，强迫消费者交易。

4.欺诈、缺陷销售行为

（1）经营者提供商品或者服务有欺诈行为的，应当按照消费者的要求增加赔偿其受到的损失，增加赔偿的金额为消费者购买商品的价款或者接受服务的费用的3倍；增加赔偿的金额不足500元的，为500元。法律另有规定的，依照其规定。

（2）经营者明知商品或者服务存在缺陷，仍然向消费者提供，造成消费者或者其他受害人死亡或者健康严重损害的，受害人有权要求经营者依照《中华人民共和国消费者权益保护法》第四十九条、第五十一条等法律规定赔偿损失，并有权要求所受损失2倍以下的惩罚性赔偿。

（3）作为销售者，一定要依法合规经营，践行"万店无假货"品牌承诺，严格商品、服务质量，规范营销活动和推广话术，不得提供虚假信息欺骗、误导消费者。

5.退货相关规定

经营者采用网络、电视、电话、邮购等方式销售商品，消费者有权自收到商品之日起七日内退货，且无需说明理由，但下列商品除外：

（1）消费者定作的；
（2）鲜活易腐的；
（3）在线下载或者消费者拆封的音像制品、计算机软件等数字化商品；
（4）交付的报纸、期刊。

《中华人民共和国消费者权益保护法》（节选）

第四十九条 经营者提供商品或者服务，造成消费者或者其他受害人人身伤害的，应当赔偿医疗费、护理费、交通费等为治疗和康复支出的合理费用，以及因误工减少的收入。造成残疾的，还应当赔偿残疾生活辅助具费和残疾赔偿金。造成死亡的，还应当赔偿丧葬费和死亡赔偿金。

第五十一条 经营者有侮辱诽谤、搜查身体、侵犯人身自由等侵害消费者或者其他受害人人身权益的行为，造成严重精神损害的，受害人可以要求精神损害赔偿。

10.5 网络销售风险

10.5.1 宣传风险

法律依据
（1）《中华人民共和国电子商务法》（2019年1月1日起施行）
（2）《中华人民共和国广告法》（2015年9月1日起施行，2021年4月29日修正）
（3）《互联网广告管理暂行办法》（2016年9月1日起施行）

1. 信息公示

（1）电子商务经营者应当在其首页显著位置，持续公示营业执照信息、与其经营业务有关的行政许可信息、属于依照《中华人民共和国电子商务法》第十条规定的不需要办理市场主体登记情形等信息，或者上述信息的链接标识。

（2）前款规定的信息发生变更的，电子商务经营者应当及时更新公示信息。

2. 广告发布

（1）利用互联网发布、发送广告，不得影响用户正常使用网络。在互联网页面以弹出等形式发布的广告，应当显著标明关闭标志，确保一键关闭。

（2）广告中对商品的性能、功能、产地、用途、质量、成分、价格、生产者、有效期限、允诺等或者对服务的内容、提供者、形式、质量、价格、允诺等有表示的，应当准确、清楚、明白。

3. 保障消费者合法权益

（1）电子商务经营者应当全面、真实、准确、及时地披露商品或者服务信息，保障消费者的知情权和选择权。电子商务经营者不得以虚构交易、编造用户评价等方式进行虚假或者引人误解的商业宣传，欺骗、误导消费者。

（2）电子商务经营者根据消费者的兴趣爱好、消费习惯等特征向其提供商品或者服务的搜索结果的，应当同时向该消费者提供不针对其个人特征的选项，尊重和平等保护消费者合法权益。

> **《中华人民共和国电子商务法》（节选）**
>
> 第十条　电子商务经营者应当依法办理市场主体登记。但是，个人销售自产农副产品、家庭手工业产品，个人利用自己的技能从事依法无须取得许可的便民劳务活动和零星小额交易活动，以及依照法律、行政法规不需要进行登记的除外。

10.5.2 直播风险

法律依据
（1）《网络直播营销管理办法（试行）》（2021年5月25日起施行）
（2）《网络直播营销行为规范》（2020年7月1日起施行）

1.直播营销主体

（1）直播营销平台，是指在网络直播营销中提供直播服务的各类平台，包括互联网直播服务平台、互联网音视频服务平台、电子商务平台等。

（2）直播间运营者，是指在直播营销平台上注册账号或者通过自建网站等其他网络服务，开设直播间从事网络直播营销活动的个人、法人和其他组织。

（3）直播营销人员，是指在网络直播营销中直接向社会公众开展营销的个人。

（4）直播营销人员服务机构，是指为直播营销人员从事网络直播营销活动提供策划、运营、经纪、培训等的专门机构。

2.商家行为规范

（1）直播营销须在直播间公示营业执照和相关证照。

（2）商家信息变动，应及时更新，并提交平台审核。

（3）不得销售违禁商品和提供违法服务。

（4）所销售商品应符合国家相关标准规定，尤其是售卖药品、保健品、医疗器械、特殊食品等商品时应当取得资质许可证。

（5）涉及到服务和产品标准，应该告知消费者。

（6）商家应兑现承诺的产品售后服务。

3.主播行为规范

（1）主播应当了解与网络直播营销相关的基本知识，掌握一定的专业技能，树立法律意识。主播入驻网络直播营销平台，应提供真实有效的个人身份、联系方式等信息，信息若有变动，应及时更新并告知。主播不得违反法律、法规和国家有关规定，将其注册账号转让或出借给他人使用。

（2）主播入驻网络直播营销平台应当进行实名认证，前端呈现可以采用符合法律法规要求的昵称或者其他名称。主播设定直播账户名称、使用的主播头像与直播间封面图应符合法律和国家有关规定，不得含有违法及不良有害信息。

（3）主播的直播间及直播场所应当符合法律、法规和网络直播营销平台规则的要求，不得在下列场所进行直播：①涉及国家及公共安全的场所；②影响社会正常生产、生活秩序的场所；③影响他人正常生活的场所。直播间的设置、展示属于商业广告的，应当符合《中华人民共和国广告法》规定。

（4）主播在直播营销过程中应坚持社会主义核心价值观，

遵守社会公德，不得有违反规定的言论。

（5）主播发布的商品、服务内容与商品、服务链接应当保持一致，且实时有效。法律、法规规定需要明示的直接关系消费者生命安全的重要消费信息，应当对用户进行必要、清晰的消费提示。

（6）主播在直播活动中，应当保证信息真实、合法，不得对商品和服务进行虚假宣传，欺骗、误导消费者。

（7）主播在直播活动中做出的承诺，应当遵守法律法规，遵循平台规则，符合其与商家的约定，保障消费者合法权益。

（8）主播向商家、网络直播营销平台等提供的营销数据应当真实，不得采取任何形式进行流量等数据造假，不得采取虚假购买和事后退货等方式骗取商家的佣金。

（9）主播以机构名义进行直播活动的，主播机构应当对与自己签约的个人主播的网络直播营销行为负责。

4.平台行为规范

（1）网络直播营销平台经营者应当依法经营，履行消费者权益保护、知识产权保护、网络安全与个人信息保护等方面的义务。

（2）网络直播营销平台经营者应当要求入驻本平台的市场主体提交其真实身份或资质证明等信息，登记并建立档案。对商家、主播告知的变更信息，应当及时予以审核、变更。

（3）网络直播营销平台经营者应当在以下方面建立、健全和执行平台规则：

①建立入驻主体服务协议与规则，明确网络直播营销行为规范、消费者权益保护、知识产权保护等方面的权利和义务；

②制定在本平台内禁止推销的商品或服务目录及相应规则；

③建立商家、主播信用评价奖惩等信用管理体系，强化商家、主播的合规守信意识；

④完善商品和服务交易信息保存制度，依法保存网络直播营销交易相关内容；

⑤完善平台间的争议处理衔接机制，依法为消费者做好信息支持，积极协助消费者维护合法权益；

⑥建立健全知识产权保护规则，完善知识产权投诉处理机制；

⑦建立便捷的投诉、举报机制，公开投诉、举报方式等信息，及时处理投诉、举报；

⑧有利于网络直播营销活动健康发展的其他规则。

（4）电商平台类的网络直播营销平台经营者应当加强对入驻本平台内的商家主体资质规范，督促商家依法公示营业执照、与其经营业务有关的行政许可等信息。

（5）内容平台类的网络直播营销平台经营者应当加强对入驻本平台的商家、主播交易行为规范，防止主播采取链接跳转等方式，诱导用户进行线下交易。

（6）社交平台类的网络直播营销平台经营者应当规范内部交易秩序，禁止主播诱导用户绕过合法交易程序在社交群组进行线下交易。社交平台类的网络直播营销平台经营者，应当采取措施防范主播利用社交群组进行淫秽色情表演、传销、赌博、毒品交易等违法犯罪以及违反网络内容生态治理规定的行为。

附　录
APPENDIX

附录 1　自有品牌商品

附录 2　易捷工装（2022 款）

附录 3　易捷便利店品类层级表

附录 4　账册表单示例

附录 5　微课总览

附录 1 自有品牌商品

1. 卓玛泉

每一滴水都来自西藏

- 在西藏自治区政府的推动下,中石化易捷销售有限公司与西藏高原天然水有限公司合作,推出"卓玛泉"天然冰川饮用水。2014年10月,中石化易捷收购西藏高原天然水公司,进军水产业,努力实现让全国消费者"以最优惠的价格喝上健康好水"的美好愿景。

- 卓玛泉产自西藏念青唐古拉山冰川融水,经长时间冰川岩层的自然过滤,形成四大水质特点:低氘、低钠、低矿化,属天然弱碱性的小分子团水;100%水源地吹瓶、灌装、封盖一体化生产。全程密封杜绝二次污染,保证每一滴卓玛泉都拥有源头的天然纯净。

卓玛泉,为体育健儿加油!
先后赞助2015年北京国际田联世锦赛、2016年国际田联挑战赛、长城马拉松等体育赛事。

2. 长白山天泉

- 2016年7月2日,中石化易捷成功注资控股吉林省林海雪原饮品有限公司,同时合资成立营销公司。
- 2017年3月22日"世界水日"这一天,长白山天泉与消费者见面,这也是继卓玛泉之后,易捷进军水产业的第二款自有品牌饮用水。
- 长白山天泉来自世界著名的矿泉水资源富集地之一——长白山地区,其独特的地质条件让矿泉水在地下经过上万千米的运移、循环、吸附、融滤、矿化,形成了优质天然矿泉水。
- 长白山天泉蕴含丰富的高偏硅酸矿物质元素,尤其是偏硅酸含量高;口感甘甜清澈,是优质的健康饮用水。

"**长白山天泉—苏打气泡水**"是长白山天泉第一款苏打气泡水饮料,微气泡的口感叠加果味的清香,美味清爽又健康。

3. 易捷咖啡

- 2021年，中石化易捷销售有限公司投资成立了易捷咖啡（北京）有限公司并占股90%。该公司是易捷绝对控股的合资公司。
- 易捷咖啡公司定位于"咖啡场景运营商"，以推动"易捷咖啡"规模化进军加油站消费渠道，打造中国的加油站咖啡、满足美好生活需求的普惠咖啡以及面向未来的新零售咖啡为发展愿景，以中石化易捷便利店为平台，丰富加油站服务功能、拓展加油站新业态，打造高价值的"人·车·生活"生态圈，推动中国石化向现代化综合服务商转型升级。
- 除口味醇香的现磨咖啡产品外，易捷咖啡公司还推出了深受消费者喜爱的美式、拿铁、燕麦拿铁等三款瓶装咖啡产品。

意大利国际金奖咖啡粉，新西兰奶源乳粉，澳大利亚进口酶解燕麦粉等。

0 蔗糖添加 | 0 防腐剂 | 0 反式脂肪

独有鲜萃技术的香气回填，保留咖啡豆最佳风味；微粒充气吹粉工艺，保证任意温度即溶。

4. 劲淳

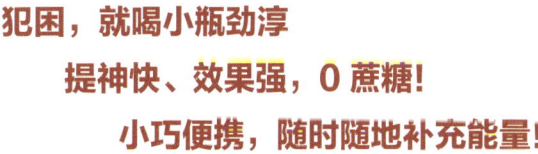

犯困，就喝小瓶劲淳

- 恬梦饮品（上海）股份有限公司成立于2015年，为中石化易捷销售有限公司的参股企业。
- 共同打造易捷自有功能饮料品牌"Energy Shot 劲淳"。"Energy Shot 劲淳"小瓶能量饮是经国家市场监督管理总局审批、获得保健食品批准证书（"蓝帽子"）的功能饮料，富含牛磺酸、赖氨酸、咖啡因等多种功效成分和人体必需的维生素，是目前标志性成分含量极高的小瓶功能饮料产品，具有专注抗疲劳的产品效果。

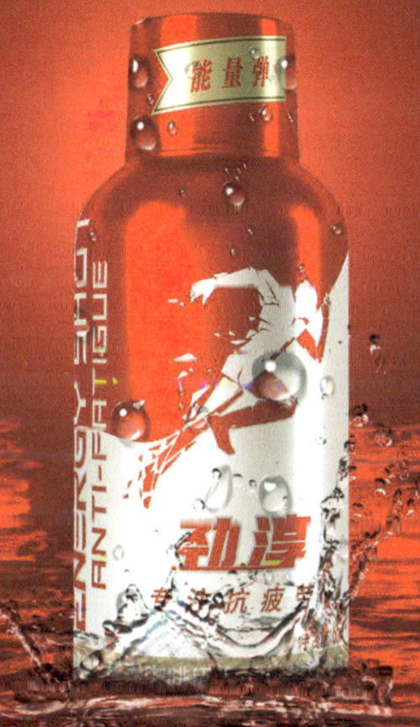

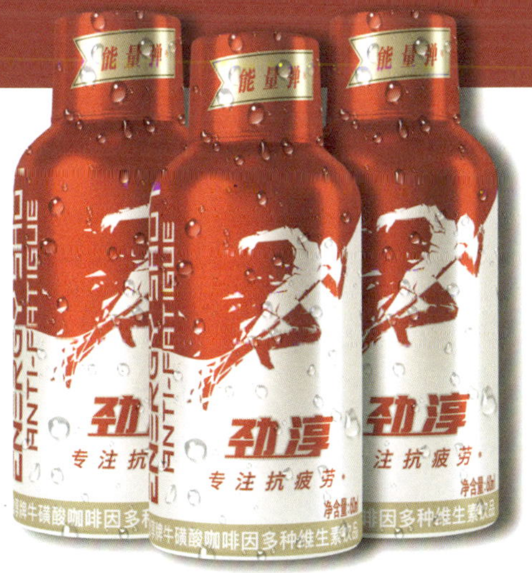

犯困，就喝小瓶劲淳

提神快、效果强，0 蔗糖！

小巧便携，随时随地补充能量！

 中国石化易捷便利店标准作业指导书（2022版）
EASY JOY: STANDARD OPERATION INSTRUCTIONS (2022)

5. 陇上花牛

鲜果压榨　营养新鲜

- 天水长城果汁集团股份有限公司创建于2009年，为中石化易捷销售有限公司的参股企业。
- 陇上花牛精心选用来自北纬35°最佳苹果种植区的花牛苹果为原料，采用国际先进的工艺及设备、无菌罐装技术精制而成，最大限度地保留了苹果的营养成分。在整个加工过程中，无污染、无防腐剂。
- "陇上花牛"苹果汁是全国果汁行业首家"三同"产品，即由"同线同标同质"的浓缩苹果汁复原而来。

6. 赖茅

百年传承的酱香典范

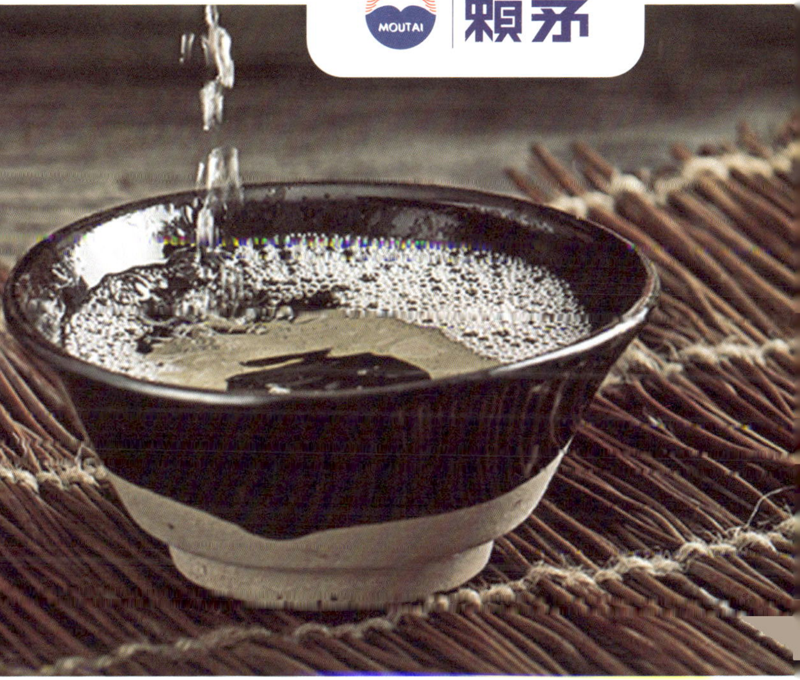

- 2014年,贵州茅台酒股份有限公司与中石化易捷销售有限公司携手共建赖茅品牌。赖茅从历史中走来,开始融入新时代的居民生活,再现古老的酱香经典。
- 赖茅酒采用贵州特产的小粒高粱纯天然发酵,运用独特的回沙工艺,以酒勾酒,原酒勾兑,是一款性价比很高的酱香型酒。

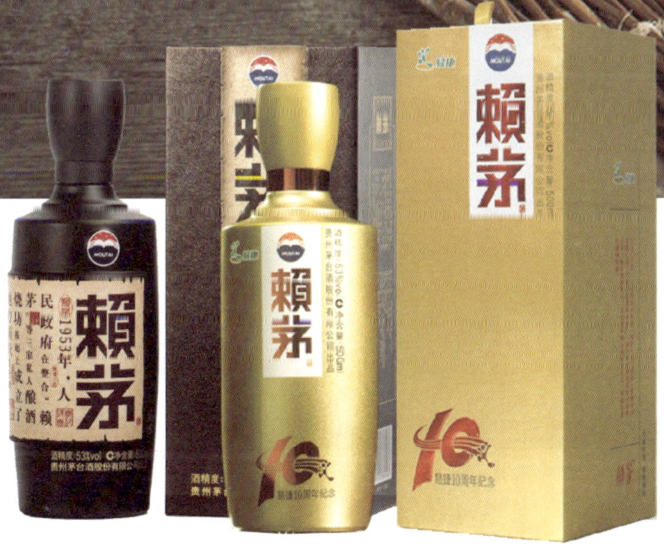

坚守传统酱香工艺
传承历史文化

2018年成为世界羽毛球锦标赛的官方合作伙伴。携手传播羽毛球运动和羽毛球文化。

7. 三人炫

大师匠制　炫雅浓香

- 2021年9月,"浓香鼻祖"泸州老窖与中石化易捷强强联手,打造易捷自有浓香白酒品牌——泸州老窖·三人炫。

- 泸州老窖·三人炫是一款由国家级大师联合打造的高端白酒,从严苛选料、匠心酿制到潜心勾兑、洞藏升华,均由三位国家级品酒大师集几十年心血匠制而成。

- 多种酒体融合,自然天成,成就了泸州老窖·三人炫独特的多层次口感。从原料的投入到产品出厂,不少于五年的酿造过程,使得酒体充分老熟,杂醇物质得以充分挥发。使得泸州老窖·三人炫具备"醉得慢,醒酒快"的低醉酒度。

8. 宝元圣

国资宝元圣

匠心独蕴臻虫草

- 2019年12月13日,基于国家对口援藏的战略合作协议,由中石化易捷与拉萨净土集团联合设立西藏宝元圣贸易有限公司。公司旨在推动西藏好物产走向全国,藉此实现"服务于国家支藏援藏战略,服务于西藏经济社会发展"的使命任务。

- 那曲直采,匠心严控品质:来自那曲羌塘大草原冬虫夏草源头保护区,当季人工采挖,精心挑选极佳虫草,色泽金黄,根根饱满。

- 高海拔,造就极限腺苷值。海拔4500米以上,气候干燥,光照充足,孕育出腺苷标准含量均值高达0.56mg/g的极致虫草,远远超过腺苷含量不低于0.01mg/g的国家标准。

- 自然晒干,匠心净制:自然晒干,干度达95%以上,人工去残留,久存营养,造就极净虫草,品质保证,溯源可查。

9. 国杞天香

原产地的安心之选

- 国杞天香隶属于中石化宁夏易捷石化有限公司。2010年4月，易捷成功开发"国杞天香"枸杞系列产品，从枸杞种植到生产加工再到销售，全产业链打造枸杞品牌。国杞天香枸杞系列产品产自宁夏中宁沃土，从种植源头就严格执行绿色环保标准。
- 国杞天香枸杞的种植基地位于北纬37.5°的枸杞黄金产区，独特的地理位置和气候条件有利于产出优质的枸杞。
- 宁夏枸杞是中国国家地理标志产品，已被载入《中华人民共和国药典》。

10. 陇谷传说

高品质藜麦

- 2019年,中石化易捷探索扶贫新模式,推出"陇谷传说"品牌藜麦,从育种、种植、收储到加工、包装等,全环节严格把控产品质量,从农牧民的田间地头到城市市民餐桌,实现了食品安全的直接连通。
- 藜麦原产于南美洲安第斯山脉,兴盛于古印加文明,被称为"粮食之母"。其富含人类所需的各类营养成分,更具有人体必需的多种氨基酸、矿物质以及13种微量元素,蛋白质含量高达16%~22%。

11. 阳光巴扎

阳光每一天

- "巴扎"在维吾尔语中是"集市、商场"的意思，是展示当地民族风俗、特产风味的场所。"阳光巴扎"是易捷公司自有品牌，寓意"阳光灿烂的集市"。
- 阳光巴扎干果优选新疆当地好物。长日照、少降雨造就了阳光巴扎红枣红艳的光泽、绵软的口感和浓郁的枣香。
- 得益于新疆绿色、天然、阳光等得天独厚的自然条件，易捷公司建立并完善了差异化强、识别度高的自有品牌"阳光巴扎"，主推新疆特色干果，优选当地原材料，持续助力扶贫产业。

12. 鸥露

取材天然　回归自然

- 2017年，中石化易捷销售有限公司注资四川石化雅诗纸业有限公司。
- "鸥露"竹浆本色纸以慈竹为原料，具有不漂白、无有害添加、天然抑菌、食品级、亲肤柔韧等特点，向大众传递环保、健康的消费理念。
- 产品符合欧盟ROHS标准，并符合欧盟AP（2002）及美国FDA的食品接触标准要求。
- 鸥露纸已通过FSC森林认证，其原材料100%来自可持续利用的竹浆，属于高端本色生活用纸产品。经"中国质量万里行"监测、评定为"国家质量稳定合格品牌和产品"。

为什么使用竹子造纸？

√ 竹纤维强度高，吸水性、透气性好，比草浆、混浆、再生浆纸张更具优势。触感亲肤细腻，湿水不易破，质感厚实柔韧，倍加舒适。

 质量管理体系认证
 抗菌卫生认证
 卫生安全认证
 职业健康安全认证
 环境管理体系认证

13. 海龙

海龙环保产品 纯净每一片天空

- 天津悦泰石化科技有限公司成立于2003年7月，是中国石化集团下属全资子公司。
- 悦泰公司拥有自主研发、试验评定、品质控制、物流配送、产品销售和售后服务等完善的现代企业管理体系。
- 海龙燃油宝有助于清除积碳，提升动力，降低排放，让发动机更清洁，是国家专利技术产品，自2008年投放市场以来，已成为国内清净剂类产品龙头品牌。
- 海龙燃油宝目前有汽油宝和柴油宝两种，其主要成分是不含金属的高分子无灰表面活性物，主要功能是添加到车用燃油中，用于清洗发动机燃油进气系统中产生的沉积物。
- 车辆每行驶3000~5000千米，建议连续添加3~5瓶。

净化柴油车尾气 减少有害气体排放

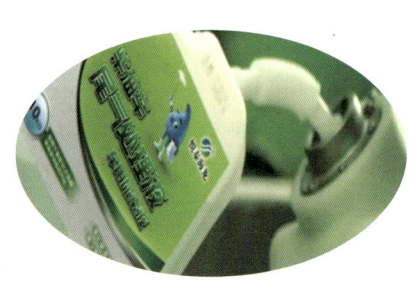

2010年，悦泰公司组建柴油车尾气处理液（即车用尿素）研发专家团队，牵头制定了相关国家标准；2014年，海龙燃油宝正式投放市场后，销售业务呈快速增长态势。采用国内先进技术，使超纯水和超纯尿素的搭配比例达到最佳配比，严苛把控产品质量，且高于国家标准。

14. 长城润滑油

航天润滑科技

- 中国石化润滑油有限公司是中国石化的全资子公司，也是亚洲最大、国际知名的润滑油研究、生产、销售、储运一体化的专业公司。

- 长城润滑油是国内唯一、世界少数几个掌握航天润滑技术的公司，为中国航天提供全程润滑保障，已成为中国航天事业全面战略合作伙伴。

- 长城润滑油拥有位居国际前列的完备产品线，涵盖"油、脂、液"共21大类、2000余种产品。

15. 喜乐爽

- 天津津龙汽车用品有限公司由中石化销售有限公司天津石油分公司和北京龙禹石油化工有限公司共同出资，于2015年8月26日成立。
- 以公司现有成熟产品线为切入点，不断深入开发车用、家用清洁洗护类产品，以强大的品牌背书、高性价比品质为依托，形成了喜乐爽系列产品，全面打造品牌形象，提升品牌认知。
- 喜乐爽玻璃水主打"绿色、环保、健康"理念，从包装到清洗剂均采用食品级材料，使用更放心。采用独家高效配方，快速去除雨、雪痕，溶解、软化顽固污渍，全新升级产品具备疏水、去油膜及清香功能，保证行驶中视线清晰和驾驶安全。

附录 2 易捷工装（2022款）

2022款易捷新工装以易捷logo为主色调，凸显品牌色彩与青春活泼的形象，象征着易捷服务朝气蓬勃。

新工装适应季节变化与南北差异，兼顾舒适与美观，同时符合加油站安全管理要求。

夏装短袖　易捷围裙　易捷马甲

夏装长袖　春秋装　冬装

附录3 易捷便利店品类层级表[①]

序号	大类编码	大类名称	中类编码	中类名称	小类编码	小类名称
1	20	烟草	2001	香烟	200102	国产香烟
2	20	烟草	2001	香烟	200104	进口香烟
3	20	烟草	2003	雪茄	200302	雪茄
4	20	烟草	2005	香烟配套类	200502	电子烟
5	20	烟草	2005	香烟配套类	200504	烟具
6	20	烟草	2005	香烟配套类	200506	戒烟类产品
7	21	酒	2101	白酒	210102	浓香型白酒
8	21	酒	2101	白酒	210104	酱香型白酒
9	21	酒	2101	白酒	210106	清香型白酒
10	21	酒	2101	白酒	210108	其他香型白酒
11	21	酒	2103	葡萄酒	210302	国产红葡萄酒
12	21	酒	2103	葡萄酒	210304	国产白葡萄酒
13	21	酒	2103	葡萄酒	210306	进口红葡萄酒
14	21	酒	2103	葡萄酒	210308	进口白葡萄酒
15	21	酒	2103	葡萄酒	210310	其他葡萄酒
16	21	酒	2105	啤酒	210502	国产啤酒

[①] 制表依据:《关于开展便利店商品品类调整工作的通知》(易捷工单〔2021〕10号),2021年2月1日起实施。

续表

序号	大类编码	大类名称	中类编码	中类名称	小类编码	小类名称
17	21	酒	2105	啤酒	210504	进口啤酒
18	21	酒	2107	洋酒	210702	白兰地
19	21	酒	2107	洋酒	210704	威士忌
20	21	酒	2107	洋酒	210706	朗姆
21	21	酒	2107	洋酒	210708	利口
22	21	酒	2107	洋酒	210710	伏特加
23	21	酒	2107	洋酒	210712	龙舌兰
24	21	酒	2107	洋酒	210714	金酒
25	21	酒	2109	特种酒	210902	米酒
26	21	酒	2109	特种酒	210904	黄酒
27	21	酒	2109	特种酒	210906	保健酒
28	21	酒	2109	特种酒	210908	果酒
29	21	酒	2109	特种酒	210910	预调酒
30	21	酒	2111	酒礼盒/卡券	211102	各类酒礼盒/卡券
31	22	水饮料	2201	水类	220102	天然矿泉水
32	22	水饮料	2201	水类	220104	纯净水
33	22	水饮料	2201	水类	220106	加味水
34	22	水饮料	2201	水类	220108	其他饮用水

续表

序号	大类编码	大类名称	中类编码	中类名称	小类编码	小类名称
35	22	水饮料	2201	水类	220110	水卡券
36	22	水饮料	2203	碳酸饮料	220302	可乐系列
37	22	水饮料	2203	碳酸饮料	220304	汽水
38	22	水饮料	2203	碳酸饮料	220306	苏打饮料
39	22	水饮料	2205	果汁	220502	100%纯果汁
40	22	水饮料	2205	果汁	220504	100%果蔬汁
41	22	水饮料	2205	果汁	220506	果汁饮料
42	22	水饮料	2205	果汁	220508	果蔬汁饮料
43	22	水饮料	2205	果汁	220510	果醋饮料
44	22	水饮料	2207	茶饮料	220702	红茶
45	22	水饮料	2207	茶饮料	220704	绿茶
46	22	水饮料	2207	茶饮料	220706	乌龙茶
47	22	水饮料	2207	茶饮料	220708	花茶
48	22	水饮料	2207	茶饮料	220710	柠檬茶
49	22	水饮料	2207	茶饮料	220712	奶茶
50	22	水饮料	2207	茶饮料	220714	无糖茶
51	22	水饮料	2207	茶饮料	220716	加味茶
52	22	水饮料	2209	功能饮料	220902	能量饮料

续 表

序号	大类编码	大类名称	中类编码	中类名称	小类编码	小类名称
53	22	水饮料	2209	功能饮料	220904	保健饮料
54	22	水饮料	2209	功能饮料	220906	即饮咖啡
55	22	水饮料	2209	功能饮料	220908	运动饮料
56	22	水饮料	2209	功能饮料	220910	维他命饮料
57	22	水饮料	2209	功能饮料	220912	凉茶
58	22	水饮料	2211	植物蛋白饮料	221102	豆奶饮料
59	22	水饮料	2211	植物蛋白饮料	221104	核桃饮料
60	22	水饮料	2211	植物蛋白饮料	221106	花生饮料
61	22	水饮料	2211	植物蛋白饮料	221108	杏仁饮料
62	22	水饮料	2211	植物蛋白饮料	221110	谷物饮料
63	22	水饮料	2211	植物蛋白饮料	221112	其他植物蛋白饮料
64	22	水饮料	2211	植物蛋白饮料	221114	椰汁饮料
65	22	水饮料	2213	液态奶	221302	纯奶
66	22	水饮料	2213	液态奶	221304	常温酸奶
67	22	水饮料	2215	含乳饮料	221502	常温乳酸菌饮料
68	22	水饮料	2215	含乳饮料	221504	风味乳饮品
69	22	水饮料	2215	含乳饮料	221506	果粒奶/酸奶饮品
70	23	粮油副食	2301	食用油	230102	大豆油

续表

序号	大类编码	大类名称	中类编码	中类名称	小类编码	小类名称
71	23	粮油副食	2301	食用油	230104	花生油
72	23	粮油副食	2301	食用油	230106	玉米油
73	23	粮油副食	2301	食用油	230108	菜籽油
74	23	粮油副食	2301	食用油	230110	葵花籽油
75	23	粮油副食	2301	食用油	230112	调和油
76	23	粮油副食	2301	食用油	230114	橄榄油
77	23	粮油副食	2301	食用油	230116	其他油类
78	23	粮油副食	2301	食用油	230118	食用油礼盒
79	23	粮油副食	2303	米/面	230302	进口米
80	23	粮油副食	2303	米/面	230304	粳米
81	23	粮油副食	2303	米/面	230306	籼米
82	23	粮油副食	2303	米/面	230308	有机米
83	23	粮油副食	2303	米/面	230310	礼盒装米
84	23	粮油副食	2303	米/面	230312	杂粮类
85	23	粮油副食	2303	米/面	230314	进口面粉
86	23	粮油副食	2303	米/面	230316	国产面粉
87	23	粮油副食	2303	米/面	230318	米/面制品
88	23	粮油副食	2305	方便食品	230502	袋装方便粉/面类

续表

序号	大类编码	大类名称	中类编码	中类名称	小类编码	小类名称
89	23	粮油副食	2305	方便食品	230504	碗装方便粉/面类
90	23	粮油副食	2305	方便食品	230506	干脆面
91	23	粮油副食	2305	方便食品	230508	速食粥/饭/汤类
92	23	粮油副食	2305	方便食品	230510	方便菜肴
93	23	粮油副食	2307	调味品	230702	液体调味料
94	23	粮油副食	2307	调味品	230704	固体调味料
95	23	粮油副食	2307	调味品	230706	调味酱
96	23	粮油副食	2309	包装熟食	230902	罐头
97	23	粮油副食	2309	包装熟食	230904	火腿肠/午餐肉
98	23	粮油副食	2309	包装熟食	230906	包装肉制品
99	23	粮油副食	2311	南北干货	231102	农产品干货
100	23	粮油副食	2311	南北干货	231104	海产干货
101	23	粮油副食	2313	腌渍菜	231302	酱菜类
102	23	粮油副食	2313	腌渍菜	231304	榨菜/泡菜类
103	23	粮油副食	2315	粮油副食礼盒礼券类	231502	各类粮油副食礼盒礼券
104	24	食品	2401	饼干糕点	240102	饼干
105	24	食品	2401	饼干糕点	240104	威化类
106	24	食品	2401	饼干糕点	240106	常温糕点

续表

序号	大类编码	大类名称	中类编码	中类名称	小类编码	小类名称
107	24	食品	2403	膨化食品/海苔类	240302	薯类膨化
108	24	食品	2403	膨化食品/海苔类	240304	米饼/米通类
109	24	食品	2403	膨化食品/海苔类	240306	干脆小食
110	24	食品	2403	膨化食品/海苔类	240308	海苔类
111	24	食品	2405	糖果/巧克力/果冻	240502	胶姆糖
112	24	食品	2405	糖果/巧克力/果冻	240504	软硬糖
113	24	食品	2405	糖果/巧克力/果冻	240506	功能糖
114	24	食品	2405	糖果/巧克力/果冻	240508	巧克力
115	24	食品	2405	糖果/巧克力/果冻	240510	果冻/布丁
116	24	食品	2407	坚果/炒货类	240702	坚果类
117	24	食品	2407	坚果/炒货类	240704	炒货类
118	24	食品	2409	果干/蜜饯/果仁	240902	蔬菜干类
119	24	食品	2409	果干/蜜饯/果仁	240904	果干类
120	24	食品	2409	果干/蜜饯/果仁	240906	干果仁类
121	24	食品	2409	果干/蜜饯/果仁	240908	蜜饯类
122	24	食品	2411	肉类小食	241102	牛肉制品
123	24	食品	2411	肉类小食	241104	猪肉制品
124	24	食品	2411	肉类小食	241106	禽类肉制品

续 表

序号	大类编码	大类名称	中类编码	中类名称	小类编码	小类名称
125	24	食品	2411	肉类小食	241108	其他肉类制品
126	24	食品	2413	海产小食	241302	鱼类小食
127	24	食品	2413	海产小食	241304	鱿鱼类
128	24	食品	2413	海产小食	241306	虾贝类小食
129	24	食品	2415	休闲素食	241502	豆/面制品类
130	24	食品	2415	休闲素食	241504	苕制品类
131	24	食品	2415	休闲素食	241506	蔬菜类/菌类
132	24	食品	2417	甜品	241702	水果罐头
133	24	食品	2417	甜品	241704	粥样饮品/甜饮品
134	24	食品	2417	甜品	241706	龟苓膏类
135	24	食品	2419	保健食品	241902	功能保健品
136	24	食品	2419	保健食品	241904	滋补养生品
137	24	食品	2421	冲饮	242102	茶叶/饮片类
138	24	食品	2421	冲饮	242104	袋泡茶
139	24	食品	2421	冲饮	242106	冲调奶茶
140	24	食品	2421	冲饮	242108	咖啡
141	24	食品	2421	冲饮	242110	蜂蜜/柚子茶
142	24	食品	2421	冲饮	242112	麦片

续表

序号	大类编码	大类名称	中类编码	中类名称	小类编码	小类名称
143	24	食品	2421	冲饮	242114	冲调类
144	24	食品	2421	冲饮	242116	植物草本冲剂/膏剂类
145	24	食品	2423	奶粉	242302	婴儿奶粉类
146	24	食品	2423	奶粉	242304	婴童辅食类
147	24	食品	2423	奶粉	242306	功能奶粉类
148	24	食品	2423	奶粉	242308	其他奶粉类
149	24	食品	2425	冷冻	242502	冰品
150	24	食品	2425	冷冻	242504	速冻食品
151	24	食品	2427	食品礼盒/礼券类	242702	各类食品礼盒/礼券
152	24	食品	2429	季节性类	242902	月饼
153	24	食品	2429	季节性类	242904	粽子
154	24	食品	2429	季节性类	242906	其他节庆类
155	25	生鲜	2501	水果类	250102	仁果类
156	25	生鲜	2501	水果类	250104	橘果类
157	25	生鲜	2501	水果类	250106	核果类
158	25	生鲜	2501	水果类	250108	浆果类
159	25	生鲜	2501	水果类	250110	热带水果类
160	25	生鲜	2501	水果类	250112	瓜类

续 表

序号	大类编码	大类名称	中类编码	中类名称	小类编码	小类名称
161	25	生鲜	2501	水果类	250114	鲜榨果汁类
162	25	生鲜	2503	蔬菜类	250302	包装叶菜类
163	25	生鲜	2503	蔬菜类	250304	包装瓜果类
164	25	生鲜	2503	蔬菜类	250306	包装菌菇类
165	25	生鲜	2503	蔬菜类	250308	包装根茎类
166	25	生鲜	2503	蔬菜类	250310	包装调味类
167	25	生鲜	2505	生鲜礼盒/礼券类	250502	各类生鲜礼盒/礼券类
168	25	生鲜	2507	蛋品	250702	鸡蛋类
169	25	生鲜	2507	蛋品	250704	加工盒装蛋类
170	25	生鲜	2507	蛋品	250706	其他盒装禽蛋
171	25	生鲜	2509	肉禽类	250902	进口肉类
172	25	生鲜	2509	肉禽类	250904	猪肉类
173	25	生鲜	2509	肉禽类	250906	牛肉类
174	25	生鲜	2509	肉禽类	250908	羊肉类
175	25	生鲜	2509	肉禽类	250910	禽类放养理品
176	25	生鲜	2509	肉禽类	250912	调味肉类
177	25	生鲜	2511	水产	251102	鱼类
178	25	生鲜	2511	水产	251104	虾类/贝类

续表

序号	大类编码	大类名称	中类编码	中类名称	小类编码	小类名称
179	25	生鲜	2511	水产	251106	蟹类
180	25	生鲜	2511	水产	251108	软体类/爬行类
181	25	生鲜	2511	水产	251110	调味水产类
182	26	日配	2601	冷藏饮品	260102	果汁
183	26	日配	2601	冷藏饮品	260104	酸奶
184	26	日配	2601	冷藏饮品	260106	鲜奶
185	26	日配	2601	冷藏饮品	260108	乳酸菌饮料
186	26	日配	2603	冷藏乳制品	260302	奶酪/黄油/奶油
187	26	日配	2605	简餐类	260502	便当类
188	26	日配	2605	简餐类	260504	包点类
189	26	日配	2605	简餐类	260506	煮/烤类
190	26	日配	2605	简餐类	260508	其他简餐类
191	26	日配	2607	新鲜糕点	260702	新鲜蛋糕
192	26	日配	2607	新鲜糕点	260704	新鲜面包
193	27	汽车及服务	2701	汽车销售	270102	乘用车
194	27	汽车及服务	2701	汽车销售	270104	商用车
195	27	汽车及服务	2703	汽车服务	270302	洗车
196	27	汽车及服务	2703	汽车服务	270304	美容

续表

序号	大类编码	大类名称	中类编码	中类名称	小类编码	小类名称
197	27	汽车及服务	2703	汽车服务	270306	保养
198	27	汽车及服务	2703	汽车服务	270308	检测
199	27	汽车及服务	2703	汽车服务	270310	快修
200	27	汽车及服务	2703	汽车服务	270312	其他汽车服务
201	27	汽车及服务	2705	汽车配件	270502	轮胎
202	27	汽车及服务	2705	汽车配件	270504	汽车零配件
203	28	汽车用品	2801	环保产品	280102	尾气处理液
204	28	汽车用品	2801	环保产品	280104	柴油车养护品
205	28	汽车用品	2801	环保产品	280106	汽油车养护品
206	28	汽车用品	2801	环保产品	280108	尾气液颗粒
207	28	汽车用品	2803	润滑油	280302	柴油发动机润滑油
208	28	汽车用品	2803	润滑油	280304	汽油发动机润滑油
209	28	汽车用品	2803	润滑油	280306	燃气发动机润滑油
210	28	汽车用品	2803	润滑油	280308	摩托车润滑油
211	28	汽车用品	2803	润滑油	280310	辅助油品
212	28	汽车用品	2805	发动机冷却液	280502	汽油冷却液
213	28	汽车用品	2805	发动机冷却液	280504	柴油冷却液
214	28	汽车用品	2805	发动机冷却液	280506	其他类冷却液

续 表

序号	大类编码	大类名称	中类编码	中类名称	小类编码	小类名称
215	28	汽车用品	2807	汽车清洁与护理用品	280702	玻璃清洁养护产品
216	28	汽车用品	2807	汽车清洁与护理用品	280704	汽车内外清洁剂
217	28	汽车用品	2807	汽车清洁与护理用品	280706	车蜡
218	28	汽车用品	2807	汽车清洁与护理用品	280708	汽车清洁用具
219	28	汽车用品	2809	汽车精品	280902	除菌/除味用品
220	28	汽车用品	2809	汽车精品	280904	车内饰品
221	28	汽车用品	2809	汽车精品	280906	遮阳、防晒用品
222	28	汽车用品	2809	汽车精品	280908	车载用品
223	28	汽车用品	2809	汽车精品	280910	汽车工具
224	28	汽车用品	2809	汽车精品	280912	应急救援用品
225	29	百货	2901	个人护理	290102	洗发护发用品
226	29	百货	2901	个人护理	290104	沐浴用品
227	29	百货	2901	个人护理	290106	美妆工具
228	29	百货	2901	个人护理	290108	成人纸尿裤/尿垫
229	29	百货	2901	个人护理	290110	口腔护理
230	29	百货	2901	个人护理	290112	面部保养品/美容用品
231	29	百货	2901	个人护理	290114	身体护肤用品
232	29	百货	2901	个人护理	290116	男士系列

续 表

序号	大类编码	大类名称	中类编码	中类名称	小类编码	小类名称
233	29	百货	2901	个人护理	290118	卫生棉
234	29	百货	2901	个人护理	290120	计生/医疗用品
235	29	百货	2903	纸制品	290302	卷纸
236	29	百货	2903	纸制品	290304	抽纸/面巾纸/手帕纸
237	29	百货	2903	纸制品	290306	湿纸巾
238	29	百货	2903	纸制品	290308	厨房纸
239	29	百货	2905	清洁/消毒用品	290502	衣物清洁
240	29	百货	2905	清洁/消毒用品	290504	家居清洁/消毒用品
241	29	百货	2905	清洁/消毒用品	290506	消杀用品
242	29	百货	2907	家庭用品	290702	厨房用品
243	29	百货	2907	家庭用品	290704	家居用品
244	29	百货	2907	家庭用品	290706	卫浴用品
245	29	百货	2907	家庭用品	290708	小五金
246	29	百货	2907	家庭用品	290710	玩具/文具/体育用品
247	29	百货	2909	家电	290902	3C数码
248	29	百货	2909	家电	290904	大家电
249	29	百货	2909	家电	290906	小家电
250	29	百货	2911	家纺	291102	寝居用品

续表

序号	大类编码	大类名称	中类编码	中类名称	小类编码	小类名称
251	29	百货	2911	家纺	291104	毛巾
252	29	百货	2911	家纺	291106	箱包
253	29	百货	2911	家纺	291108	服装服饰/配件
254	29	百货	2913	母婴系列	291302	尿裤
255	29	百货	2913	母婴系列	291304	洗护清洁
256	29	百货	2913	母婴系列	291306	喂养用品
257	29	百货	2913	母婴系列	291308	孕产用品
258	29	百货	2915	宠物商品	291502	宠物食品
259	29	百货	2915	宠物商品	291504	宠物用品
260	29	百货	2917	劳保用品	291702	劳保用品
261	29	百货	2919	百货礼盒及礼券	291902	百货礼盒及礼券
262	30	服务类	3001	充值缴费	300102	ETC充值
263	30	服务类	3001	充值缴费	300104	市政交通充值
264	30	服务类	3001	充值缴费	300106	通信充值
265	30	服务类	3001	充值缴费	300108	生活缴费
266	30	服务类	3001	充值缴费	300110	其他充值缴费
267	30	服务类	3003	消费类卡/券代售	300302	商超购物卡/券
268	30	服务类	3003	消费类卡/券代售	300304	游戏服务

续表

序号	大类编码	大类名称	中类编码	中类名称	小类编码	小类名称
269	30	服务类	3003	消费类卡/券代售	300306	培训教育
270	30	服务类	3003	消费类卡/券代售	300308	视频网站付费会员
271	30	服务类	3003	消费类卡/券代售	300310	美容/健康
272	30	服务类	3003	消费类卡/券代售	300312	其他消费类卡/券代售
273	30	服务类	3005	彩票	300502	体育彩票
274	30	服务类	3005	彩票	300504	福利彩票
275	30	服务类	3007	旅行生活	300702	火车票/机票/汽车票
276	30	服务类	3007	旅行生活	300704	景点门票代售
277	30	服务类	3007	旅行生活	300706	演出赛事票务代理
278	30	服务类	3007	旅行生活	300708	摄影写真
279	30	服务类	3007	旅行生活	300710	住宿代订
280	30	服务类	3007	旅行生活	300712	团队拓展服务
281	30	服务类	3007	旅行生活	300714	全球签证
282	30	服务类	3007	旅行生活	300716	其他旅游产品代售
283	30	服务类	3009	其他代理/服务	300902	复印/冲印
284	30	服务类	3009	其他代理/服务	300904	洗衣/鞋服务
285	30	服务类	3009	其他代理/服务	300906	快递收发/邮寄
286	30	服务类	3009	其他代理/服务	300908	花卉绿植（代售）

续 表

序号	大类编码	大类名称	中类编码	中类名称	小类编码	小类名称
287	30	服务类	3009	其他代理/服务	300910	医药（代售）
288	30	服务类	3009	其他代理/服务	300912	通信设备（代售）
289	30	服务类	3009	其他代理/服务	300914	其他代理/服务
290	30	服务类	3011	汽车及服务（服务类）	301102	汽车充电（服务类）
291	30	服务类	3011	汽车及服务（服务类）	301104	地磅（服务类）
292	30	服务类	3011	汽车及服务（服务类）	301106	道路救援（服务类）
293	30	服务类	3011	汽车及服务（服务类）	301108	乘用车（服务类）
294	30	服务类	3011	汽车及服务（服务类）	301110	商用车（服务类）
295	30	服务类	3011	汽车及服务（服务类）	301112	洗车（服务类）
296	30	服务类	3011	汽车及服务（服务类）	301114	美容（服务类）
297	30	服务类	3011	汽车及服务（服务类）	301116	保养（服务类）
298	30	服务类	3011	汽车及服务（服务类）	301118	检测（服务类）
299	30	服务类	3011	汽车及服务（服务类）	301120	快修（服务类）
300	30	服务类	3011	汽车及服务（服务类）	301122	轮胎（服务类）
301	30	服务类	3011	汽车及服务（服务类）	301124	汽车零配件（服务类）
302	30	服务类	3011	汽车及服务（服务类）	301126	其他汽车（服务类）
303	30	服务类	3013	广告（服务类）	301302	户外（服务类）
304	30	服务类	3013	广告（服务类）	301304	店内（服务类）

续 表

序号	大类编码	大类名称	中类编码	中类名称	小类编码	小类名称
305	30	服务类	3013	广告（服务类）	301306	微信（服务类）
306	30	服务类	3013	广告（服务类）	301308	App（服务类）
307	30	服务类	3013	广告（服务类）	301310	网页（服务类）
308	30	服务类	3013	广告（服务类）	301312	其他广告（服务类）
309	30	服务类	3015	餐饮（服务类）	301502	西式快餐（服务类）
310	30	服务类	3015	餐饮（服务类）	301504	中式快餐（服务类）
311	30	服务类	3015	餐饮（服务类）	301506	西点（服务类）
312	30	服务类	3015	餐饮（服务类）	301508	中式小吃（服务类）
313	30	服务类	3015	餐饮（服务类）	301510	其他加工食品服务类
314	30	服务类	3015	餐饮（服务类）	301512	咖啡（服务类）
315	30	服务类	3015	餐饮（服务类）	301514	茶饮（服务类）
316	30	服务类	3015	餐饮（服务类）	301516	其他现调饮料服务类
317	31	餐饮	3101	加工食品类	310102	西式快餐
318	31	餐饮	3101	加工食品类	310104	中式快餐
319	31	餐饮	3101	加工食品类	310106	西点
320	31	餐饮	3101	加工食品类	310108	中式小吃
321	31	餐饮	3101	加工食品类	310110	其他加工食品
322	31	餐饮	3103	现调饮料类	310302	咖啡

续 表

序号	大类编码	大类名称	中类编码	中类名称	小类编码	小类名称
323	31	餐饮	3103	现调饮料类	310304	茶饮
324	31	餐饮	3103	现调饮料类	310306	其他现调饮料
325	32	广告	3201	实体广告	320102	户外
326	32	广告	3201	实体广告	320104	店内
327	32	广告	3201	实体广告	320106	其他实体广告
328	32	广告	3203	线上广告	320302	微信
329	32	广告	3203	线上广告	320304	App
330	32	广告	3203	线上广告	320306	网页
331	32	广告	3203	线上广告	320308	其他线上广告
332	33	非便利店常规商品	3301	农资	330102	化学肥料
333	33	非便利店常规商品	3301	农资	330104	有机及微生物肥料等
334	33	非便利店常规商品	3301	农资	330106	农药
335	33	非便利店常规商品	3301	农资	330108	农作物种子
336	33	非便利店常规商品	3301	农资	330110	畜牧种苗
337	33	非便利店常规商品	3301	农资	330112	饲料
338	33	非便利店常规商品	3301	农资	330114	兽药
339	33	非便利店常规商品	3301	农资	330116	农用器具/薄膜
340	33	非便利店常规商品	3301	农资	330118	园林/园艺

续 表

序号	大类编码	大类名称	中类编码	中类名称	小类编码	小类名称
341	33	非便利店常规商品	3303	化学纤维加工及纺织品	330302	化学纤维加工及纺织品
342	33	非便利店常规商品	3305	建筑材料	330502	建材
343	33	非便利店常规商品	3305	建筑材料	330504	高化专用
344	33	非便利店常规商品	3307	石油制品类	330702	工业润滑油
345	33	非便利店常规商品	3307	石油制品类	330704	溶剂油
346	33	非便利店常规商品	3307	石油制品类	330706	化工轻油
347	33	非便利店常规商品	3307	石油制品类	330708	焦化中间物料
348	33	非便利店常规商品	3307	石油制品类	330710	商品原料油
349	33	非便利店常规商品	3307	石油制品类	330712	标准油
350	33	非便利店常规商品	3307	石油制品类	330714	白色油
351	33	非便利店常规商品	3307	石油制品类	330716	石油沥青/石油焦
352	33	非便利店常规商品	3307	石油制品类	330718	润滑油基础油
353	33	非便利店常规商品	3307	石油制品类	330720	工业合成洗涤剂
354	33	非便利店常规商品	3309	其他非便利店常规商品	330902	其他非便利店常规商品

附录 4 账册表单示例

1. 便利店贵重商品出入库登记表

执行要点：仅对高价值的商品进行出入库登记（香烟仅登记整条零售价高的，附表1）。每个商品单独设置一页账页。表中登记最后一行的库存数量应与库房实物相符。贵重商品出入库登记表放置于库房内，并对其进销存做好记录。

附表1 贵重商品出入库登记表

贵重商品出入库登记表

商品编码：　　　　商品名称：

日期	入库数量	出库数量	库存数量	经办人	备注

2. 便利店赠品台账

执行要点 根据促销活动要求将赠品赠送给客户，做好台账登记（附表2），不得扣留，也不得随意赠送。

附表2 赠品台账

赠品台账

日期	活动名称	销售流水号	赠品名称	赠品数量	客户签字
小计					

3. 便利店商品保质期排查登记表

执行要点 对临期待下架商品进行登记、跟踪（附表3），做到闭环管理。

附表3 商品保质期排查登记表

商品保质期排查登记表

检查日期	责任区域	商品编码	品名	数量	生产日期	保质期	到期日期	下架时间	责任人签名	备注

4. 便利店商品盘点表

执行要点：店长组织盘点人员签字确认，进行盘点盈亏分析（附表4）。

附表4 商品盘点表

商品盘点表

门店名称：　　　　门店编码：　　　　盘点日期：　　　　盘点人员签字：　　　　店长签字：

商品编码	商品名称	商品条形码	单位	账面数量	实盘数量	盈亏数量	备注

5. 便利店商品损耗申报表

执行要点：商品损耗申报（附表5）主要记录两类商品：过期商品，需提供能显示生产日期、保质期、过期商品数量的照片；变质、破损商品，需提供能显示变质、破损情况和数量的照片。

附表5 商品损耗申报表

商品损耗申报表

门店名称： 门店编码：

序号	商品编码	商品名称	单位	数量	含税金额	损耗原因	图片
	合计						
	合计申报损耗率			%			

6. 便利店商品销毁明细表

执行要点 审核后的残损品应及时销毁并登记（附表6），相关人员审核后签字确认。

附表6　商品销毁明细表

××××年××月易捷便利店商品销毁明细表

门店名称：　　　门店编码：　　　　　　　　　　　　年　月　日

序号	商品编码	商品名称	单位	数量	含税金额	损耗原因	图片
		合计					

 中国石化易捷便利店标准作业指导书（2022版）
EASY JOY: STANDARD OPERATION INSTRUCTIONS (2022)

附录 5 微课总览

微课 01
收银服务小剧场：
"接一问二招呼三"
所在页码：062

微课 02
室内收银服务"五步法"
所在页码：065

微课 03
收银服务小剧场：
购物小票处置
所在页码：067

微课 04
交接班操作流程
所在页码：096

微课 05
调拨操作流程
所在页码：123

微课 06
便利店标准化陈列执行操作流程
所在页码：152

微课 07
无摆位图陈列操作流程
所在页码：153

微课 08
货架商品清洁操作流程
所在页码：165

微课 09
商品保质期排查操作流程
所在页码：197

微课 10
易捷便利店盘点前操作流程
所在页码：204

微课 11
易捷便利店盘点中操作流程
所在页码：205

微课 12
易捷便利店盘点中交叉清点操作流程
所在页码：205

微课 13
易捷便利店盘点后操作流程
所在页码：206

微课 14
督导小程序库存盘点操作流程
所在页码：259

微课 15
督导小程序商品巡检操作流程
所在页码：259

微课 16
片区督导员巡店操作流程
所在页码：260

微课 17
督导小程序位置校准操作流程
所在页码：266